The Fertile Void : Gestalt Coaching at Work

ゲシュタルトコーチング

豊かな虚空

ジョン・リアリー＝ジョイス

陣内裕輔＝訳

春秋社

序文　豊かな虚空

　一九歳のとき、初めてゲシュタルトという考え方に出会いました。すべてのものは空でありながら同時に満たされている、という矛盾を説明した「豊かな虚空 (Fertile Void)」というアイデアに魅了されました。

　私はそれを直感的に理解しました。何もせず心穏やかに感じながら、すべては可能性に生き生きとしているというような、そういう体験があり得ると思えたからです。星空の下に横になり、無限に広がる虚空を畏敬の念とともに観ながら、宇宙にはエネルギーが満ちていることを直観している、そんな体験でした。

　その後、ゲシュタルトアプローチを実践するグループの中で、「プロセスを信頼」し、「知らないでいる」という空白の状態に留まるということを経験しました。それを通じて驚くべきものが現れる空間や、時間というものを体験してきました。それは仏教における覚醒的、創造的エネルギーを源泉とする空や無の話とも関連するところでしょう。

クエーカー教徒になった私は、沈黙に浸る豊かさの中に、「豊かな虚空」があることを発見しました。礼拝の会合ではこれといって「何かが起こっている」わけではありませんが、その沈黙は、確かな結束やつながりを感じられる場所と時間でもありました。

「豊かな虚空」は、対立を受け入れることについて説明している、ゲシュタルトアプローチの概念です。言葉を話し、聞いてもらうためには、静けさが必要であり、活力を得るには休息が必要です。自分の内面が空であることを感じれば、その空間が満ちていることも感じてくるでしょう。これらはそれぞれ両極があって成り立つものです。

過去四〇年間、私は、この考え方を自分の人生や仕事にどう取り入れていけるかを模索し、結果として私の人生はかなりストレスが少ないものになりました。何も起こっていない不活発な時期があったとしても、それは何か新しい、未知のものがやってくる前触れであると信じられるようになったのです。こういった時間は、これからやってくるチャレンジに対する準備期間であるとも言えます。この本を書くとき、無気力になり、潰されたような感じになることが何度もありましたが、その後、また新しいさまざまなアイデアや考え方が降ってきて、それらと共に立ち上がったということがありました。まだまだ内容を推敲したいところではありますが、いよいよ完成が近づいてきたようです。あなた自身の人生における「豊かな虚空」を信頼する強い気持ちが、本書の中に見つけられることを祈っています。

本書の使い方

ゲシュタルトアプローチの進化に重要な影響を与えたすべての人々が、今、ここで一堂に会したら、どんなに興味深い人たちが集まるでしょうか！　その名誉ゲストは、フリッツとローラ・パールズというラジカルなカップルです。フロイト派の分析家、禅仏教徒、ゲシュタルト心理学者、実存主義の哲学者、精神科医、人間主義の心理カウンセラー、アナーキスト、社会構成主義者なども参加していることでしょう。そうなるとゲスト同士がお互いに意見を一致させることは難しくなりそうです。

私がゲシュタルトに魅力を感じるのは、深遠なアイデアときわめて多岐にわたる方法論が、広範な哲学的原理に基づき緩やかでありながらも一貫したフレームワークにまとまっているからです。ゲシュタルトには一つの教義があるわけではありません。ゲシュタルトを実践する人は、このすばらしい混合体から自分自身の意味を見つけ出すことを期待されています。この本はジョン・リアリー＝ジョイスという人間によるゲシュタルトの解釈であって、絶対的なものではないことを覚えておいてください。

この本の特徴をいくつか紹介したいと思います。

三部構成

この本は、理論、実践方法、そして実践者について、三部構成で私の視点を反映しています。

パート1は、ゲシュタルトの理論的基礎と、それらがセラピーではなくコーチングにどのように適用できるかについて説明しています。

パート2は、あなたのコーチングの実践でゲシュタルトアプローチを、どのように活用できるかに焦点を当てています。

パート3は、ゲシュタルトコーチとしての能力を開発するために必要な二つの要素である、シグネチャープレゼンスと、継続的なスーパービジョンを受けることの必要性について言及しています。

パート1を読むことでゲシュタルトの主要な原理に触れ、それからあなたの興味に応じて残りの部分から選んで読むことができます。本全体で索引を提供しているので、理解を確認しながら読み進めることができます。
また、理論を理解し、スキルを学ぶための、できるだけ実践的な本を作りたいと思いました。そこで、具体的な事例や実験的なワーク（体験を深めるための活動や実践）を多く記載しました。

この本は誰のために書かれているのか？

この本は、コーチング教育機関であるAoECの年間を通じたトレーニングプログラム、ワークショップ、マスタークラスの参加者、さらにセミナーや講義の出席者からの、多くのリクエストに応えて書かれました。この本の内容を最大限に活用するためには、コーチングの基本的な理解が必要で、以下のような状況に当てはまる方を対象としています。

自分のコーチング実践に新たな、より深いエッセンスを加えたいと願っている方
自己意識を高め、コーチとしての対話を豊かにすることに関心がある方
自己を成長させ、創造性を高め、より豊かな体験に心を開くことに興味がある方

ゲシュタルトを、あなた自身のコーチングに統合していくという壮大な旅の中で、この本がよいガイドとなることを願っています。
みなさまの豊かな成果を期待しています。

ジョン・リアリー＝ジョイス

本書に寄せられた賛辞

専門家の視点で非常にわかりやすく書かれたこの本は、文章で体験するゲシュタルトです。ゲシュタルトコーチングを自らのサービスメニューの一つとしたい、あるいはそれを活用していきたいと思うコーチにとって、この本は重要な道案内となるでしょう。私自身も長年エグゼクティブコーチとして経験を積んできましたが、本書は示唆に富むゲシュタルトアプローチの入門書であると感じました。著者の経験が随所に散りばめられており、ただ単に「コーチをする」のではなく、「コーチになる」ということがどういうことなのかを直接教わったようです。その考え方を自分のものとして理解することができました。

——カール・バーティスル博士
作家、エグゼクティブコーチ

この本は、クリエイティブなやり方を模索しているあらゆるコーチにとって、読みやすく価値のあるものです。コーチングの可能性を拡大して気づきを得ながら、起こってくる変化と対話をしながらクリエイティブに関わっていくことができるようになるでしょう。

——ピーター・ホーキンズ教授
チームコーチングとスーパービジョンの開発者、オピニオンリーダー

ジョンを何年も前から知っている私たちは、ゲシュタルトアプローチをベースとしたコーチングを、彼がいかにうまく実践しているか知っています。この本で説明されている彼の特別な〝マジック〟の形を「見て」、ゲシュタルトがどのようなものかを理解することはすばらしいことです。本書は、コーチ

ング実践のための専門的な知識を得られる待望の一冊です。組織のコーチといった、複雑なシステム上の関係性も取り上げられており、その方面の関係者の共感を呼ぶことでしょう。

ゲシュタルトは、変化に対する新しい視点を見出すためのトレーニング法です。組織の状況や、コーチング、マネジメント、リーダーシップといったさまざまな役割を持つ社内コーチの人々は、コーチングのあり方やそれに対する考えがよく理解できると思います。この本は、わかりやすいステップ・バイ・ステップのガイダンスと多くの〝実験〟を提供し、コーチングやゲシュタルトの初心者である経験豊富なコーチのためのすばらしい学習体験となるでしょう。

経験豊富なコーチに対しても、その人の歩んできた人生やありのままの自分、立場ややり方についての内的対話を静かに促すことに成功しています。

——ルイーズ・バックル

シニア・エグゼクティブコーチ、グローバル・プロフェッショナル・サービス・ファーム

ゲシュタルトアプローチは、コーチングに自発性や創造性をもたらすことができます。ジョン・リアリー＝ジョイスは、ゲシュタルトアプローチを実践的なコーチングへの応用として融合させることに見事に成功しています。この本はゲシュタルトコーチングが何であるのか、また何で「ない」のかについて、明確に説明しています。あらゆるコーチは自分のコーチングにより多くのことを気づき、意識的にそれらに臨むことができるようになるでしょう。またこうした能力をコーチングのセッションの中で実践する方法についても学ぶことができるでしょう。まさに必読の書です。

——フラン・ジョンストン

テロス・リーダーシップ・インスティテュート 共同設立者／CEO、ゲシュタルトODプラクティショナー

ゲシュタルトコーチング——豊かな虚空　目次

第2章　気づき　39

第3章　連続的経験のフロー　75

第4章　創造的順応とコンタクトの中断　113

パート3 ゲシュタルトコーチであるために——315

ゲシュタルトコーチング——豊かな虚空

パート1

コーチングにゲシュタルトを応用する

第1章　ゲシュタルトコーチングとは

　ゲシュタルトについて書くことは、それ自体が矛盾しています。ゲシュタルトの根幹はその瞬間における経験そのものだからです。文章を書くときには、情報の整理、解釈、構築、そして行ったり来たりの思考を続けます。つまり、このアプローチの本質を考え、理解しやすく書こうとすればするほど、ゲシュタルトコーチングの本質を損なってしまうのです。ワークショップでは、リアルタイムに認知的、行動的、感情的な体験をすることができますが、書かれた言葉は輪郭を描き何かを示すことしかできません。もちろん、この本を読むことであなたはあなた自身で何かを思考（読んだ内容について考え）したり感じたり（読んだ内容から受ける感覚）することになるでしょう。しかし重要なのは、それを用いてどうするかということなのです。そしてそれは、あなた次第です。

　オープンネス、好奇心、実験。こうした言葉の本来的な意味は、あらゆる瞬間は初体験であるということです。人は現在という時間以外に存在することはできず、瞬間ごとに新たな判断をするものです。パソコンの前に座ってこの文章を書いているという私の経験は、その言葉を読むあなたの経験とは異なる経験です。この文章を書きはじめるとき、私は新たな経験を獲得します。あなたがそれを読み、何か新しいことを理解したとき、あなたは新たな経験を獲得します。あらかじめ決まっていることは何もありません。書き手と読み手は、それぞれが独自の解釈の中で何かを経験する個であるからです。そしてこれは、コーチとコーチングを受ける人、すなわちクライアントの場合も同じです。

この本自体がひとつのゲシュタルトです。読み進めるうちに、さまざまな形で表される本質や法則、要素といったものが出てきます。それによってこの概念の全体像の理解が進んでいくでしょう。最初はよくわからなくても、まずは読み進めてみてください。そのうちに概念や原理がわかり、だんだんとはっきりした輪郭が浮かび上がってくるようになるでしょう。

本書を読み進めていくうちに、小さなゲシュタルト体験があなたに訪れ、「なるほど、ゲシュタルトアプローチとはそういうことか」、と腹落ちする瞬間があることを願っています。自分にとっての意味が見つかれば、その時点で本書を閉じてしまってもよいでしょう。しかし、そうした気づきがあなたの好奇心や興味を刺激しただけでは、ゲシュタルト体験としては完全ではありません。おそらくもっと多くを知りたいという気持ちになるでしょう。

ゲシュタルトアプローチ――その歴史

ゲシュタルト療法の創設者は、フリッツ・パールズおよびローラ・パールズ夫妻です。フリッツは精神科医と精神分析家としての顔を持ち、外向的な人物で俳優の卵でもありました。その妻であるローラは現実的な考え方をする思慮深い知識人であり、ゲシュタルト心理学の博士号を持ち、マルティン・ブーバーと共に研究をしていました。そんな正反対の二人の結婚は、ゲシュタルトの理論と実践に豊かな意味をもたらすことになりました。

夫婦は一九三三年、ナチス体制における反ユダヤ主義から南アメリカへと逃れ、フリッツはそこで「精神分析トレーニング学会」を創設しました。フロイトから拒絶されたフリッツは、自身のスタイルや理論、そして実践方法を開発することになりました。

一九五〇年、ニューヨークにたどり着いたパールズ夫妻は、急進派の社会学者で、詩人、作家であり知識人でもあったポール・グッドマンと協力し、後にゲシュタルト療法のバイブルとなる『ゲシュタルト・セラピー：人格の覚醒と成長（*Gestalt Therapy: Excitement and Growth in the Human Personality*）』を著しました。こうして、アナーキーでクリエイティブな社会学的要素が、ゲシュタルトアプローチに取り入れられたのです。

フリッツとローラは、ヤコブ・モレノのサイコドラマやクルト・レヴィンのグループダイナミクス、ヴィルヘルム・ライヒのボディセラピーなど、さまざまなアプローチを取り入れました。後に夫婦は別々に暮らしはじめ、ローラはニューヨーク・ゲシュタルトセラピー研究所に留まり、ゲシュタルトアプローチの理論的原理を組み立てていきました。フリッツは、一九六〇年にカリフォルニアのエサレン協会に移り、禅の要素を取り入れた革新的で実験的なワークショップを行いました。

ゲシュタルト療法は進化を続け、ゲシュタルトを実践する人々は、その哲学を大切にしたより広い分野にゲシュタルトアプローチとして独自のスタイルを確立しつつあります。コーチングへの応用は、そうした新たな試みのひとつです。

ゲシュタルトとは？

ゲシュタルトとはドイツ語で、厳密な訳語がある言葉ではありませんが、「全体」とか「完全性」、あるいは「パターン」といったようなことを表す言葉です。

初期のゲシュタルト心理学において、マックス・ヴェルトハイマー、ヴォルフガング・ケーラー、クルト・コフカらは人間の知覚について研究していました。彼らは、人間は身体に入ってくるたくさんのデータや刺激に触れたとき、その個々の構成要素一つひとつではなく意味のある全体のパターン（ゲシュタルト）を認識する傾向がある、と結論付けました。

たとえば、絵画でカンバスを見るとき、私たちはそれぞれの対象の集合としてそこに描かれたものを認識するのではなく、絵という一つのものとして認識します。音楽の場合は個々の音を認識するのではなく一つのメロディとして認識します。人の顔を見るときにも、目や鼻、口といったものを個々に認識するのではなく、それらが一つにまとまることで、顔という全体像を認識します。事実、見知った顔であったとしても、その目や鼻、口だけを見せられたら、よほど特徴がないかぎりは、それが誰かはなかなかわからないでしょう。こうした、顔やメロディや絵画が、一つの完結した全体でありゲシュタルトと呼ばれるものなのです。

このようなゲシュタルトを認識するためには、個々を分けている隙間が埋められる必要があります。たとえば、図1-1の画像を多くの人は円だと認識するでしょう。しかし厳密に言えば線が切れていますからこれは完全な円ではありません。

このイメージは、全体で一つをなす閉じたものとして知覚されます。私たちはこのように、常に隙間を埋めることで全体像を見出し、見慣れたものやシンプルなものとしてその像を認識するのです。この概念は、認知経験や感情経験にも当てはまります。私たちは経験の全体像を完成させたいと思い、それを可能なかぎり一般的で均衡のとれたシンプルな形で完了させようとするのです。このように、何らかの相互関係を充足的で完全なものとして完了するためには、「閉じる」ことが必要になります。

たとえば、「ニワトリが道路を横切ったのはどうして？」という有名なアンチユーモアがあります。これは聞き手におもしろいオチを期待させながら、「反対側に行きたいからさ！」という当たり前の答えを用意しているというものです。この「反対側に行きたいから」をもじったさまざまなバリエーションがあり、このアンチユーモアを知っている人なら、「ニワトリが道路を横切ったのはどうして？」という問いを聞いた時点で自分の知っている回答を自然に思い浮かべ、アンチユーモアのジョークとして完結させようとするでしょう。しかし私が、「その答えはこの本の最後に」と言ったとしたら、ジョークは完結せずフラストレーションを感じるはずです。これが、ゲシュタルトが不完全になってしまう、という例です。

同様に、自分が不当な扱いを受けたと感じるようなとき、あなたは不満を抱くことでしょう。しかしそれを解決することができれば、一連の出来事に決着がついたということになり、ゲシュタルトが完全なものとなるわけです。

ゲシュタルトアプローチでは、人間を全体として扱い、身体や感情、知性、想像力のバランスをとろうとします。私たちは自身の「全体的な」環境と密接にリンクしています。私たちは自分が存在するコンテキストに影響を与え、また影響を受けています。

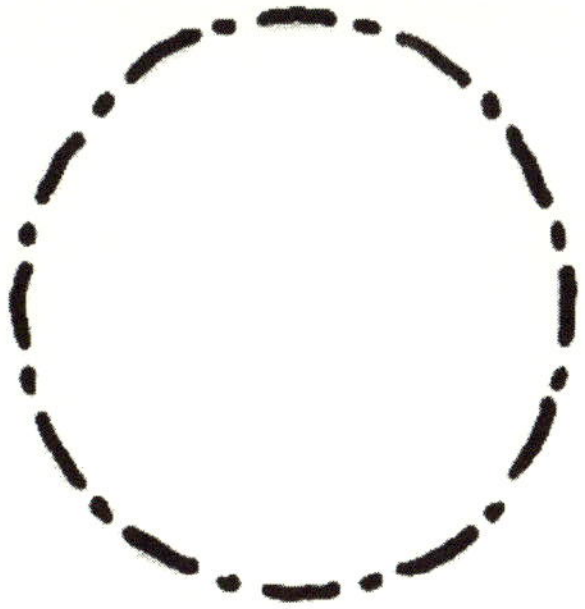

図1-1

コーチングを受ける人々は、抱えているジレンマに意味を見出し、完全でシンプルなゲシュタルトが完結するように駆り立てられている、というものが私たちのスタンスです。コーチとしての私たちの焦点は、コーチングを受ける人々のゲシュタルトの完成を促進することです。これはコーチングの基本原則である、結果はコーチではなくクライアントが責任を持つ、という考え方にも合致します。

この本の目的は、ゲシュタルトの基本概念をコーチングにどう適用するか、みなさんの理解の手助けとなることであり、それを試すきっかけとなることです。本書は暗記したり実践したり活用したりするための虎の巻ではありません。読者のみなさんには、ゲシュタルトの理念と理論とともに、ご自分の創造的直感力や体験を活かしてもらいたいと思います。あなたがクライアントに何らかの介入をするとき、そのすべての体験は新鮮なものであり、生き生きとしたものになり得ます。すべてのセッションが、新たな実験なのです。

ツールとテクニック

コーチングにはツールやテクニックがつきものですが、ゲシュタルトコーチングにおける最も重要なツールは自分自身、あなた自身です。あなたのコーチングの質は、何をするかということではなく、あなた自身が何者であるかにかかっています。今この場所で、あなたと目の前のクライアントとの間で一体何が起こっているのか、それに対する気づきこそが重要なのです。どうするべきだったか、といったことを考えたり、次に何ができるだろうかということを考えたりするよりも、その瞬間に在ること、そのときに起こっていることすべてを経験しつくすことが大切です。

多くのコーチングアプローチでは、何かのやり方を変えるための努力を強調することによって、クライアントの行動に変化を起こそうとします。一方ゲシュタルトアプローチにおいてコーチが焦点を当てるのは、コーチ自身が「自分らしく在る」ことです。今、起こっていることは、本当はどういうことなのか、それを掘り下げ、発見し、理解すること。その表裏をくまなく知ることが大切なのです。今、何が起こっているのか、それを余すことなく体験し受容することにすべてのエネルギーを向けることで、人間のふるまいは自然に変化が起こり、変化する環境に順応していきます。何かを試みるまでもありません。

あなたがゲシュタルトアプローチに慣れていなければ、これを体感できるようになるまでは、しばらく時間がかかるかもしれません。一般的なトレーニングや教育、行動におけるアプローチとは学びの方法がまったく異なるからです。最初はただ「そういうものか」ととらえてみてください。だんだんと具体的な体験を通じてその仕組みを理解していけるでしょう。

本書が読者に提供できるのは、著者自身の経験、事例、ヒントといったものです。これらはすべてゲシュタルト的な思考へ誘うためのものです。それぞれの章において実験を紹介することで、みなさんがご自分のクライアントと共に実験ができるようにしています。しかし、この本を読んだだけで、誰でもゲシュタルトコーチになれるというわけではありません。ゲシュタルトアプローチを理解し、それを活用していくには、経験と実践が不可欠だからです。したがって、ゲシュタルトアプローチを、クライアントと自分自身のために、本書のヒントを自分なりのやり方で取り入れたり試したりしてください。

ゲシュタルトアプローチの五原則

ゲシュタルトアプローチには強力な理論の下支えがある一方で、態度、見方、感受性といったものにより深く取り組みます。これは、複雑で矛盾をはらむものであり、ときに曖昧なこともあります。以下、その五つの基本的な原則の概観について確認してみましょう。本書を読み進めていくことでこれら五つの原則についてより多くのことがわかっていくはずです。そしてこのアプローチのさまざまな側面を理解していく中で、少しずつゲシュタルト体験を得ていくことになるでしょう。ゲシュタルトアプローチの五原則とは以下のことです。

1. 気づき
2. プロセス
3. 今、ここ
4. 関係性とコンテキスト
5. 変容のパラドックス

1. 気づき

気づきは、ゲシュタルトコーチングのアプローチの中心的なものです。ここでの気づきとは、あらゆる状況ややり取りにおいて、コーチであるあなたを含め、関係するすべての人々や環境について、今何が起こっているのかということに認知的、感情的に気づくことを意味しています。

◆コーチングのヒント

最初の気づきの対象はあなた自身です。このとき、身体的、感情的、そして認知的な気づきが重要です。その上で、自分が置かれている環境、そしてコーチングを受けるクライアントの状況についての気づきが必要です。

2. プロセス

クライアントが自分の状況について言葉にした「何」か、をコンテンツと言います。ゲシュタルトアプローチでは、クライアントがそのコンテンツを、「どのように」言葉にしたかというプロセスに着目していきます。つまり、言葉や行動に着目することと並行して、身体的、認知的、そして感情的に、クライアントの内部で起こっていることについて観察していくのです。注目するべきは人間としてのクライアントです。クライアントが提示している問題についてのみフォーカスするのではありません。

◆コーチングのヒント

コーチにとって重要なのは、クライアントの発言内容についてただ理解する（つまり、事実を正しく認識する）だけでなく、クライアントがどのようにその問題を提示したかについて、あなたがどんな気づきを得て、どう言葉にするかということです。事実を提示するのにクライアントが用いた言葉は重要ですが、その言葉の背景にある、クライアントの言い方、口ぶり、姿勢、態度、などによって発露された考え方や感情のほうが、より重要な意味を持つことがあります。

3．今、ここ

ゲシュタルトアプローチでは、現象学的方法[1]が用いられます。これは、視覚、聴覚、味覚、触覚、嗅覚といった五感を通じてクライアントの経験に着目していくという方法です。コーチはこの方法によってクライアントに関わっていきます。今、ここで何が起こっているのかに気づくことや、見聞きしたもの、感じたもの、つまり現象に対応することが重要なのです。クライアントが話したことの意味や重要性について確認することもあるかもしれませんが、そうした現象を解釈したり評価したりすることはしません。

◆コーチングのヒント

クライアントについて気づいたことや感じたことすべては、判断をせずにそのまま受け入れる必要があります。それらについての探求は後回しです。ゲシュタルトアプローチの考え方――クライアントに関するすべてのことは見られ経験されるべきで、すべてのことには正当な重要性がある――は、会話の内容を分析し、観察したことを理論に当てはめていく、といった解釈的アプローチとは大きく異なります。解釈的アプローチは、コーチがクライアントの思考を、コーチが考える終着点へと誘導してしまうことがあります。クライアントに関して気づいたことを、その中のどれかに特に重要性を持たせることなくフィードバックしていくと、クライアントは新しい経験の中に驚くほど大切なことを発見することがあるのです。

4．関係性とコンテキスト

人間は他者や環境との関係性によって存在しています。クライアントの世界においても、すべては互いに影響を与え合っており、身体、精神、感情、そして環境のすべては、個人に影響を与えています。

◆コーチングのヒント

クライアントの経験として考慮すべきものとして次のようなものがあります。

- クライアントが存在している環境。たとえば仕事の同僚、所属組織、または家族など
- 今、クライアントの周囲で何が起こっているかということ

クライアントとあなた自身の関係、そしてそこで何が起こっているか、ということに焦点を当てていい

くことも重要です。コーチングのセッションを行うとき、あなた自身がその環境の一要素となっているのです。あなたが何を言うか、何をするかだけではなく、クライアントとクリエイティブなやり取りをすることがコーチングの本質なのです。あなたは、クライアントの言うことを単に受け止め、オウム返しするだけではなく、対話における積極的な参加者として重要です。それぞれの状況がつながるというダイナミクスから、意味が生まれるのです。

5. 変容のパラドックス

変容のパラドックスは、ゲシュタルトアプローチの核となるものです。その基本は、変化は常に起こっているものである、ということです。変化は人生や存在において不可欠であり、変化しなければ存在は継続しません。また変化は現在においてのみ起こります。昨日や明日に対する感じ方や考え方を変えることができるのは、今この瞬間だけなのです。ここでの「パラドックス」という意味は、何か別のものになろうとするのではなく、現在に注目し自身の経験に着目するとき、変化は自然に起こってくるということを意味しています。

◆コーチングのヒント

多くのコーチングにおけるアプローチは未来志向です。特定の結果をねらう場合、それは効果的です。しかし、それを達成するために変化を強制したり目標設定を促したりと、目標の実現に向けて行動を促してしまいがちです。ゲシュタルトアプローチでは、変化が起こるプロセスに着目し、また、クライアントの目的達成への焦りが、いかにこのプロセスを妨げているかということに働きかけます。成果とゴールには重きを置かず、「活用」していくものととらえます。

ゲシュタルトコーチングは何が違うのか？

人生は瞬間から瞬間へと、常に変化し続ける世界に適応していくことです。ゲシュタルトアプローチは、人生で最大限の成果を得るために私たちはどうするか、というところに焦点を当てます。

ここで、二つの選択肢があります。

A. 責任を放棄し、自分に起こることを他者のせいにする
B. 責任を持って意識的に意思決定を行い、結果を受け入れる

ゲシュタルトコーチの主な役割は、どういった選択が可能であるかということについての気づきを促すことであり、クライアントが自分自身の決断について当事者意識と責任を持つことができるように手助けすることです。このようにすることで各々の役割や関係性、タスク、活動について、それぞれの人生において、それらを生み出しているのは自分だと理解することが可能となるのです。

私に、変えられないものを受け入れる平静を与えてください。

変えられるものを変える勇気を与えてください。
そして、その違いを知る知恵を与えてください。(2)

別人になることと、自分らしくあること

自分自身の学びや成長について行動を起こそうとするとき、二つの選択肢が現れてきます。

- 違う何かになろうとする
- より自分らしく在る

これらは大きく異なっています。行動に着目したコーチングでは、異なるふるまいや考え方を試みて、自分の内面や態度がそれに合わせて変化することを期待します。たとえば、笑顔を多くすればポジティブな気持ちになる、というようなものです。NLP（神経言語プログラミング）のモデリングスキルがまさにこれです。クライアントはそうなりたいと思う誰かを手本として自分のふるまいを変化させ、今の自分とは違う何者かになることを積極的に目指します。

しかし、ゲシュタルトアプローチは正反対の方法をとります。認知的にも行動的にも感情的にも、ひとりの人間としてのあり方に気づき、それを受け入れていくことに注力します。結果として、より自分らしく「在る」ことができるようになります。(3)

◆コーチングのヒント

クライアントが次にどうするべきか混乱しているとき、ゲシュタルトコーチとしてのあなたがするべきことは、目指すべきビジョンやゴールをクライアントに持たせることではありません。クライアントと一緒にその混乱の中にいて、今何が起こっているのかということを、あなたとのセッションにおいて、気づいてもらえるようにすることなのです。クライアントがその瞬間にあなたと話をするとき、そのクライアント自身の仕事の状況においてどんな経験がなされたか、またクライアント自身の環境を含め、クライアントがどのようにものを考え、また身体的・感情的に感じているかを掘り下げていきましょう。

これはたやすいことではありません。往々にしてコーチングを受けるクライアントは、その状況から脱したいと考えているものだからです。これに対して、認知や行動の観点からの解決策として、解決方法（ゴール）について注力するようクライアントを手助けすることや、具体的な行動に落とし込めるアクションプランをつくることがあります。こうした「解決策」は奏功するでしょう。しかし、付け焼き刃の解決によって、より深い洞察が得られなくなってしまうリスクもあります。

ゲシュタルトアプローチでは、クライアントが前進するための障壁となっているものを完全な形で体験してもらい、解決することを重要視しています。目の前の問題が解決したとしても、似たような状況やクライアントの経験のフローを阻害するといった新たな状況に直面すると、クライアントはまた立ち止まってしまいます。自分がどうして困惑しているのか、その原因に気づくことができれば、違った変化の必要性が理解され、解決策はおのずと現われてくるのです。

例

サンドラというフリーランスコンサルタントの女性がいました。売上が数百万ポンド規模の、ある同族会社のCEOに着任しました。その会社の創設者である会長が、同社を売却できるように手助けをすることが仕事の内容でした。彼女は相当な額の給与を提示され、さらに会社の売却が成功したときには多額のボーナスが支払われる約束をしていました。その会長は嫌な人物ではありませんでしたが、支配的で自己中心的、移り気なところがありました。会議でサンドラが意見を出すと、その場では否定されないものの実際に検討されることはなく、そのためにサンドラはフラストレーションを抱えてやる気を失っていました。そのときのサンドラの問題は、「事業の買収が完了してボーナスの支払いを受けるまで耐えるにはどうすればよいか」ということでした。セッションの中で私たちは、彼女が抱えているフラストレーションについて、何が起こっているのか、ということに着目しました。どうあるべきか、またどうする必要があるのかということが、徐々にわかってきました。何より重要だったのは、自分が何者であるかということや、キャリアや人生において何を欲しているのかということに、彼女自身が気づきはじめたということです。こうして問題は、「どうすれば耐えられるか」ということから、「この職場での経験を今後のキャリアにどう活かしていくか」ということに変わっていきました。

サンドラは、自分の上司に大きな変化が期待できないであろうこと、またそれに付き合うことにはそれほど価値がないことがわかり、その会長と交渉してそれなりの金額を受け取り、この一件から手を引きました。立つ鳥跡を濁さず禍根も残さず、といったことがうまく実現できました。セッションで扱った内容は、いかに冷静さを保つか、新たな仕事の機会が現れたとき、その状況を論理的かつ感情的にいかに考慮するか、将来の不安から次の仕事に飛びつくようなことは避ける、といったことになりました。

◆コーチングのヒント

このことから、二つの学びが得られます。

1. こうしたセッションの進み方は、構造化されておらず、焦点がまとまっていないものに思われるかもしれません。すぐに取り組むべきこともありませんし、気づきを得るということ以外には明確な行動目的もありません。また潜在的な不明瞭さや不安を軽減するようなプランもありません。一見して取り留めのないセッションにクライアントが焦りを感じるようなこともあるかもしれません。ゲシュタルトコーチは、クライアントがフラストレーションに向き合うことと、クライアントが提示した課題との間には明らかなつながりがあることを明確にしていく必要があります。

2. こうした手法に馴染みがないと、あなた自身が具体的な結果を提供できないことに焦りを感じるかもしれません。しかし、マイルズ・ダウニーは言っています――「立ち往生してはいけない、ただ関心を持ちなさい(4)」。コーチとしての自分自身の焦りに気づくことで、それがクライアントにどう影響を与えるかを掘り下げていきましょう。

気づきvs.何かを起こすこと

気づく能力はゲシュタルトコーチとして最も重要な資質です。それこそがクライアントの気づきを促していくのです。これは変容のパラドックス（第5章）とも関連します。クライアントが自分自身のあり方や何が起こっているのかについて気づいていくことで、結果として何かが変化することになるのです。あなたもクライアントも、それ以外に何かをする必要はありません。魔法のような話ですが、本当にそうなのです。

自らの環境に反応する力を信じ、とってつけたような努力をしないようにしてみましょう。出来事や関わりを掘り下げていく中で、コーチングを受けるクライアントに何か変化があったとき、あなたはクライアントの雰囲気が変わったことに気づくでしょう。それを伝えていくことで、クライアントは自分自身で気づきを得て、問題を解決することができるようになるのです。

コーチングの例

コーチ　どうされましたか？

クライアント　あの、前回のコーチングで、ベンと一緒に働いているときにひどく落ち着かないというか、自分が無能であるように感じることについてお話しして、それについて考えましたが、もしかして、彼は自分がやっていることに、気づいていないのではないかと思ったんです。

コーチ　なるほど。そのことはお二人の関係性にどう影響しましたか？

クライアント　かなり良くなりました。彼と話をして、これまでの進捗についてふり返りができないか、と言ってみたんです。私がついていけなくなっていたので。私は、彼から始めてくれるのを待っていたんです。それでわかりました。

コーチ　何がわかったのですか？

クライアント　彼は書類をひっかき回して、机に手を叩きつけました。そもそもプロジェクトそのものが時間の無駄で、彼自身その意味がわからないのだと。そう不満を吐露してくれたのです。かなり驚きました。

コーチ　彼のほうからそのような強い反応があったのですね。それについてどう感じましたか？

クライアント　正直なところ安心しました。うまくいっていないように感じていたのは私だけじゃなかったのだとわかって。それから彼は急に大声を出して悪かったと言って、二人でこの件について話し合いました。それで、このプロジェクトの立案者に一緒に会いに行くことになりました。かなり良い流れじゃないかと感じています。よくわかっていないのは自分だけなんじゃないか、と思っていたのですが、そう思っていたことが私の仕事全体に影響していたんです。

ゲシュタルトアプローチがコーチングにもたらす価値

コーチングの世界では、これまで多くの人が個々のニーズに合わせて、さまざまなコーチングモデルや心理学モデルを組み合わせて用いてきました。最終的な成果や結果を明確に強調する神経言語プログラミング（NLP）や認知行動コーチング、GROWモデル、ソリューションフォーカスコーチングなどでは、特定の目的や望ましい未来、自分自身を変えていく目標となる理想的なモデルを作ることに注力しています。

伝統的な教育システムやトレーニングメソッドは、このような考え方に重きを置いています。学校の授業から職業訓練まで、私たちは別の何かになるための演習や努力をすることを推奨されます。そのアプローチではコーチングを受けるクライアントも自分のためになる何かをしているのだと感じられ、安心感や安堵感を覚えます。しかし、ゲシュタルトアプローチにおいてはまったく別の道筋が示されます。これは、ティモシー・ガルウェイのインナーゲーム的アプローチ[5]や、マイヤーズ＝ブリッグス・タイプ指標による性格分析[6]、カール・ロジャーズの無条件の肯定的配慮[7]にも関連するものです。

こうしたアプローチでは、自分が何者であるかを受け入れること、またその立場から自分の能力を成長させていくことが強調されています。

ゲシュタルトアプローチは、クライアントに対して能力を高めていくために「もっと自分らしくあること」を推奨するだけでなく、複雑さや曖昧さに対処することや変えられないものを受け入れることを支援します。それによって、より深く広い持続可能な次元から、コーチングを行うことが可能になるのです。もちろんそれが万能薬というわけではありません。あらゆるコーチングの状況に対応できるアプローチではありませんし、誰にでも当てはまるやり方というわけでもありません。しかし、刺激的で創造的、そしてパワフルな体験をもたらすものです。

ゲシュタルトコーチングが最も効果的なケース

コーチとクライアントが次のようなものを扱っているとき、ゲシュタルトアプローチは非常に有効です。

- 誰かとの関係や自分自身のあり方
- 曖昧さ
- 葛藤
- ビジョンや戦略の明確化
- 創造性やイノベーション

誰かとの関係や自分自身のあり方

他の人との関わり合いの中で本当に起こっていることが何なのかを深掘りし、自分自身がそれにどう関わっているのかということや、気づきの範囲外にある自分の考え方や価値観などを見つけていくサポートをします。その一連の流れにはゲシュタルトが存在することになります。

曖昧さ

ゲシュタルトコーチングは、特定の答えを持たない問題、曖昧で定義されていないような問題に対して効果的です。変化は持続的なものであり労せず現れてくるもの、という考え方が意味するところは、変化を起こすために、クライアントが何かに挑戦する必要がなくなるということです。特定の目的を持たないということは、コーチとしての仕事が特定の一方向に固定されることなく、何かに注目することで視野狭窄に陥ることもない、ということでもあります。現在何が起こっているのかを掘り下げ、その試みから自然にそして徐々に結果が現れるようにすると、解決策は創造的でときに驚くようなものになることがあります。

ゲシュタルトアプローチによって得られるのは、地図やロードマップというよりも、羅針盤のようなものです。これを用いてクリエイティブな解決方法を考えたり、クライアントが（将来何者であり得るかではなく）現在、何者であるかということに基づき、進むべき方向を見つけ、この瞬間に何が起こっているのかということを考えられるようになります。

このプロセスでは解決策や方向性は自然に現れ、それらは常に開かれ流動的なものとして定着します。したがって、創造性、曖昧な状況、アイデアの創出という分野でも、この手法は活用できます。

葛藤

矛盾する二つの選択肢のどちらを選んだらよいか決めかねるような難しい状況に対しては、ゲシュタルトアプローチが有効です。抜本的な問題解決ではなくても、緊急回避的な解決策を見出すことができます。ここで注目すべきは、気づきと経験の原則を守りながら、問題の解決を試みないようにすることによって、これまで想像もしなかった新たな道筋が現れてくるということです。

ビジョンや戦略の明確化

現代のビジネス環境は絶えず変化しており、教科書通りの戦略は通用しません。経済や組織的環境が今ほど激しく変化していなかった頃と比較すると、組織はますます「その場」の戦略策定に目を向ける必要があります。何が起こっているのかについての背景知識と、現在経験されていることの気づきへの働きかけを組み合わせることで、クライアントは現実的でフレキシブルなビジョンや戦略をイメージすることが可能になります。

創造性やイノベーション

私たちが最も創造性を発揮できるのは、自由にアイデアを掘り下げてアイデアが自然に現れるときです。ゲシュタルトアプローチは、その中心的概念の一つとして、創造的順応（これについては第4章で詳しく扱います）を重要視しています。また、ゲシュタルトアプローチのファシリテーター（すなわちコーチ）は、多くの実験をするように促していきます。さらに、革新的なアプローチやそれによる解決策が自然に発生するように、新たなやり方やあり方を、リスクをとって試すことを推奨しています。

ゲシュタルトコーチングが効果的でないケース

コーチやクライアントが、以下のような特定の成果が必要とされるような問題を扱っている場合には、ゲシュタルトアプローチは、さきほどの項目（ゲシュタルトコーチングが最も効果的なケース）ほどには効果的ではありません。

- 特定の目的に向けた目標達成におけるパフォーマンスコーチング
- 具体的目標に対する取り組み
- 具体的なステップ・バイ・ステップのアクションプラン策定
- 論理的な概念の生成
- 新たなスキルや知識の学習

こういったケースでは、たとえばＧＲＯＷやＮＬＰといった、より未来にフォーカスしたコーチング手法が役立つでしょう。本書は、ゲシュタルトアプローチが変化や成長を促す上で、唯一の効果的なやり方であるという主張をするわけではありません。ゲシュタルトアプローチが提供できるものを理解することで、それを他の手法と組み合わせることが可能になります。

コーチングの種類と実践の領域

マイク・ミランとルーシー・ウェスト(8)は、パフォーマンスコーチングと発達コーチングは連続的なものであるとしました。

パフォーマンスコーチングはタスク実行の改善に注力するもので、結果やゴールをいかに達成するか、といったソリューション指向のものです。クライアントが現在行っていること、そのものに向き合い、それをいかにうまくできるかを考えます。

一方、発達コーチングではコーチングを受けるクライアントに向き合い、前進を助けるプロセスを探索し、前進を阻む態度や考え方を取り扱います。

ロバート・ウィザースプーンとランドール・ホワイト(9)もこれを研究し、目的に応じて新たなコーチングの領域要素として二つのことを追加しました。スキルコーチングと、エグゼクティブアジェンダです。スキルコーチングでは、セールスやタイムマネジメントなど必要とされる特定のスキルを扱います。これはスポーツのコーチングやインストラクション、トレーニングに近いものがあります。

エグゼクティブアジェンダは、広い視野やリーダーシップを持てるようになるにはどうしたらよいのかといったことや、その役割を担うクライアントのアイデンティティのことです。

私の経験では、発達コーチングを越えたレベルのコーチングというものが存在するように思われます。ウィザースプーンのエグゼクティブアジェンダよりも広く、また深いレベルで実践されるものです。私の修士論文では、個人のアイデンティティや目的の意義を探求していくようなこのレベルのコーチングを変革的コーチング（Transformational Coaching）と呼びました。後にこれを実存主義的コーチング（Existential Coaching）と改めました。個人の存在やその核となる考え方、また場合によっては精神的な向上に注力することを、より適切に表していると思われたからです。

結論として、コーチングの実践は、スキル、パフォーマンス、発達、そして実存という四つの領域要素が多層的に重なったものと考えられます。

この領域のどこに位置するかによって、コーチングの介入の意味とやり方が決まります。それぞれの領域要素について、以下の点に注目して詳しく見ていきましょう。

- それぞれのコーチングの起源
- 方向性と焦点
- 学習プロセス
- アウトプット、効果測定、モチベーション、ゴール
- コーチングの実践

それぞれのコーチングの起源

スキルコーチングとパフォーマンスコーチングは、成人教育やスポーツコーチング、能力ベースのアセスメントといった従来の考え方がベースになっているもので、行動における目的を達成するために経験を積み重ねていきます。コーチングの進化とともに、認知行動コーチング、ソリューションフォーカスコーチング、NLP、催眠療法およびインナーゲームといった手法が組み込まれました。

発達コーチングと実存主義的コーチングは、個人の成長における人間性心理学の伝統に連なるものです。来談者中心療法、ゲシュタルト療法、交流分析、サイコシンセシス、精神力動、ユング派のアプローチ、実存的および存在論的アプローチから影響を受けています。個人や魂の成長、自己実現の考え方を推し進めるアブラハム・マズローやカール・ロジャーズといった人物たちが切り開いた一九八〇年代の人間性回復運動の実践と価値観の再来と見ることもできます。

方向性と焦点

スキルおよびパフォーマンスコーチングでは、その推進力は「変わること」にあります。到達すべき未来志向の明確なゴールが存在し、最初にギャップ分析が行われ、そのギャップを埋めるための行動について考えることになります。努力や意思決定、繰り返しによって、認知的および行動的変化が現れ、スキルが最大限に活用されます。

一方、発達および実存主義的コーチングでは、感情、身体、精神、さらにはより深い認知のレベルから課題に焦点を当てます。それによって変化し続ける価値観や態度、信条といったものに取り組みます。「自分が何者であるかに気づき、そして受け入れること、作為的ではなく自然に生じる変化」に強く重きが置かれ、この点でゲシュタルトアプローチと親和性があります。

学習プロセス

スキルコーチングによる学習はテーマ指向であり、理論を理解したり実践したり、フィードバックを受けることを通じてスキルを獲得していきます。ゲシュタルトアプローチはこのためには必ずしも役に立たない場合もありますが、対象となるスキルがより良いコミュニケーションや議論を行う能力、環境への気づきといったものの場合には有効です。

パフォーマンスコーチングは、結果を得るために、より良いやり方を学ぶことに関連しています。それは、完了すべきタスクと自分自身の関係性を理解することであり、タスクを行うために他者からのサポートをどう得ていくかということでもあります。ここで重要なことは、障害を乗り越えて新たな考え方やふるまいの作法を身につける上での、決意やレジリエンス（回復力）といったものです。多くの学びはコーチングのセッション中ではなく、仕事の現場に戻ってから現れてきます。ゲシュタルトアプローチはこれらの手法ほどには効果的ではないものの、クライアントが新しい行動をリハーサルしてみてどんな気づきが得られるか、ということには役立ちます。

発達コーチングでは、自身の人生の体験においてクライアントが何者であるかということ、実現や充足感を維持する上で、心理的要因や障害についての理解に焦点が当てられます。人間関係のつながりの質の改善に重きが置かれるため、コーチとの関係性は重要な意味を持つこととなります。経験的学習やコーチングセッション中における変化、といったものがより重要なテーマになります。自分自身が何者であるかを学び、受け入れることの本質を理解することが、この手法の骨子と言ってもよいでしょう。目標やいかにしてそれに到達するかといったことも意識されますが、それ自体に注力するということではありません。本書で明らかにされるとおり、この分野においてはゲシュタルトアプローチが大いに役立ちます。

実存主義的コーチングでは、学習はより深いレベルで行われることになり、「なぜ私はここにいるのか」、「何が目的なのか」といったような問いについて探求していくことになります。手放すことやがんばらないこと、執着しないという能力の開発について、反省や熟考、マインドフルネスの実践を通じて学んでいきます。さまざまな要素があるにもかかわらず、ひとりの人間としての存在の実感を手にすることができれば、仕事や人生のタスクや目的は、効果的に、無意識に処理されていきます。ゲシュタルトアプローチは、現在にあることや手放すこと、無理に努力するのではなく、気づきを得ることを学んでいく、といった場面において適切なものです。

アウトプット、効果測定、モチベーション、ゴール

スキルコーチングやパフォーマンスコーチングは認知とふるまいの変化を扱うものです。これらの手法では、目標を評価する手段を持つことは、むしろ望ましいことです。これは「エビデンスに基づいた実践」と呼ばれます。エビデンスに目を向けることで、変化を確認することができるというわけです。その目的は思考とアクションにおける明瞭さと確かさを実現することですが、ゲシュタルトアプローチにおいてはそれらは後回しになります。

発達コーチングは、評価手段と合わせて実行することが難しい面があります。この手法で着目すべき変化は態度や価値観であり、これらは具体的に触れられるものではなく、より主観的で観測が難しいものであるからです。クライアントは無理せずに幸福感を得たり、良い仕事環境を実現したり、自分の影響力を発揮したりすることが可能になります。個人の成長がモチベーションであり、結果として自尊心や自信、不安や曖昧さ、不明瞭な物事をやりくりすることのできる能力を得られます。個人の成長が目的であるゲシュタルトアプローチを、発達コーチングに役立てることは簡単でしょう。

実存主義的コーチングでは効果測定は重要ではなく、成果は内面的なものです。不動にして動、プロセスを信じる、といった禅的な考え方が重要になります。実存的課題に取り組む際には、複雑さや不明瞭さがあることは当然で、明確な成果といったものは定義できません。気持ちを落ち着けて集中し精神を研ぎ澄ませるといったことが、即応性、適応性、流動性、柔軟性といった能力と一緒になり、結果的に成果につながるものです。現在に在ることや創造的な順応を重視するゲシュタルトアプローチは、こうした目的に適しています。

コーチングの実践

スキルコーチングおよびパフォーマンスコーチングは達成目標やアクションプランに注意を向けることになるため、マネジメントやオペレーションといった問題に向いています。GROWモデルやその派生形は、こうした状況において理想的です。コーチは効率的かつ理路整然としたセッションを行い、クライアントが特定のタスクを達成できるようサポートし、最終的な成果とそれにつながるアクションを明確にする必要があります。コーチが専門家であるならば、その経験を活かしてクライアントの質問に答えられるような場合に役に立つでしょう。コンピテンシーフレームワーク、計量心理学、三六〇度フィードバックは、このコーチングに役立ちます。

発達コーチングと実存主義的コーチングでは、コーチに大きな能力が求められます。明確な目標ということよりも、目的に基づいた創発的なプロセスを扱う必要があるからです。このレベルはシニアリーダーシップの課題など、価値観、ビジョンやインスピレーションといった、目に見えない目的が必要とされるような状況に適しています。感情、身体、精神面の開発に重きを置くため、コーチはより心理学的知識を有している必要があり、ゲシュタルトアプローチはこういったコーチングの領域に対して最適のアプローチの一つと言えます。

次の表は各種コーチングの要素の特徴をまとめたものです(10)。

各種コーチングの特徴

		スキルコーチング	パフォーマンスコーチング	発達コーチング	実存主義的コーチング
起源		スポーツ	能力ベース評価 スポーツ心理学	カウンセリング 心理療法	宗教/スピリチュアル 個人の成長
心理的アプローチ		スポーツ心理学 NLP インナーゲーム	認知行動 NLP 催眠療法	ゲシュタルト心理学 精神分析 人間中心的アプローチ	ゲシュタルト心理学 ユング的分析 実存主義 精神統合
プロセス	必要とする時間	スキルと水準による	短期間	中期間	生涯にわたる
	志向	現在〜未来	現在〜未来	過去〜現在	現在
	活動のフォーカス	特定のスキルの習得	ゴール 解決策中心 事業目的 企業プライオリティ	人間中心 パーソナリティ中心 個人の目的	存在すること/生きること/在ることの理由 存在の本質 精神的/超個人的
	変化の対象	行動	行動	価値観と態度	信念
	モード	行動的/実践的/機能的	理性的/認知的/行動的	感情的/身体的	精神的/哲学・宗教的
	コーチングセッションの実践	実践されるべき特定の何かに注力	セッションの目的や成果であるものに注力	クライアントが関係性においてどうしているか、何を感じているかに注力	瞬間に注力し、その瞬間に何かを表していることすべてを扱う

人	学びの方法	他人から 実践 どうすればもっとうまくやれるか シングルループ	行為 自分が何をしているか どうすればもっとうまくやれるか	行為と反省 それをしている自分は何者か どうすればもっと良い人間になれるか ダブルループ	存在そのもの なぜそれをしているか 何が肝要か どうすればより良く生きられるか トリプルループ
	自分にとっての対象	スキルの習得	タスク	他者	スピリチュアルな存在
	取り組みの焦点	クライアント─特定のスキル	クライアントのタスク	コーチとクライアントの関係性	クライアントとスピリチュアルな存在との関係性
アウトプット	モチベーション	そのスキルを最高に究めること	次回はうまくやること 野心 能力	心理的障壁と原動力を管理すること	手放すこと 達成や努力から自由になること
	ゴール	行動	知識	経験	知恵
	要因	スキルの鍛錬	達成─目標	個人の成長	なし─不動
	狙い	特定の活動として技術習得する能力	明瞭さ 集中と確かさ	曖昧さを払っての明瞭さ 不確実からの方向性	曖昧性/複雑性の許容 不確実を当然とする
	成功判定	決められた達成基準	行動─タスクの完了	仕事の満足と自尊心	ウェルビーイングの感覚

まとめ

ゲシュタルト療法は、一九二〇年代のゲシュタルト心理学のムーブメントから生まれました。一九五〇年代から一九六〇年代のアメリカで、フリッツ・パールズとローラ・パールズによって創始され、その後多くの革新的な人間性心理学から影響を受けました。

ゲシュタルトというドイツ語は、「全体」や「完全」、「パターン」などの意味を持っています。たとえば絵を見るとき、私たちはそれをカンバスの上の個別のオブジェクトの集合体ではなく、全体的な一つの絵として見るでしょう。私たちは無意識のうちに曖昧な空間やギャップを埋めることによって、そこに意味を見出すのです。私たちは、あらゆる相互作用において、それを完了させたい、完成させたいという生来の欲求を持っています。

ツールやテクニックの出番がないわけではありませんが、ゲシュタルトコーチングにおいて最も重要なツールはコーチ自身です。

ゲシュタルトアプローチにおいては、態度や見方というものが重要です。それには強力な理論的根拠があるものの、複雑で逆説的な面も持ち合わせており、ときには曖昧に感じられることもあります。注目するべき五つの要素として以下のものがあります。

1. 気づき
2. プロセス
3. 今、ここ
4. 関係性とコンテキスト

5. 変容のパラドックス

ゲシュタルトコーチングは以下のような場面で最も効果的です。

- 誰かとの関係や自分自身のあり方
- 曖昧さ
- 葛藤
- ビジョンや戦略の明確化
- 創造性やイノベーション

以下が対象の場合はあまり効果的ではありません。

- 特定の目的に向けた目標達成におけるパフォーマンスコーチング
- 具体的目標に対する取り組み
- 具体的なステップ・バイ・ステップのアクションプラン策定
- 論理的な概念の生成
- 新たなスキルや知識の学習

コーチングの実践領域における主要な四つの分野

1. スキルコーチング：特定のスキル習得を扱う
2. パフォーマンスコーチング：結果または解決、タスク機能の改善に注力する
3. 発達コーチング：人間やその感情的体験、信条、態度に注力する

4．実存主義的コーチング：個人のアイデンティティや存在の本質、信条や価値観に焦点を当てる

ゲシュタルトアプローチは発達コーチングと実存主義的コーチングにおいてより役立ちます。

コーチングの実践領域における介入でコーチが理解しておくべきこと

- それぞれのコーチングの起源
- 方向性と焦点
- 学習プロセス
- アウトプット、効果測定、モチベーション、ゴール
- コーチングの実践

第２章　気づき

　ゲシュタルトコーチングが重点を置いていることの一つに実存主義があります。なぜそうなのかとか、どうであるべきかではなく、何であるかということが焦点です。ゲシュタルトコーチは、常に今という瞬間において、自分自身や自分の周囲で何が起こっているのか、気づいている状態でいなければなりません。気づきという能力は私たちが生まれつき持っているものですが、教育を受け家族の期待や社会の要請に応じていく過程で、鈍っていってしまうものです。この気づきの能力を再発見し成長させていかなければ、この世界を生き生きとした、輝かしく興味深いものとして体験することはできません。この重要性はゲシュタルトアプローチに慣れ親しんでいくと、さらに理解されていくでしょう。

　この章では、気づきの能力を養っていくことについて説明します。ゲシュタルトの概念である、図と地ということから始めましょう。

図と地

たとえば、この文章を読むとき、あなたが目で追っている文字のことを、ゲシュタルト用語で「図」と言います。あなたの注意は、この文、この言葉の羅列、その流れや意味を追うことに向けられています。このとき直前に読んだ文は頭の中に残っていますが、興味関心の前面から背景に押しやられます。この背景の部分を「地」と呼びます。

この文（現在の図）を読んでいるとき、あなたはこのページの背景が存在することにも気づいています。あなたが持つこの本そのものにも、その背景には注目の対象となり得る、さまざまなポイントがあります。これが「図」に対する「地」となります。この文の言葉に注目すると、それ以外は地となるのです。

初期のゲシュタルト心理学者たちは、人間が世界をどのように知覚するのかを研究していました。図2-1はデンマークの心理学者であるエドガー・ルビンのものです。彼の図と地に関する研究の功績は、ゲシュタルト心理学者の基本となるものとして評価されています。ルビンの壺と呼ばれるこの絵は、われわれの脳が、図と地をどのように知覚して区別するかを示す有名なものであり、地から複数の図を浮き立たせて理解することはできない、という仮説を示すものでもあります。

この絵は、見方によっては黒い二つの横顔とも取れますし、一つの白い花瓶とも取れます。しかしその二つを同時に見ることはできません。これは、片方を図として見ると、もう片方は地となってしまうからです。黒い顔を図として見れば白い花瓶は地に、白い花瓶を図として見れば黒い顔は地になってしまい、両方を同時に図として見ることはできないのです。同時に見ようとしても、集中すると片方が図

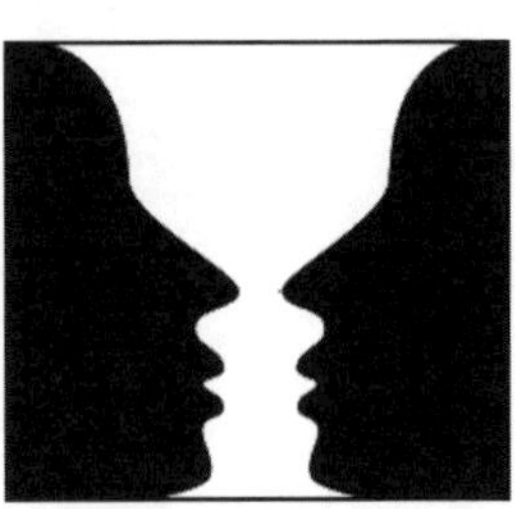

図2-1：ルビンの壺(1)

として浮き出てしまうことがわかるでしょう。

これは言われてみればシンプルで当然のことであるように思われますが、このコンセプトは私たちの生き方についての大きな示唆を与えています。それは、私たちが何を図として見ているか、そしてそれによって地がどのように形成されるか、ということです。

たとえば、あなたがある人物に対して、ポジティブあるいはネガティブな感情を持っているとしましょう（この人物が興味のある図）。そのとき、あなたの感情はさまざまな要因（これが地）につながっています。要因としては、たとえば以下のものがあります。

- 外見上見られるその人物のふるまい
- あなたとその人物の間のつながりの質や全体としての人間像
- あなたとその人物のこれまでの出来事
- より広範なコンテキスト

あなたが注目する図は、あなたがどのように地を知覚するかに影響を与えます。その逆に、地の知覚は図の知覚にも影響を与えます。図として何に注目するかが変われば自動的に地も変わり、これによって知覚や体験が変化してしまうのです。

◆コーチングのヒント

コーチにとっては、コーチングそのものが地であり、クライアントは図、ということになります。クライアントの言動の中で、何か重要な意味を持つと考えられるものに意識を取られると、それがクライアントについての、あなたの体験という地に対する図として知覚されます。この新たな図によって、あなたはこれからどうやってクライアントに介入していくかを決定していくことになります。以下の例では、コーチにとっての図が、クライアントの態度によってコーチングのコンテキストや、クライアントがコーチングを受けている理由といった、それまでは地であったものに移っています。これが明確になると、セッションは先に進んでいきます。

例　マークは、彼が所属している組織で行われた、自身の役割と能力を開発するためのコーチング研修に参加していました（これがコーチの地になります）。

最初のコーチングセッションにおいて、クライアントであるマークは椅子に深く腰かけ、両足を伸ばし、足首のところで交差させる姿勢をしていました。彼は礼儀正しいものの自信がないようで、アイコンタクトを取りませんでした。コーチの質問には短く答えるものの、活力とか決意といったものは感じられません。話を広げようとしても、最後まで話し終えようという意思がないようで、言葉は尻すぼみになり要点がわかりませんでした。コーチは当初、彼の活力やモチベーションの欠如に注目し、これがコーチの知覚における図となりました。コーチは、自信のなさや青年期の反骨的精神といったようなことについて、さまざまな反応やイメージを思い起こしました。

コーチはこれらのことに困惑していましたが、瞬間ごとに受ける感じや考えを意識して、軽率な判断をせずにセッションを続けていきました。

マークに「コーチングのセッションに何を期待するか」とたずねると、その答えは「それはあなた次第では？」といった、とげのあるものでした。しかしそこからさらに深掘りし対話を重ねた結果、あることがわかりました。マークは直属の上司から、「矯正の一環としてコーチングを受けさせられた」、という印象を持っていたのです。彼はこれを屈辱的に感じていて、それがコーチに対する敵意の原因になっていたのです。セッションの最初における自信がないような態度（コーチにとっての最初の図）も、これで説明がつきました。

マークの態度という図に対するコーチの知覚は、コーチングが行われることになった背景と、それに対するマークの反応という図を知ることで変化し、新たな図が形成されることとなりました。

図と地の構造の変化

交渉や調停、争いの解決をしていくことは、どれも図と地の構造の変化ということに関係しています。状況はほとんど変化していないにも関わらず、それがどのようにとらえられるか、どのようにそれを理解し、どのように対応するかによって結果が大きく変化していくことがあります。凝り固まった立場（固着したゲシュタルト）を取ってしまうと、明確さや解決が妨げられてしまいます。自由で流動的なアプローチをすれば、新たな図や地が見えてきて解決することもできるでしょう。さきほどのシナリオでは、もしコーチが最初の図に固執して、図が鮮明になるのを待たずに「マークには自信が欠けている」と早合点してしまっていたら、コーチングの結果は異なっていたでしょう。同じところをぐるぐると回るようなことにもなっていたかもしれません。

図と地の形成フロー

図と地の形成のもう一つの特徴は、関心を向ける図が一つ現れた後に、それが地に戻っていく、という点です。試しにこの文を読み終えたところで続きを読むのを止めて本を置き、周囲の空間を見上げてみましょう。

さあ、どうぞ。

＊　＊　＊

おかえりなさい。これをまた読んでいるということは、もう一度この文字の羅列を図として知覚しているということです。あたりを見渡したとき、何か一つの対象を図として知覚した後に、また別のものを図として知覚していったことに気づいたでしょうか。中には興味を引いて、しばらく目を留めたものもあったかもしれません。あるいは周囲を見渡すのをやめて、何かの音が聞こえることに気づいたり、痒さや痛みに気づいたり、何かの匂いに気づいたりしたかもしれません。こうしたすべての図は、地として存在していたものに対してあなたの注意が向いたときに図として浮き上がり、それから注意がそれると、また地に戻っていったということです。

これが一体何だと言うのか？と思われたかもしれません。たしかに、特筆するようなことではありません。

あなたの感じたとおり、これは体験のふつうのフローです。しかしゲシュタルトアプローチにおいては、このフローが滞りなく変化していくことが精神状態の良好性や、ウェルビーイングを表す重要な指標となっています。前述したとおり、興味深いものが図として地から浮きあがってくることは、自然で健全なプロセスです。対象と関わりを持ち、しばらくして満足したら、それから離れていく。すると今まで図だったものは地に溶け込んでいきます。これはコンタクトと離脱のリズムと呼ばれます。

この地には層があり、奥行きがあります。あるオブジェクトから別のオブジェクトに移動するときには、その表面的体験を扱っているに過ぎません。しかし、私たちが生きていく全体的な経験において、個人の深い地の基盤が形成されます。これが「豊かな虚空（Fertile Void）」と呼ばれるものです。時間と空間の条件が揃えば、私たちは常に経験の豊かさを感じることができるのです。

コンタクト―離脱のリズム

コンタクト―離脱のリズムは生命活動の基本です。たとえば、日中に起きて活動し、一日の終わりには寝床に戻って眠るといったことです。誰かと出会い、会話を通じて交流した後、良い感じで別れの挨拶をしたりすることもこの一例です。これは生きていく上で自然な流れと言えるでしょう。そのやり取りは、始まり、途中、終わりというパ

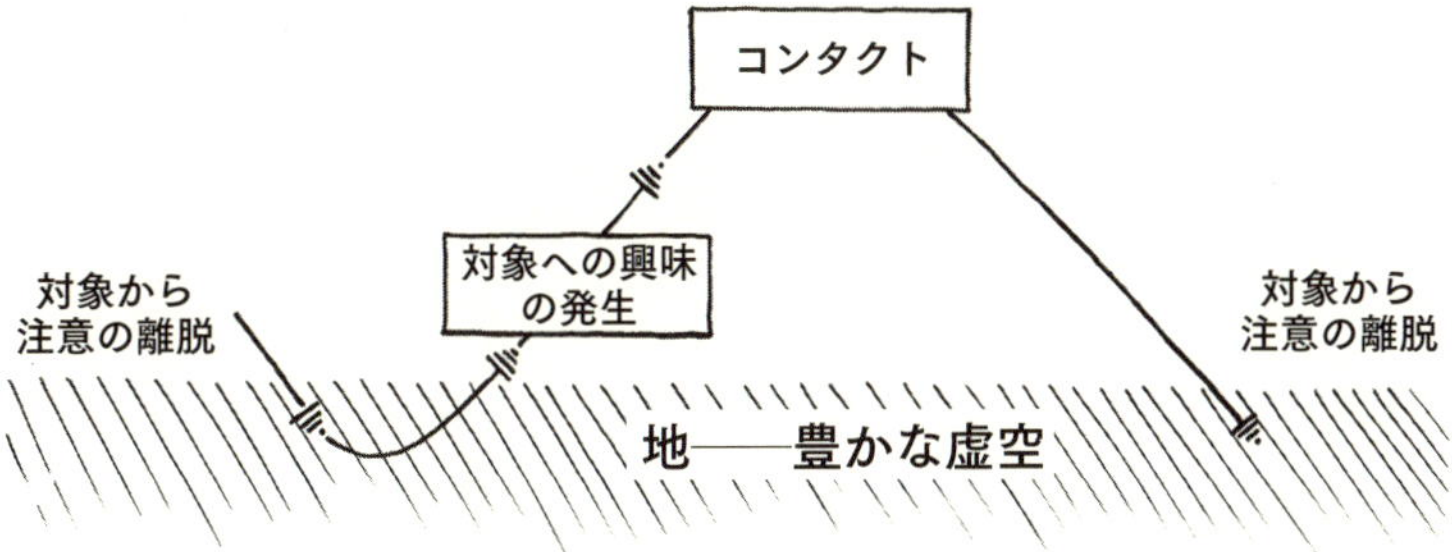

図2-2：コンタクト―離脱のリズム

ターンを持ち、このサイクルが一つのゲシュタルトであると言えます。健康であるためには、適度なリズムとバランスが必要です。

図2-2は、このサイクルを簡略に表したものです。これは連続的経験のフローと呼ばれます。このフローのさらに複雑なモデルについては次の章で確認します。

変化は継続的で連続的なものです。こうしたコンタクトと離脱のサイクルがどれだけ容易であるかは、健康やウェルビーイングの指標になるでしょう。自信が感じられ自分らしくあると感じているとき、出会いと体験は、スムーズで労力を必要としないものになります。それができたとき、あなたは満ち足りた感覚を得ることができます。ミハイ・チクセントミハイ(2)はこれを「フロー」の状態にあると呼び、ティモシー・ガルウェイ(3)は「自己との調和」と呼びました。

逆に、不安や自信がなくなったと感じているとき、あなたの人間関係や活動は緊張したものになり、不安定で努力を要するものになるでしょう。リズムが中断されるため、何をやっても困難で物事に整理がつかず、解決策に到達するためには多大な努力が必要です。「フロー」から外れていると、ミスを犯したりまわりの状況を誤解したりと、不適切に行動する可能性が高くなります。離脱のフェーズでは、不安で不完全な感覚になり、次の状況に集中するのが難しくなることがあります。

◇実験――体験のフロー

1. 自然な流れが感じられること、自分が楽しいと思えること、または自信を持ってできていた過去の誰かとの会話や何かの行動を思い出してみましょう。

- そのとき、どんな感じでしたか?

● そのことをするためにどれくらい努力しましたか？
● その結果どうなりましたか？
● 満足のいく体験でしたか？

2. 次に、気まずさを感じたり、まわりの目を気にしたりしたときのことを思い出してください。
● それを思い出して、どんな気持ちですか？
● そのことをするためにどれくらい努力しましたか？
● その結果どうなりましたか？
● 満足のいく体験でしたか？

記憶の中の出来事は今も頭の中で続いていますか？　思い出すことによって落ち着かない気持ちになりますか？

落ち着かない気持ちになるのは、出来事がゲシュタルトとして完了していないためです。こうした未完了の出来事は日常的なことです。不完全なままではなんだか落ち着かない、というのは感覚としてわかりやすいでしょう。

◆コーチングのヒント

不完全なゲシュタルトや未完了の出来事は、クライアントが他者や現在の環境へのコンタクトという点で、新たな図の形成や経験のフローを中断させます。そのためクライアントは落ち着かなさを感じ、結果として、現在起こっていることを十分に感じることができず、うまく立ち回ることができなくなります。このとき、ゲシュタルトコーチは、クライアントが自由に動けなくなっている理由を理解するだけでなく、クライアントがその出来事を「完了」することを促し、前に進むことをサポートしなければなりません。

豊かな虚空——The Fertile Void

私たちの何かの行動が完全な形で完了すると、その経験は「地」、すなわち私たちの個性を形作る、学びと経験の豊かなタペストリーへと戻っていきます。「地」というリソースは常に活用できるものですが、次に何をしようかと慌てると、体験の豊かさを引き出すだけの余裕を得ることができなくなってしまいがちです。

私たちは困惑したり、何かよくわからないものに直面したりすると、急いで行動をしてしまう傾向にあります。何もない「よくわからない」空間に、十分な時間留まることができないのです。ゲシュタルトアプローチの実践者である私たちは、こういった一見何もない空間が、実は豊かな「地」であり、そこには未知の可能性が豊富に眠っているのだと考えることがとても大切です。これは「豊かな虚空」とも言うべきものです。

「何もない場所に豊かさが内在している」というこの考え方は、ゲシュタルトアプローチの基本をよく表しているすばらしいものと言えます。やや漠然としていますが、何もない空間に留まりそれを受け入れることができれば、不思議なことに、その「地」からあふれんばかりの活力が現れてくるのです。

◆コーチングのヒント

コーチングにおいては、こういった非構造的な考え方が用いられることは稀です。組織では、議題とか目標、戦略、行動といった明確なものを持ちたいという欲求が非常に強いためです。「何もしていない」ところを見られれば、時間を無駄にしていると非難されてしまうかもしれません。

コーチングセッションに沈黙が訪れたとき、現在に留まって何かが現れるのを待っていると、次の一手をクライアント自らが発見する、というようなことがあります。これこそが「豊かな虚空」の体験です。クライアントが心を開き、気づき続け、自分の内面に漂うような状態に留まり、クライアントと一緒に自信を持って待つことができれば、受容的なセッションを提供することが可能になります。クライアントは自分の力で新たな方向性や考え方を見つけられると、信じられるようになります。

こうした未知の空間を深く掘り下げていく効果的な方法は、クライアントに対して何らかの示唆をしたり、方向性や行動の選択肢について提示したりした後で、他に何か思いつくことはあるかと、何度もたずねてみることです。「他には何かありますか?」と、一定の沈黙の後にたずねることで、クライアントは未知なるものをさらに深掘りしていきます。ナンシー・クラインは、自身の『この「聞く技術」で道は開ける』(4)という書籍において、この非常に効果的なアプローチを紹介しています。

ブレインストーミングも、「豊かな虚空」の考え方をベースとしたテクニックの一つと言えるでしょう。これは特に組織で用いられています。ブレインストーミングでは何もない空間を提供し、そこでの発言を促すことで、創造的な考えやアイデアがたくさん生まれてきます。この方法の重要な特徴は、どんなアイデアが出てくるかを待つという点であり、また、あらゆるアイデアを受け入れるという点です。アイデアの評価はあくまで次の段階で行われます。

別の例として、オープンスペースという会議の形態があります。この形式の会議では、代表者が集まり、タイムテーブルと中心的なテーマとなるトピックを共同で作り、代表者全体の中からプレゼンターを選出します。大きな方向性やガイドラインがあるため秩序あるプロセスが期待されますが、何もない空間においてリソースが活用されるという点で、ゲシュタルト的な考え方を反映したやり方であると言えます。

気づきと変化

「豊かな虚空」を活用し、地から浮かび上がる図を最大限まで明確にするためには、高いレベルの意識的な注意力、すなわち気づきの力が必要になります。

ゲシュタルトアプローチの中心にあるコンセプトは、「気づきによって変化がおのずと起こる」ということです。ゲシュタルトコーチの主なねらいは、クライアント自身に、自分が何者であるか、また自分は何をしているのかということに、気づいてもらえるようにすることです。新たな気づきが得られれば、クライアントは自ら行動を起こし、より効果的なふるまいができるようになります。また、これはコーチにも当てはまります。

現在に留まり、完全にオープンな態度で気づきを経験するということは、ほとんどの人にとって簡単なことではありません。私たちは多くの状況で自身の気づきをブロックするように、学習してしまっているのです。気づきをブロックするふるまいは、ある程度は健全なものです。ゲシュタルトアプローチの観点からは、さまざまな状況に創造的に順応していく一種のやり方とも言えます。無関係な刺激に気を散らされることがないよう、集中して特定の指針に沿って活動することが必要ということもあるでしょう（創造的な順応とは自己調整の機能です。第4章で詳しく扱います）。また、それまでの人生の経験を通して、認知的あるいは感情的な障壁や中断を回避することを覚えてきました。そこで、コーチとして、人間として効果を発揮できる存在となるためには、この瞬間に何が起こっているのかについて気づくという、生来の能力を再発見する必要があります。

ゲシュタルトアプローチでは、基本的な前提として「人間には身体や感覚、感情、思考が備わっている」ということではなく、「人間とは身体や感覚、感情、思考そのものである」と考えます。そのすべてが全体として、感知能力を持つ有機体として機能しているのです。たとえば、インタビューの前に緊張するのは、単なる感情的な反応ではありません。そのとき、身体と精神もまた反応しているのです。身体的反応としては、汗をかく、気分が悪くなる、手が震えるといったものかもしれませんし、認知的反応としては失敗に関連した考えや結果、イメージが頭をよぎるといったものになるかもしれません。これらすべてが、その経験の一部となっているのです。

気づきの指向性

ゲシュタルトアプローチでは、二種類の気づきがあり、それぞれに価値があると考えます。

- 指向性のない気づき：より広くオープンで、現れてくる関心事に受容的

● 指向性のある気づき：集中した理性的なもので、関心の焦点を絞ったもの

ゲシュタルトコーチングでは両方の手法を用いますが、どちらかと言えば指向性のない気づきに重きが置かれます。現在という時間に留まり、「今」何が起こっているのかを、可能なかぎりより広く全体的で開かれた気持ちで経験していきます。

指向性のない気づき

指向性のない気づきにおいて重要なことは、あらゆるものをオープンに受け入れようとする態度です。つまり、自分自身と自分の環境に関するデータを取り入れ、図が自然に現れるようにするのです。これは、仏教的なマインドフルネスと似ています。この状態では、解釈と仮説を通じて気づきの領域を狭めること（指向性のある気づき）を遅らせ、自分自身や他者、またその状況を、一つの全体として経験します。それは判断や推論を保留し、結論を出したり、頭の中で解説したりすることから自分を解放し、ただ「現在」に存在することを許容することでもあります。

子どもは、まわりの世界を受け入れていくエキスパートと言っていいでしょう。彼らの知覚は広く開かれており、世界が彼らのもとに、意見や判断に阻まれずにやってきます。これは、通常の大人が経験をフィルタリングし、理解し、解釈しようとするプロセスとはまったく異なります。

気づきに方向付けをしないままにしておく目的は、背景に隠れている、図となり得るものをより豊かに、また大きな輪郭にすることにあります。これにより、図となるものがより鮮明で魅力的なものとなるのです。指向性のない気づきの状態に長く留まれば留まるほど、経験はより広く豊かなものとなりま

す。コーチングを行う際には、自分の経験とともにクライアントの理解が、同じように広く豊かなものとなるのです。

気づきは絶えず進行中のプロセスであり、
ときどきピカっと光る稲妻のようなものではない。
常にそこにあり必要なときに利用できる。
自分の気づきに集中することで、その人は今という状況に没頭し続けることができる。(5)

◇実験―指向性のない気づき

次のことをしてみましょう。

1. 何かをしようと力まずに集中する
2. 自分が感じることについて、考えず、見て体験する
3. 判断せず、無関係の思考に妨げられず、その場に存在する

ここでは、「現在」に留まり、何が起こっているのかということを、クリアで落ち着いた気持ちで見つめることが理想的です。これは簡単ではありません。しかし何度も挑戦しているうちにできるようになっていきます。

二～三分ほど、動きや、コミュニケーションの流れや、音、その場の「ダンス」をただ注視してみま

しょう。思考が頭に入ってくるようなら、それに気づいた上で素通りさせましょう。瞑想をしたことがあれば、こうした「心を落ち着かせる」プロセスに馴染みがあるはずです。この状態では、判断をしたり固執したりすることなく、世界そのものから影響を受けることができます。スマートフォンなどでアラームを設定して、こうした試みをしてみるのもよいでしょう。

人目を気にせずこうしたことをできる場所を見つけ、周囲を見渡し、集中できるものを探しましょう。それは会話でも、人間同士のやり取りである必要もありません。このために、以下のものが必要になります。

- 気を張らずに見たり聞いたりできるもの
- その状況の一部となる必要がないもの
- 言葉で理解することができないもの

たとえば、次のようなものに注目してみましょう。

- 遊んでいる子どもたち
- まだ言葉を覚える前のひとり遊びをする幼児
- 犬や猫などのペット
- 電車の乗客やベンチで休む人、公園やカフェの人々
- 餌台にいる鳥

周囲に誰もいなければ、自分のまわりの「世界」の動きや音に耳を澄ませ、観察してみましょう。本を置いて、さっそく試してみましょう。

いかがでしたか？　二〜三分の間、考えごとをせず集中することができたでしょうか。うまくできたなら、落ち着いてリラックスしたような感覚があるはずです。それは努力したわけではなく、何の期待もなくただ経験をしたからです。

もしも今に留まることができず気が散ってしまったなら（あなたが指向性のない集中を初めて経験するのであれば、二〜三分は長い時間です）、自分が何に注意をそらされてしまったのか考えてみましょう。何が起こっているのか、どういう意味なのかということについて考えてしまうときは、次のようなことが起こっています。

- 退屈——刺激を求めてしまう
- 起こったことについて考えてしまう
- 次に何をするかをあらかじめイメージしてしまう
- 何かについて心配してしまう

意識的に自分が何に注意をそらされてしまったのかについて気づくことで、こうした気が散ってしまう要素を少なくして、指向性のない気づきを簡単に手に入れることができるようになります。重要なのは練習です。より多くの気づきを得れば、それだけやりやすくなります。

世界に対する指向性のない気づきがここでのあなたの目標なので、無関係の知的活動は最小化しなければなりません。その鍵は、自分の五感である視覚や聴覚、触覚、嗅覚、そして身体的および感情的な感覚を通じて、今に気づき、それを体験することです。現在の興味関心の流れに従うことと、現在の活動により喚起される知的空想に自分を委ねることはまったく違うことです。前者は、生きそして気づきを得ているあなたが、今、ここで何が起こっているかに気づくというレベルの気づきであり、その流れの一部となるということです。後者は、思考があなたの導き手となり、過去や未来について考えたり、何らかの考えに追随したりするというレベルの気づきです。もちろん、過去のことを考えたり空想したりすることが常に悪いわけではありませんし、それによって創造性を発揮する人もいます。しかし、それは指向性のない気づきの意味するところではありません。それは何かを抽象的に考えることであり、世界から一歩引いている状態であり、世界とコンタクトしていません。

指向性のない気づき――メラニーの感想

「たしかに、この指向性のない気づきというのは、私がとても疲れているときに経験するものだ。疲れすぎて何も考えたくない、集中できず何もできないといった状態だ。この気づきはアドバンストレーニングコースでの三人組でのコーチング実践で、自分がオブザーバー役になるときに経験した。そのとき私は、状況が展開していくのを、集中しようとするでもなく、ただ見ていた。大事なことはよくわかった。努力もせず、言葉にしようと苦戦したり理解したりしようともしなかった。私は、コメントをせずメモも取らず、ただ目の前のことを見ていた。以前は、見落としをしないようにすべてを把握するために意識的に集中するようにしていた。その結果、徐々に微妙だが鮮明なものが現れてきた。私は何も重要なものを見落とさなかった。今では、毎回このようにセッションを始めている。もう、疲れるということもない」

◆コーチングのヒント

指向性のない気づきを「得る」ことは簡単ではありません。しかし一度でも経験があれば、どんどんやりやすくなっていきます。手がかりを求めるのでもなく、そのために一所懸命にがんばらねばならないこともありません。ただ現在の状況、クライアント、自分自身、そしてあなたとクライアントの間で起こっていることに集中すればよいのです。こうしたアプローチは、真剣に耳を傾けていないように感じたり、気が進まないように感じたりするかもしれません。たしかに、そのとおりです。また、クライアントが言っていることについて、聞き逃したりするのではないかと心配かもしれません。そしてもちろん、自分が集中する対象を選択することはある程度避けられないため、聞き逃してしまうこともあるでしょう。しかし、実践していくうちに、そうしたときに自然に現れてくるものは、非常に魅力的で深遠であることを見出すことでしょう。なぜなら、相手を完全な存在として経験するからです。この実践を通じて、あなたは自分の気づきを信頼し、重要な図を選ぶ自信を持つようになるでしょう。

指向性のある気づき

指向性が与えられている気づきは、よりアクティブで認知的な要素を持っています。合理的な好奇心によって図が現れ、意識的にそれに従っていきます。論理・分析的な推論を用いて、何が明らかになっていくのか、またどういった知見や理解を得られるのかを探っていくことになります。

先ほどの「実験」の例で言えば、特定の子どもや鳥、動物に注目することが、指向性のある気づきです。コーチングの場では、クライアントのこれまでのことや習慣、健康などに注目していくことにあたります。身体的あるいは感情的な体験の特定の面に注目するような場合でも、意識的に気づきを促すことが大切です。

例：指向性のない気づきから、指向性のある気づきへの変化

あるとき、指向性のある気づきを実践しようと、庭の鳥のさえずりに耳を澄ませていると、遠くから電車の音が聞こえてきました。すぐに、それが蒸気機関車であるとわかりました。たちまち私の関心の的は変化し、自分の孫に電話をして、彼の庭から機関車が見えることを伝えようと思いました。

このテキストを読んでいるとき、あなたの意識は指向性があるということになります。意識的に認知能力を用いて読書という活動に集中しており、意識の範囲を狭めることで、意識的に本とのコンタクトを維持しようとしているわけです。こうした集中の仕方をしていると、たとえばトイレに行きたいなど、よほど強い欲求がなければ、他の潜在的な図は現れにくくなります。

◆コーチングのヒント

能動的な指向性のある気づきは、西洋の人間にとってはなじみ深いものであり、ほとんどのコーチング手法において用いられているものです。それには傾聴や内容の統合を行い、生産的な介入を行うために感情的な要素を把握することも含まれます。ＧＲＯＷモデルなどは、こうしたアプローチをサポートしています。注意を集中し、セッションの開始時にゴールに注目し、その後、現実の状況を確認した後、取りうる選択肢へ移り、最後にまとめの段階として、これからのアクションに気づきを向けていきます。

このような指向性が強いコーチング手法では、仮説に関連した解釈のつながりや意識的な関連付けを行うことに重きが置かれます。

コーチングセッションの開始時、あなたは、クライアントが自分の状況について説明することを、意識的に傾聴し始めるでしょう。これが指向性のある気づきです。セッションが進むにつれて、何かがあなたの興味を引いたとしましょう。それは声のトーンかもしれませんし、繰り返されるジェスチャーかもしれませんし、話の内容かもしれません。これが指向性のない気づきです。あなたはその詳細に注目し、そこに意味を見出したり、深掘りしたりすることでしょう。これが意識的に方向付けられた気づきの対象となります。

指向性のない気づきと同様、現在に留まることが、指向性のある気づきを効果的に活用するために重要です。その違いは、指向性のある気づきのモードのときには、現れた図に意識的に留まることです。指向性のない気づきのモードの場合、図が現れては消えていくのを、ただ眺めているような状態になります。

◇実験――指向性のある気づき

1. 何となくイライラしたときのこと、または自尊心が傷ついたと感じたときのことを思い出し、「私を悩ませていたのは何か?」ということを考え、次にその日や数時間前の出来事に気づきを向けて、そのときには影響を受けていたと気づかなかった、背景的な出来事について考えてみましょう。

2. 音楽を聴いてみましょう。最初は指向性のない気づきや、全体を楽しむところから始まり、特定の楽器や声などに興味を自由に向けてみましょう。それに注目し、それに対する興味を維持してみましょう（これが指向性のある気づきです）。その状態でも、音楽全体は地としての気づきの状態を維持することができるはずです。次にそれを手放して、より広い対象に注意を向け、その音楽自体を一つの作品や一つの経験として感じることで、指向性のない気づきへ戻りましょう。

次に、別の楽器に気づきを向けて、その注目を維持しましょう。これを何度か繰り返し、その曲の二つの感じ方の違いについて考えてみましょう。

3. リラックスしましょう。緊張している筋肉と弛緩している筋肉に、一つずつ、意識的に注意を向けましょう。大きく息を吸って、ゆっくりと吐き出しましょう。

まとめ——指向性のある気づきと、指向性のない気づき

以下の表は、気づきの指向性についての主な違いをまとめたものです。

能動的な指向性のある気づき	オープンで指向性のない気づき
詳細かつ集中的	印象的かつ対象が広範
評価的・解釈的	感覚的

手がかり（図）を求める	手がかり（図）が自然に現れる
何かが現れるのを手助けする	何かが現れるのを待つ
構造を利用し、見たいもの、聞きたいものを方向付ける	何を見るか聞くかについて秩序立てたり、先入観を持たずただ観察する
クライアントに話を促すために目的のある質問を行う	クライアントが話をすること、感じることを促す。瞬間ごとに何が起こっているのかを扱う
経験の領域を狭めて鮮明にする	地やクライアントの感情的体験や感覚の周辺領域を広げる
仮説に合わせて、重要な情報を特定し、注目する	感じたり反応したりするものすべてが等しく重要ととらえる
どのように作用しているかという観点から物事に注目する。クライアントの体験には何があり、何が欠けているか	物事がどのように作用しているのかについてオープンに好奇心を持ち、新しいことを発見できる瞬間を待つ
感覚を頼りに探っていく	どう感じるかを受け止める
内容や価値観、ものの見方や考え方の好みによる	今何が起こっているかに関することで、価値観などに左右されない

気づきの統合

日常では、指向性のある気づきと指向性のない気づきの両方が絡み合い、同じように作用しています。片方の気づきに始まり、もう片方の気づきへと移行し、それからまた戻ってくるといったことを、変化を意識せずに行っているのです。フローの中で生きるというスキルは、何が起こっているのかに気づくということであり、指向性のある気づきとない気づきを直感的に、自由に行き来する能力のことを指します。これにより、世界や他人、またクライアントについて、可能なかぎり多くを経験できるようになるのです。

ジャズの演奏をイメージしてみましょう。ジャズの演奏は、音楽の形式をとった明確な構造があり、その中で音楽家たちは指向性のある気づきを得ます。その後、その構造の中にそれぞれの音楽家が自分の創造力を、自由で指向性がない形で発揮するのです。

テレビを見ることは、指向された意識と指向されていない意識が混ざり合った例です。ある番組に意識を向けているうちに、指向されていない意識状態に沈み込んでいくかもしれません。その意識状態ではストーリーに引き込まれ、一種の催眠状態のようになり、リラックスしたり、感覚が麻痺したりするのです。

テレビを見るときのように、ある種の構造を持った瞑想やインナーゲームの実践も、こうした二種類の気づきが混ざった状態であると言えます。一般的に瞑想者は、呼吸に集中したり、鐘のような一つの音に耳を傾けたり、マントラを繰り返すなど、単調で反復的な作業に意識を向けたりする必要があります。その活動に意識を没入させることで、無意識の心は地の豊かさに（指向性のない）気づけるようになります。これによって、より深い経験が実現されます。

◆コーチングのヒント

ゲシュタルトコーチにとって、二つの気づきはどちらも価値があるものであり、それらの間を行き来する能力を開発することは価値のあることです。実践と経験を重ね、気づきを増やしていくことによって、意識せずとも自然に行うことができるようになるでしょう。

気づきの四つの領域

あらゆる知識や学びの基礎と人間の経験の連続する範囲は、私たちが理解を進めていくために利用可能なものへの気づきに基づいています。五感のような一次性感覚が非常に発達していて世界を非常に感覚的に体験しているという人がいる一方、思考やイメージを手がかりとする人もいます。あるいは、自分自身や他者の感情に敏感な人もいます。安定感や安心感の鍵となるのはバランスです。自分の思考や感覚、反応についての気づきを増やすことで、よりよくバランスをとることができるようになります。また、自分の内側と外側の両方で何が起こっているのかについても、より多くの気づきを得ることができるでしょう。

ザ・モデル

これは、フリッツ・パールズが提唱する気づきの三つの領域モデル（Three Zones of Awareness）[6]と、認知行動の変化領域モデル（Domains of Change model）[7]を組み合わせたものです。

このモデルは、知覚から始まる人間の機能の発達段階の全体像を表しています。私たちは、五感を通じて、認知的かつ感情的に世界と関係することで、それを知覚・体験します（図2-3）。

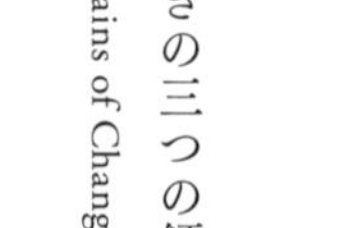

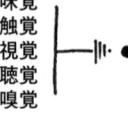

図2-3

幼児期には、こうした知覚は反射的なふるまいや行動として現れます（図2-4）。身体的な感覚と感情的な感覚は、どちらも非常に早期に機能しはじめ、これらも行動を促します（図2-5）。たとえば、赤ん坊は空腹のときや気分が悪いときに泣き、くすぐられたときに笑い、見知った顔を見たときに笑顔になります。

プロセスが進むと、認知機能や思考能力が発達し、ふるまいや行動に複雑さが加わります。これら、知覚、身体的・感情的感覚、思考の三つのインプットが、私たちの反応やふるまい、行動の基礎を形作っているのです（図2-6は、知覚、身体的・感情的感覚、思考を頂点とする三角形で、この基礎を表しています）。ここでさらに複雑になるのは、私たちのふるまいや行動が、知覚へのフィードバックのループを形成し、思考と感情に影響を与えます。

この図を三角形として見たとき、その底となる部分（影のついている部分）が、ふるまいや行動に情報を与える気づきのエリアを表しています。理想としては、この底の部分の辺が等しいとき、全体の三角形のバランスをとることができます。しかしこの三角形の辺のいずれかが長すぎたり短すぎたりすると、

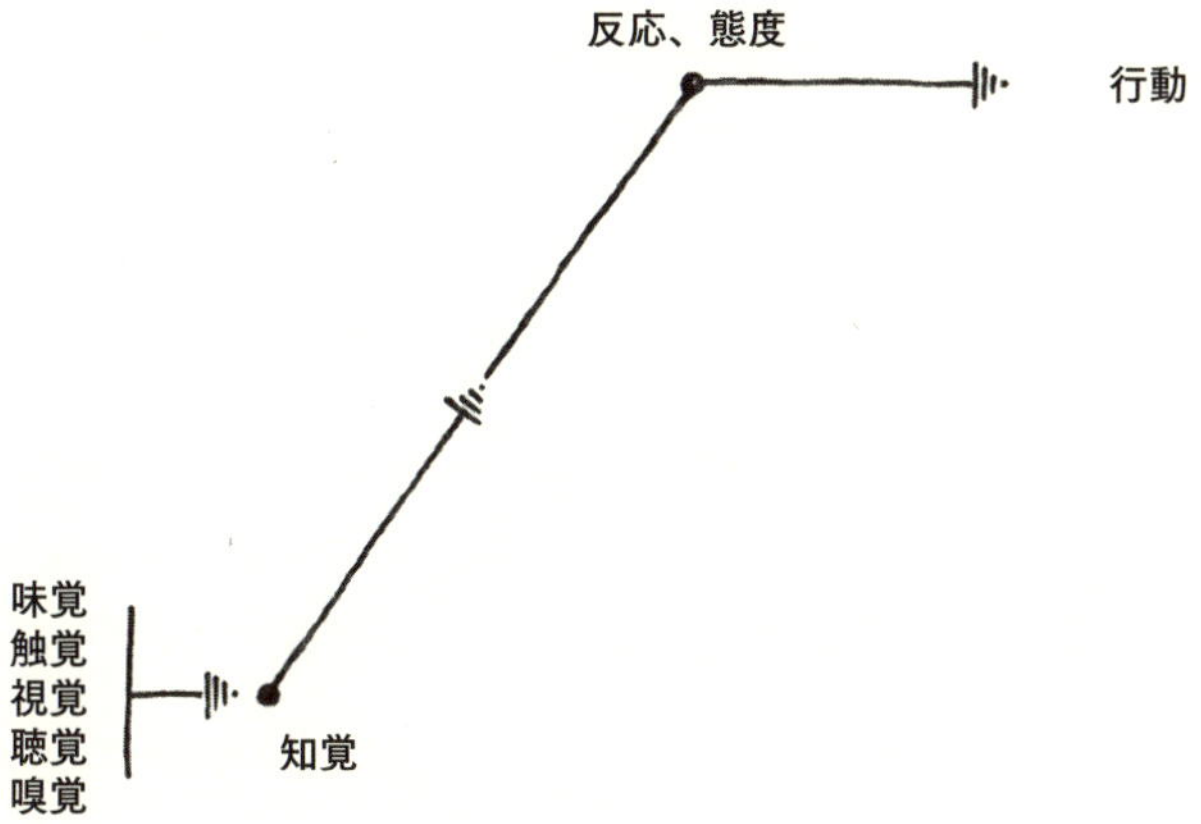

図2-4

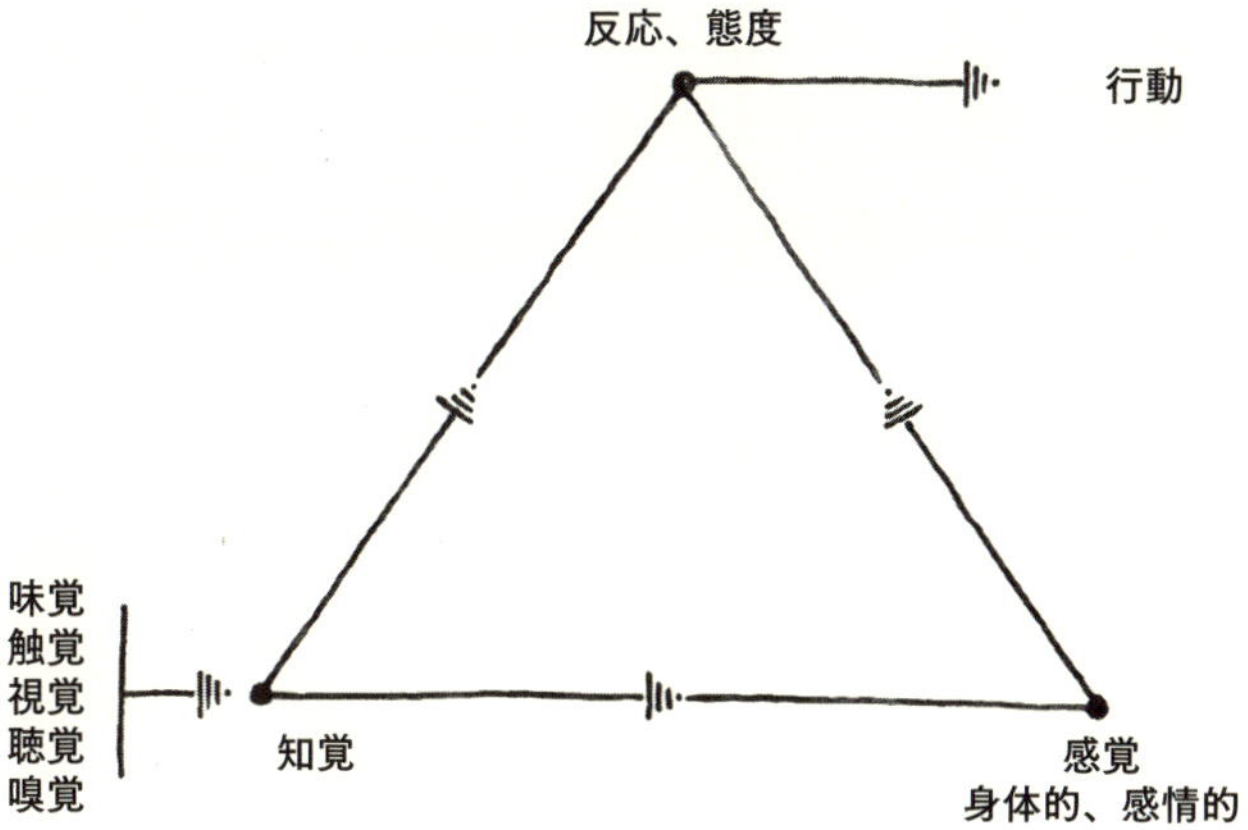

図2-5

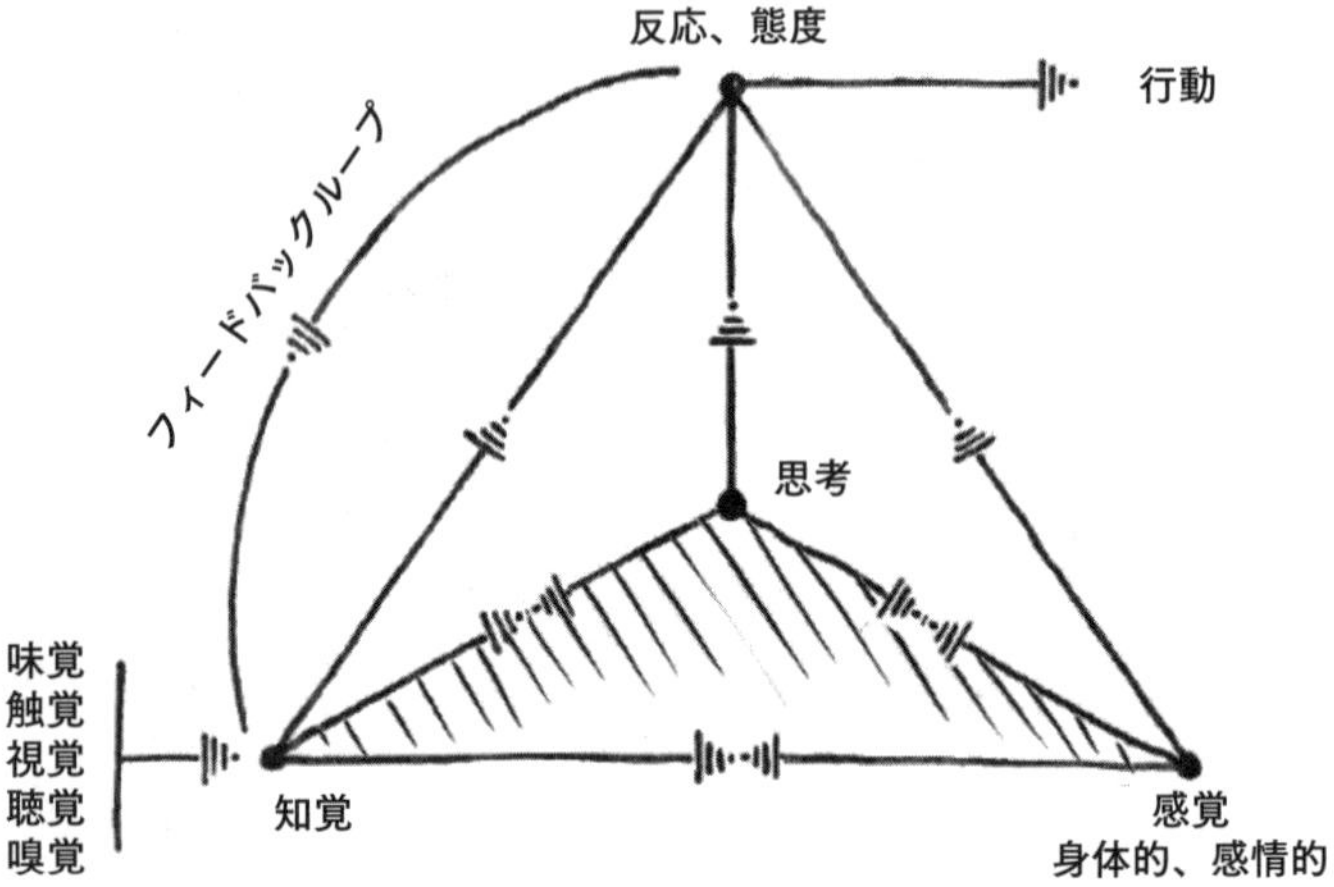
反応、態度
行動
フィードバックループ
思考
味覚
触覚
視覚
聴覚
嗅覚
知覚
感覚
身体的、感情的

図2-6

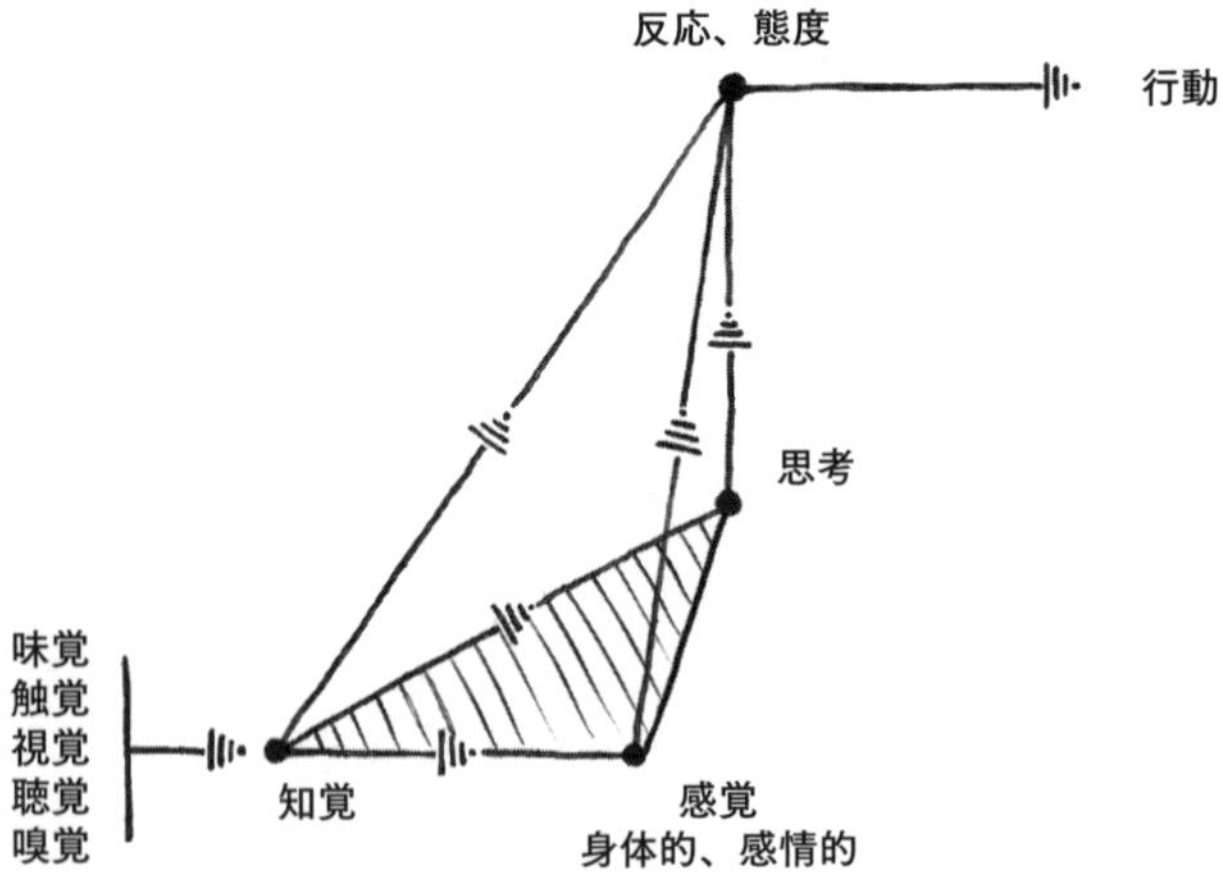
反応、態度
行動
思考
味覚
触覚
視覚
聴覚
嗅覚
知覚
感覚
身体的、感情的

図2-7

底の部分はバランスが悪くなり、ふるまい（全体の三角形の頂点）が不安定になります（図2-7）。

◆コーチングのヒント

ゲシュタルトコーチは、自分の三角形（自分の気づき）の底部は、可能なかぎりバランスがとれ、できるだけ広く、そして均一である必要があります。知覚と感情、そして身体的感覚、また思考について平等に気づいていく必要があります。これはコーチングを行うときにも応用できます。コーチの役割は、クライアントが自分の基盤を広げ安定性を高めることを手伝うことです。以下の実験で、これを実践してみましょう。

◇実験──何に気づいているか？

以下のリストは、知覚や身体的・感情的感覚、思考に関する、誰でもいつでも気づくことができる、さまざまな事柄を示すリストです。私たちはみな、何かに集中することを選択し、また別のものには集中しないことを選択しています。この実験は、あなたが世界と習慣的にどのようなコンタクトを取っているか、どの意識領域を広げる必要があるかを特定することを目的としています。

以下のリストを確認しながら、あなたの世界の体験を反映している単語をマークし、自分にとって意味がある形容詞をつけ加えてください。

知覚 視覚 音 味 動き 触覚 匂い ペース リズム

身体的感覚 緊張 アドレナリン 痛み 呼吸 鼓動 疼き 排泄機能 疲労 消化 リラックス 空腹 性的反応

感情的感覚 幸せ 高揚 尊敬 罪悪感 喜び 悲しみ 平穏 憎しみ 嫉妬 退屈 誇り フラストレーション 敵意 無関心 愛 失望 恐怖 怒り 憧れ 満足 共感 楽しい 恥 激しい怒り 驚き

思考 熟考 夢 偏見 計画 空想 判断 願い 記憶 頭の中の声 期待 傾向 内面的 対話 バイアス

身体の感覚と感情へのアクセス

以下の実験は、あなたの身体的、感情的感覚に触れるのに役立ちます。あなたの反応そのものが、コーチとして最良の資産であることを覚えておきましょう。自分という人間の全体とつながり続けることができれば、大いに価値のあるデータにアクセスすることができ、クライアントに対するあなたの身体的および感情的な反応を明瞭にしていくことができます。

◇実験

1．身体的感覚へのアクセス

質問：今、身体の感覚として何を感じていますか？

この質問にすぐに答えられないという人もいるでしょう。自分が身体的に何を感じているのかを言葉にできなければ、この実験を行ってから、もう一度、質問に答えてみましょう。思考や感情ではなく、身体的感覚に集中していきます。感じたことを言葉にできた場合でも、この実験をやってみて、感じ方が変わるかどうかを確認してみるのもよいでしょう。これは、頭の中で「うるさい声がする」というようなときにそれを払ったり、不安を和らげたりする手法としても有効です。また、これはいつでもどこでも実践することができます。

目を閉じて、頭からつま先まで満遍なく意識を向けてみましょう。自分の姿勢や、緊張しているところ、弛緩しているところに注目しましょう。徐々にその感覚を強めていき、緊張しているところをさらに緊張させてみたり、弛緩しているところをさらにリラックスさせたりしてみましょう。不安定や居心地の悪さのようなものを感じるかもしれません。これは、自分の身体をどのように保持しているか、また自分がどのように感じているのか、についての気づきを促す実験でもあります。

2．感情へのアクセス

質問：今、どんな感情を感じていますか？

これもまた、自分の感情をすぐに特定したり、その出所を答えたりするのが難しいかもしれません。あるいは他の人よりもそれが得意だという人もいるでしょう。感情の状態を知る上では、「今私は～を感じている」と言葉にしてみましょう。これを何度か繰り返し、その後、その瞬間に感じていることを話してみましょう。

例　コーチとクライアントの会話——感情へのアクセス

コーチ　今、何を感じていますか？

クライアント　（少し沈黙して）特にこれと言って……（間を置く）……不安な気がします。

コーチ　なるほど、そう思うということですね。では、身体はどんなふうに感じますか？

クライアント　（もう一度やってみる）えっと、きっとあなたが……あ、違う、自分のことですよね。もう一度やらせてください。

コーチ　大丈夫ですよ。「私は～を感じている」と考えてみてください。怒りとか、心配とか、幸せとか、そういうことです。「～ということについて感じている」と考えると、それは思考に近くなってしまいますから。

クライアント　（難しい顔をして）わかりました。私は、困惑を感じています。

コーチ　そして？

クライアント　あと、フラストレーションを感じています。

コーチ　そういう感覚があるのですね。では身体ではそれをどう体験しているでしょうか。

クライアント　つま先がぴくぴくしています。顔は笑っているように感じます。

コーチ　今はどんなふうに感じていますか？

クライアント　（笑って）「愉快」というのは、取り立てて言うほどのことではないですよね？

コーチ　（満面の笑みで）どう思いますか？

クライアント　わかりませんがそうかもしれません。今は「安心」を感じています。ようやくそう感じられたと思って、嬉しいです。

◇実験――他者への気づき

この取り組みには他の人の協力が必要です。まずは指示をよく読んで、それぞれについて少し時間をかけ、自分が何をしているのか忘れないようにしてください。次にするべきことを確認するために流れを中断することなく進めることができます。

この実験は自分と関係のある他者について気づき、現在において相手を完全に経験することに関連したものです。まず相手に、あなたに対して話しかけてもらうように頼みましょう。あなたとは無関係の話や出来事について語ってもらい、あなた自身は最初からリラックスして、何かに偏ることなく話を聞きましょう。

相手が話をしているとき、あなたの意識を次のところに向けてください。

1. 相手の声
2. 次に、相手の身体
3. 次に、非言語的情報やボディランゲージ
4. 最後に、また相手の声

こうした図のそれぞれに少しの間集中すると、相手が何を言っているかではなく、どんな人であるか、ということが鮮明でクリアになっていきます。その状態は、あなたがコーチとして、あるいはふだんの

やり取りの中で、誰かの話を聞くときの聞き方と異なりますか？　ふだんよりも多くのことに気づいたでしょうか？

自分自身とのコンタクトを高める

自分自身に気づき、触れていくことは、他の人やクライアントへのコンタクトと同じくらいに重要です。自分自身に向き合い、自分の環境やクライアントのことを十分に経験するために、以下のヒントを参考にしてください。

1. 自分の身体の位置について気づきましょう。安定感とともに地に足がついていることを感じましょう。
2. 呼吸に気づき、呼吸に耳を澄ませ、一定のリズムで呼吸をしましょう。
3. 何も強制することなく、見る、聞く、すべての感覚と身体の反応を使いましょう。
4. 気づきをあるがままにして、身体の内側を漂ってみましょう。
5. 気づきの方向付けを行いましょう。図に注目し、何が現れてくるか見てみましょう。興味を失ったら、それを引き留めないようにしましょう。
6. 自分のニーズを大切にしましょう。疲れているなら休み、入ってくる情報に圧倒されているなら一歩引いて休みましょう。
7. 自分自身との、あるいは他者や環境とのコンタクトのリズムを大切にしましょう。コンタクトしている状態から離れたら、それに気づけるようにしましょう。

まとめ

気づきそれ自体が変化であり、また気づきそのものが変化を促す、という考え方が、ゲシュタルトアプローチの中心にあります。

あなたのクライアントが自分自身に気づき、より自分らしくなれるようサポートするのがあなたの目標です。

図は、背景の要素からあなたの注意を引きつけ現れてくるようなものを指します。この図に対する背景のことを、あなたの経験の地と言います。

ゲシュタルトアプローチでは、二つの気づきがあると考えます。

- オープンな、指向性のない気づき：できるだけ対象を広く開くことで、判断や仮説、努力などを要することなく、図が現れて完結していくようにすること。
- 能動的な、指向性のある気づき：図が現れてくるとき、それに思考や認知の焦点を合わせることで、意識的にそれが解決に向かうよう、理解し、うまく処理すること。

ゲシュタルトコーチのねらいは、指向性がない状態と指向性がある状態の両方で、今、何が起こっているのかに気づいていくことにあります。多くの大人は、気づきを避け、ブロックし、フィルタリングして、なじみのある、安全な、過去の限定的習慣を繰り返します。気づきは、新たな経験に創造的に順応していくために必要なものです。

ゲシュタルトアプローチでは、人間には身体や知覚、感覚、思考が「ある」というより、人間は身体や知覚、感覚、思考「である」と考え、それらすべてが全体で感覚的有機体として機能しているという考え方をします。

気づきの四つの領域は、人間の機能を理解するための基本モデルを示しています。私たちは五感を通じて世界を知覚し、これにより、身体的および感情的な感覚的反応が作られ、これが認知的反応と組み合わさり、ふるまいとしてのアウトプットが成されます。コーチの役割は、それぞれの四つの領域における気づきとそれらの間のつながりを増やし、クライアントがよりバランスがとれて効果的になれるよう手助けをすることです。

感情へのアクセスはしばしば妨げられる領域の一つであり、それゆえにゲシュタルトアプローチのコーチングの焦点となります。

第3章　連続的経験のフロー

ゲシュタルトコーチとして、自分自身やクライアント、自分のまわりの状況への気づきを継続させることが、あなたとクライアントの両方にとっての出発点であり目的です。

何かの「図」が目の前に現れてあなたの注意を引くとき、そして次の図にあなたの注意が移動して元の図が「地」に沈んでいくとき、あなたの知覚はコンタクトと離脱のリズムとともに変化していきます。

今、ここで何が起こっているのかに気づき続けていると、明瞭で意味のある図が現れて、そして消えていきます。ときにはあなたの意識は広く、散漫で、指向性がなくなり、すべての感覚を働かせてできるだけ多くのものを取り込もうとするかもしれません。ある一つの図があなたの注意を引くと、あなたはそれに意識を向けてより集中し、認知的、論理的、合理的な力を発揮していくかもしれません。そしてその「図」に何か欠けたものがあると、「未完の事柄」が残り、フローを中断してしまうことになります。図2-2はコンタクトと離脱のリズムを単純化したもので、興味の対象となる図の出現と完了を示しています。

この章では、前述した図を拡張し、経験の出現からコンタクト、そして完了までの、連続的経験のフローを、一つひとつのステージごとに見ていきましょう。

連続的経験のフロー

連続的経験のフローは、既存のゲシュタルト「経験のサイクル」のモデルを応用したものです。クリーブランド・スクール[1]で開発され、エドウィン・ネヴィス[2]により公開されました。これは個人の経験における一連のイベントについて、ステージごとに説明したものです。連続的経験のフローは多くの場合「円」で表されますが、ここではサインカーブを用いて表現しています。このプロセスが連続的なものであり、一つの図から次のものに流れていくことを示すためです。どちらの場合でも、連続的経験のプロセスにおける自分の現在の状況を確認するのに役立ちます。

もちろん実際には、モデルが示すように明確にステージを分けられるケースは少ないでしょう。

ここでのポイントは、図が現れまた地に戻っていくという、連続的なフローが存在するということです。すべてのステージが等しく経験されなければいけないということでも、特定の形で経験されなければいけないということでもありません。また、厳密にこのモデルに沿ってプロセスが進んでいく、ということでもありません。

自分やクライアントが、今いるステージに気づくと、コンタクトの流れがどこで中断されているのか、一つのステージから次のステージへの進行を、より簡単でスムーズにするために何ができるのかを理解するのに役立ちます。

以下の連続的経験のフローのモデル（図3-1）は、経験のフローにおける図の形成と完成におけるス

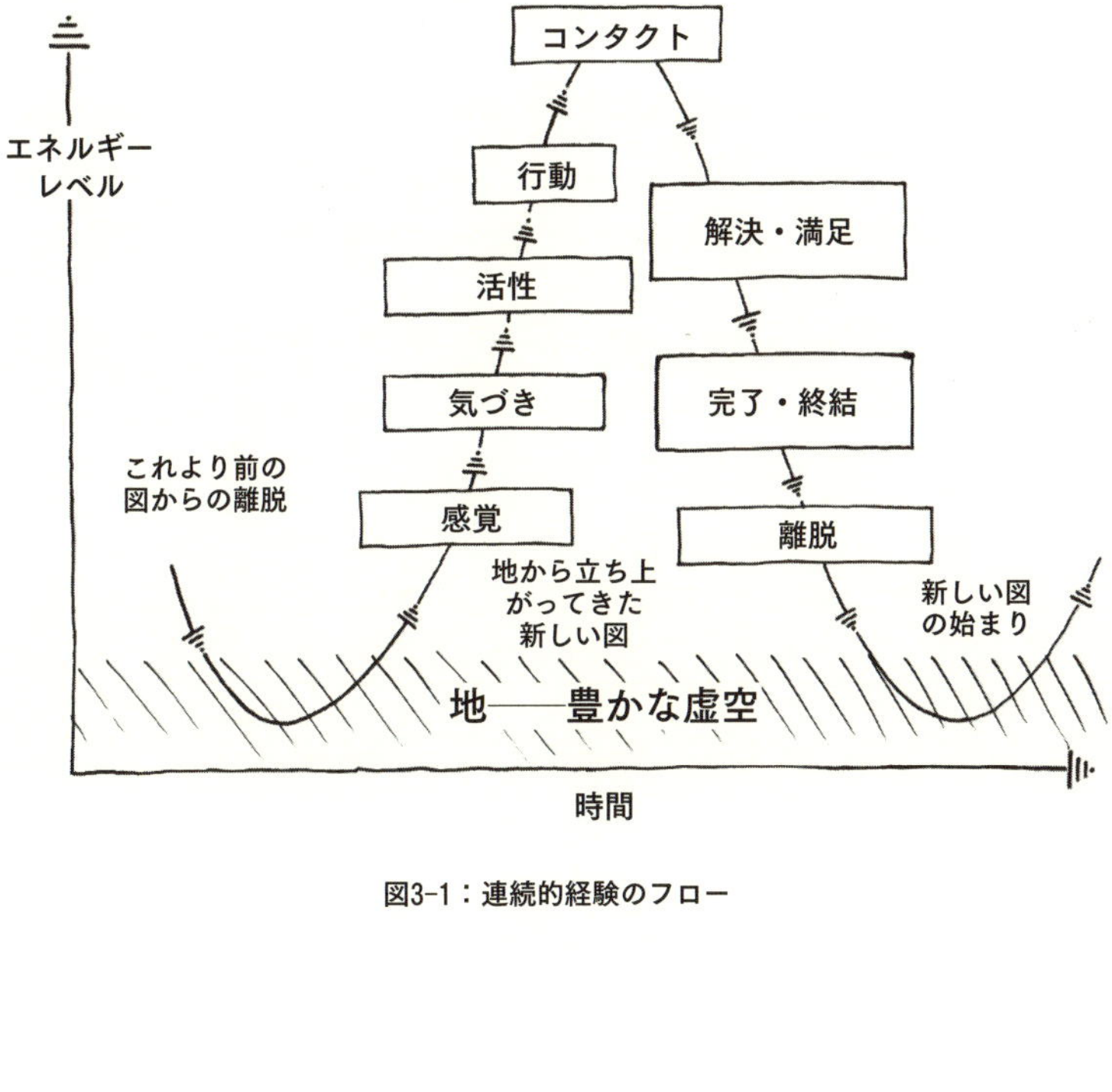

図3-1：連続的経験のフロー

テージを示したものです。

フローの仕組み

図は、感覚によって形成されはじめます。人は感覚に気づき、エネルギーが高まり、行動を起こし状況に対応しようとします。続いてコンタクトを図ったり、または何かの行動を実践したりして、必要を満たそうとします。これが解決と満足感につながります（必ずしも「幸福」と結びつくわけではありません）。その後、一つの経験が完了・終結すると、自然にその図への興味が消失します。意識がその図から遠のいて図は地へと戻り、また別の図が現れるようになります。

連続的経験のフローにおけるステージ

この連続するフローにおいて何が起こっているのかを理解するべく、これを八つのステージに分けて考えてみましょう。

1. 感覚
2. 気づき
3. 活性
4. 行動
5. コンタクト
6. 解決・満足

7. 完了・終結
8. 離脱

例　朝、メールを確認しようとPCの電源を入れるところを想像してみましょう。身体が重い感覚と同時に、興奮するような感覚、どんなメールが来ているだろうかと期待と怖さが、ない交ぜになった気持ちを抱いていることに気づくかもしれません。意識が結集していき、仕事に取りかかるためにPCの電源を入れ、メール受信箱をクリックするという行動に移ります。メールをざっと見ていくことはコンタクトであり、エネルギーが放出されていく瞬間です。メールをすべて読み終わったら、コンタクトが終了し、恐怖と期待が入り交じった感覚からも解き放たれ、解決や満足を得ることとなります。その状況が適切に解決、処理されることで、ひと仕事を終えたという気持ちと完了を経験すると、メール受信箱への興味が引いていくことになります。そして次に電話が鳴ったりすると注意がそちらに向いていきます。これが新しい図となり、同じサイクルが繰り返されます。

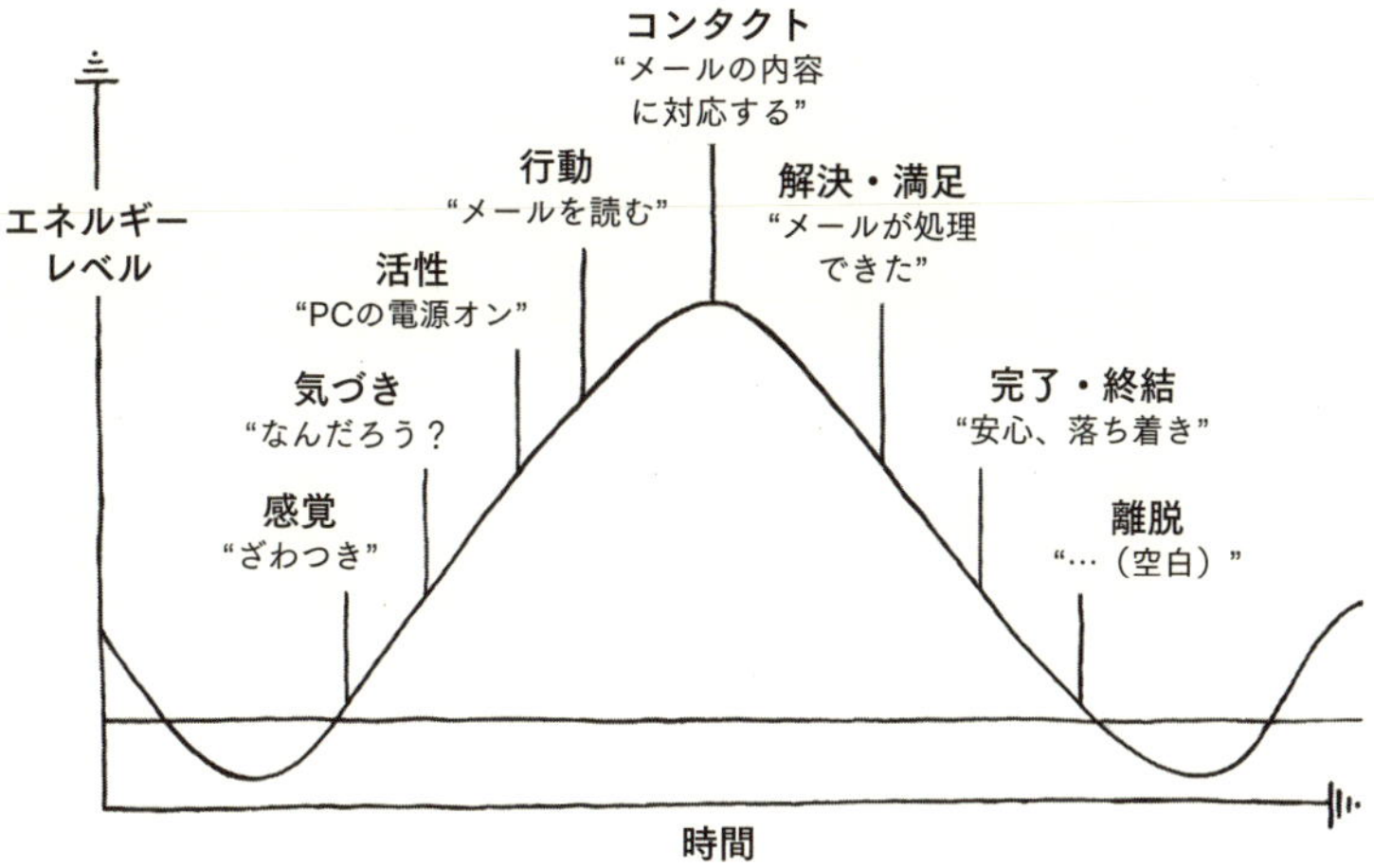

図3-2：経験フローの例

感覚、コンタクト、離脱のプロセスの中で、自分がどの段階にあるのかを知ることは有益なことですが、これは簡単ではありません。それぞれのステージは明白に分かれているものではなく、また、あるステージが継続する時間は、数分から数時間、数日、それ以上、と異なるからです。ステージは順序だった連続的なものですが、とてもフレキシブルで動的であり、二次元の図で表すことができないのです。しかし、このモデルを理解した上で実際の状況を観察していけば、自分がプロセスの中のどの状況にあるのかわかってきます。

新しい図の出現から始まり、徐々にエネルギーが結集していき、そのエネルギーの自然な放出というクライマックスに向かうこととなります。その後、図が地に溶け込んで意識が休止状態になり、リラックスできるようになります。性交におけるオーガズムはこのプロセスの生理的な例であり、このように始まりから終わりまでのフローについて考えることもできるでしょう。仕事という状況においては、会議の予定とその準備といったエネルギーの結集があり、これに続いてコンタクト（この場合は会議そのもの。あらゆるエネルギーのレベルが最高になる）が起こり、完了と離脱のステージが続き、次の活動に移っていくことになります。これもフローの例と言えるでしょう。エネルギーが集約され、最大化し鎮静していくという流れは、本を読むにしても、人との出会いにしても、あるいは難しい人間関係への対処にしても、同様に発生します。

このサイクルを完全で適切な活力とともに経験していくと、その経験が完了し、離脱とともにより豊潤な感覚を得ることができます。自分で開始した仕事が完了していくプロセスは、自信や自尊心にもつながります。

フローの中断

フローの中断は緊張と不安を生みます。これがコーチの注目するところです。フローが妨げられるとエネルギーがブロックされ、その湧き上がってくる感覚を抑えつけてしまい、抑圧されたような、気をそがれたような感覚が起こります。「未完了の事柄」が発生し、緊張と落ち着かない感覚を作り出してしまうのです。これは、日常的に小さな規模で何度も起こります。ある出来事があって、それが展開していくにつれて最初に図として認識されたものが他のものに取って代わられ、最初の図が気づきから遠のき、経験が不完全なまま地に戻ることがあります。その結果、緊張が残留してしまうことになるのです。こういった事態は発生するごとに対処していかなければ、小さな中断が積み重なって、緊張と疲労を感じ続けたまま過ごさなければいけなくなるのです。

フローへの小規模な中断

以下の状況を考えてみましょう。

今日は九時からミーティングがあるため、三〇分前に職場に到着しメモなどの準備に取りかかっています。

必要な資料を印刷していると、あなたはコーヒーがほしくなり給湯室に行ってコーヒーを淹れることにしたとしましょう。

お湯が沸くのを待っていると火災報知器が鳴りました。あなたは火災訓練のことを連想するでしょう。しかし報知器の誤作動であったことが知らされました。あなたは給湯室に戻り、コーヒーがほしいと思っていたことに気づきます。

そのとき、上司が自室に入っていくのを見て、コーヒーは後回しにしようと考えます。

あなたは上司に続いて部屋に入り、少し緊張しながらもミーティングが始まります。すると上司は、「コーヒーがほしいな。コーヒーはある?」と言うのです。

あなたは安心して給湯室に戻り、二人分のコーヒーとともに戻ってきて、ようやくコーヒーにありつけることとなりました。

さて、経験の連続的フローの図で以上の一連の例とその途中での中断について示すと、図3-3のようになります。

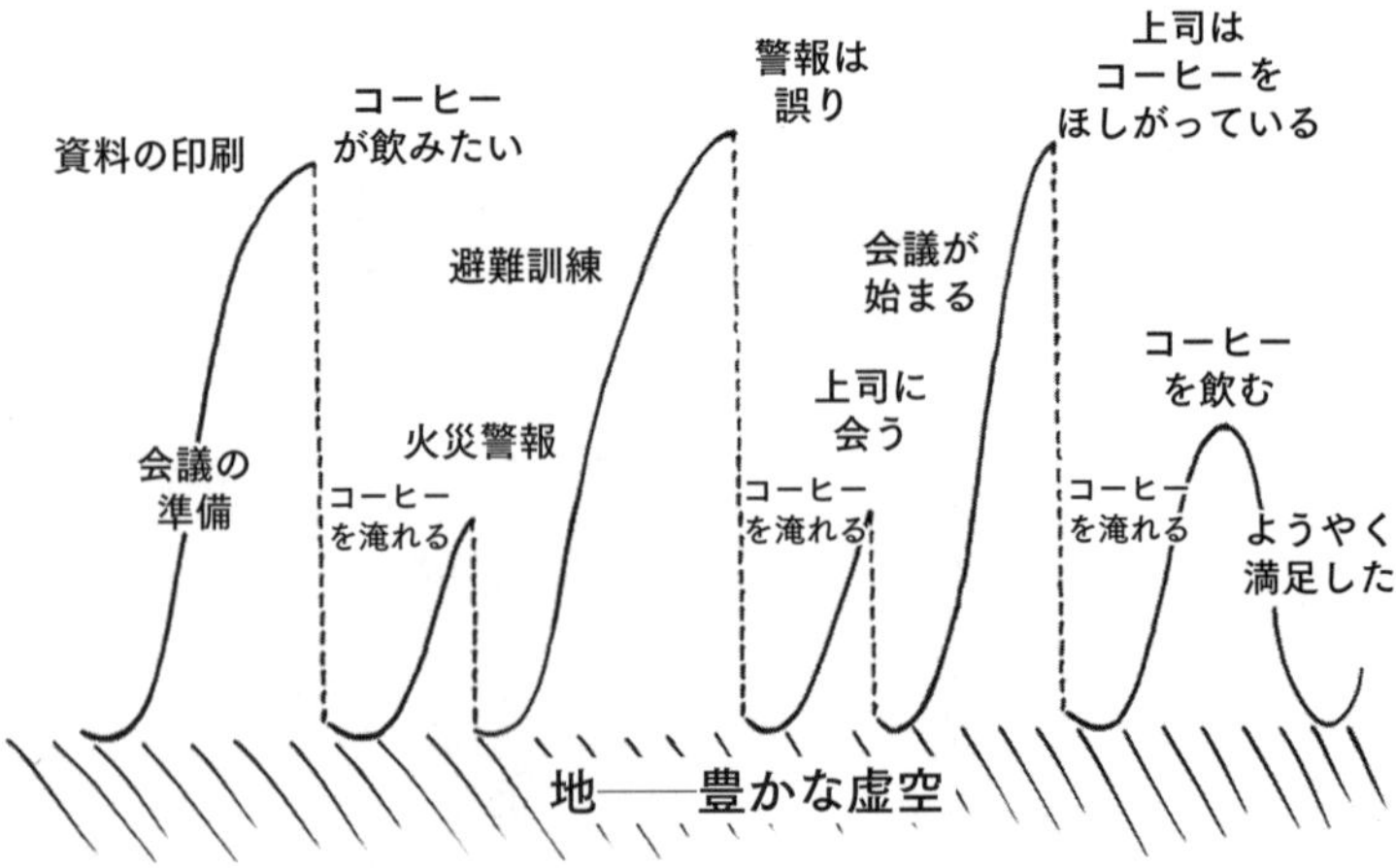

図3-3：経験のフローへの中断の図解例

◆コーチングのヒント

ゲシュタルトコーチは、この例よりもっと深刻な無意識の中断に直面することになるでしょう。無意識の中断とはクライアントにとって行動の問題となったり障害になったりするようなものです。ここでは、フロー全体のプロセスに焦点が当てられています（それぞれの中断のタイプについての詳細は第4章で扱います）。一般に中断を扱うとき、コーチの仕事は次のようなものです。

1. フローのどこで障害や中断が起こっているかの特定
2. その中断を生み出している考え方や感じ方についての気づきの促し
3. クライアントの行き詰まりから、解決と終結に向けた道を見つけるサポート

本章の以下の部分では、この八つのステージについてそれぞれ掘り下げていき、それぞれのステージにおいて何が起こっているのか、それぞれのステージで中断が発生するとどうなるのか、コーチであるあなたやクライアントにとってどのような意味を持っているか、その段階で足踏みしているクライアントにどうすれば働きかけられるか、といったことを考えていきます。

それぞれのステージを別個に分けて特定するため、モデルについて「段階的」な構造を用います。このため、現実には存在しないそれぞれの段階におけるフレームが示されます。本プロセスを理解する上では、これは有用なフレームワークになるでしょう。

ステージ1：感覚

フローのプロセスは、興味や必要性といったものを感覚として経験し、図が地から浮かび上がることから始まります。興味がかき立てられ、その図をありありと体感することによってエネルギーレベルが上昇します。このとき、さまざまな考えや感覚が反応として表れるでしょう。それは重要なプレゼンをする前に感じる緊張や興奮のようなものかもしれませんし、顧客が到着するのを待っている間の期待感かもしれません。クライアントの声のトーンやボディランゲージについて気づいたとき、コーチとして無意識にエネルギーが高まっていくこともこの範疇に入ります。

リラックスしたマインドフルネスの状態（方向付けされていない気づきの状態）から始めると、仮説を立てたり分析をしたりせず、自然にしかも容易に気づいている状態になることができます。最も重要な図はそういったときに現れてくるのです。

〈感覚のステージでの一般的な反応〉として、次のようなものがあります。

期待／興味／興奮／魅了／不安／求心／好奇心／心臓の高鳴り／楽しさ／心配／恐怖／懸念／喜び／緊張／調子の高まり・落ち込み／落ち着かなさ

感覚のステージでの中断

感覚のステージで中断が発生するのは、興味の対象となる図の出現を抑圧してしまうときです。エネルギーがしぼんでしまい、結果として気だるく刺激がないような、退屈で活力を感じられないような感覚を覚えることとなります。何かが間違っているような違和感がありますが、それが何なのかはわかりません。新たな図を出現させようとして、何かを食べたり酒を飲んだり、運動をしたりする人もいます。過去の経験から「それに関わり続けると、痛みを伴う感情につながる可能性があるかもしれない」と思い、図の出現を抑圧してしまう場合もあります。このために何が起こっているかに気づくことができず、何となく身体で不安や緊張を感じることになるのです。

◆コーチングのヒント

コーチがこの段階で考慮すべきことは、コーチ自身の中断です。例として、刺激のなさ、退屈のような感覚を考えましょう。

退屈を感じているということは、クライアントとの経験についての感覚を否定している、ということを暗示しています。なぜなら、クライアントがあなたを「退屈させる」ということは決してあり得ないからです。あなたは、認められないと自分で感じるような反応を意識的に抑圧しており、気づきのステージに進むことに億劫になっていて、そのリアクションを踏まえたコンタクトに進むことができずにいるのです。つまり、自分で自分の経験のフローを中断しているというわけです。

コーチングのセッションにおいてこの現象が起こったときには、「自分はこの人に、何をしたり言ったりすることに気が引けているのだろうか」と考えてみましょう。それを確認しその感覚とコンタクトすることができれば、次に何をするべきか、気づきを得られることでしょう。

感覚のステージでのゲシュタルト介入

たとえばクライアントが、非常に難しい状況について言葉で説明しているとき、本人の表情やボディランゲージが、話の内容と一致していないというようなことがあります。不安なことや苦痛について語っているのに、顔は笑っているような場合です。聞き手のあなたは、クライアントの発言内容に心を打たれることはないでしょうし、そのクライアントに対して本当の意味で共感することもできないでしょう。

こういった場合、クライアントは自分が話している内容と、あなた（つまりその場の聞き手でありコーチであるあなた）に与えている影響が一貫していないことに気づく必要があります。

「上司が腹立たしいのだとお話ししながら、お顔は笑っているみたいで、ちょっと不思議だな、と思ったのです」

こうしたシンプルなフィードバックを行うことで、クライアントは、自分の憤りの下に隠れている感覚に対して注意を払うことになるかもしれません。場合によっては、話しているときに笑っているということについて、もっと気づくように促すこともできるでしょう。あるいはそれを強調することで、クライアントのコミュニケーションからあなたが何を感じているかを、客観的に理解してもらうことができる場合もあります。

「お話ししているときにもう少し笑ってみてもらえますか。そうするとどんなことを感じられるか、教えてください」

最も明白でわかりやすい身体的表現に注意を向けることによって、その下に隠れているかもしれない、もっと嫌な感覚にアクセスすることは比較的に容易です。ここで行っているのは、笑っているという感覚に注意を向けてそれを図とすることで、気づきのサイクルにおける次の段階への足がかりとすることです。クライアントがこのやり方をしていけば、自分が笑っていることに気づき、そのせいで自分の憤りという感情が相手に伝わりにくくなっているということを発見するかもしれません。一度これが理解されれば、クライアントのエネルギーが解放され、あなたへのコミュニケーションが改善されたことによって、クライアントの話をより深く聞き入ることができると感じるはずです。

ステージ2：気づき

感覚のエネルギーの背景にある意味合いや動機についてより意識的になると、気づきと呼ばれるステージに入ります。すべてのステージにわたる全体のプロセスそのものが気づきなのですから、このステージに「気づき」と名付けるのは奇妙に思われるかもしれません。しかし従来そのように呼ばれているので、ここではそれにならいましょう。

ここでの気づきとは、対象（人、物、状況、またはアイデアなど）への関心の度合いに応じたものです。前のステージで、感覚は意味や分析によって形成されたものではありませんでした。気づきのステージでは、対象とのやり取りや状況において、図が輪郭を明らかにしつつその意味がはっきりしてくるので、考えているもの、感じていること、ほしいもの、必要としているものについてより明確にわかるようになります。

これは何かのプロジェクトを開始しようとするときの最初の段階、すなわち契約を結んだりプロジェクト内容の範囲を確定したりすることに似ていて、非常に重要なステップです。ここには十分な時間を割く必要があります。行動に早く移りたいと考えてしまうために、このステージを急ぎ足で通り過ぎてしまうことがよくあるでしょう。

経験のフローのすべてのステージに言えることですが、特にこの気づきのステージでは、変容のパラドックス——変化を起こそうとするのではなく、自分が何者であるかに気づいたときに変化が起こる、というパラドックス——が顕著になります（この本質についての詳細は第5章で触れることにしましょう）。強力な気づきが得られれば、エネルギーが湧いてきて対象へのコンタクト、完了、そして変化へ向かうこととなります。ゲシュタルトアプローチの中心は、このステージだと言っても過言ではありません。

複雑な状況では、十分な時間を使って気づきの状態に留まり、自分の無意識の層から出てくる図や考えや感覚がより深化されることによって、どう反応していくか、いいアイデアが思いつく可能性も増していきます。ＧＲＯＷモデルで言うならば、これはＧ（Goal：ゴール）とＲ（Reality：現実）を入れ替えるようなものです。ゴールを設定する前に、時間を使って、置かれている状況をより深く経験するというわけです。

たとえば、喉が渇いているという感覚があれば、それはすぐに何かを飲みたいという欲求に対する気づきとして明らかになります。しかし、上司がリストラを行うと宣言しようとしていることに気づいていた、という場面ならば、すぐには行動に移らないこともあるでしょう。実際、しばらく時間が経ってふり返ってみて、喉が渇いていたのは緊張に対する反応だったのだと、気づくかもしれません。

グループの状況や意思決定のプロセスにおいて、このステージは省略されたり縮小されたりしますが、それは経験に乏しいコーチがこのステージをおざなりにしてしまうことがあるのと同じ理由です。つまり、このステージでは何もしていない状態であるように感じられてしまうのです。しかし、ここで意識してペースを落として、行動に移る前により多くの情報を集めることはとても価値のあることです。

〈気づきのステージでの一般的な反応〉
確認／できるだけ多くの情報を取り入れる／データを集める／不動／感情を自由に発達させる／静かに注意を向ける／興味関心やエネルギーが高まる

気づきのステージでの中断

気づきのステージでの中断とは、感覚が形成されたものの、無意識のレベルではそれが何なのか知りたくないため、認識の段階で止まっている状態です。何か問題があって、その違和感は強いものの、何が問題なのか、具体的でも明確でもありません。

ビジネスミーティングでは、よく「部屋の中の象」と呼ばれたり、「テーブルの下の死んだ犬」と呼ばれたりします。みなが「悪臭」の感覚には気づいているものの、それを気づきに持ち込もうとしない（気づきたくない）のは、報復の恐れや、やぶへびになることへの恐れがあるためです。そのため、会議は無言の思考によってエネルギーが封じ込められ、鈍く、機械的で生産的ではない方法で進行していきます。

◆コーチングのヒント

気づきのステージが進行するにつれて、関心の対象となっている図は、より意識やエネルギーが集中する対象となります。気づきのモードで立ち止まることで、より多くの情報を得ることができるのです。ペースを下げて、すぐにでも行動したいという欲求（活性のステージ）を確認しつつ対象と関係を持つ（行動のステージ）ことで、状況のダイナミクスを見極めることができるようになります。気づきのステージに長く留まり、その状況からできるだけ多くのことを吸収すれば、新たな、そしてより重要な図が現れはじめることを発見するような場合もあるでしょう。

気づきのステージでのゲシュタルト介入

すぐれたコーチングやコンサルティングの介入の場合と同様に、コーチ自身が何に気づいているのかを明瞭にすることは、最初の、そして最も基本的なステップです。

たとえばクライアントが「気持ちが落ち込んでしまっていてチームのモチベーションを高められない」と言った場合、「前に、チームに活力がないような気がするとおっしゃったことがありましたが、六カ月前に突然辞めてしまった以前の上司の方について、まだ話題にしたことがありませんでしたね」などと話を向けることで、関連する問題についての気づきを提示することができる場合もあるでしょう。

あるいは、第2章で紹介したような実験を活用してみるのもよいかもしれません。

ステージ3：活性

図に対する気づきが発展していくと図はより明確になっていき、それに対する関心も大きくなり、反応したいという欲求が強くなっていきます。それが起こるとモチベーションが高まり、同時にエネルギーが活性され、その現れた図とコンタクトしたり関わりを持ったりしたいという興奮が起こってきます。

どのような状況においても、行動の選択肢は一つではありません。こうした可能性を広げていくのが、このステージでの主な関心となります。リスクを評価し、選択肢を考え、選択したり却下したりしていくのです。またこのステージも、結果を手早く求めようとするばかりに、十分な時間をかけずに省略されてしまうことがよくあります。そのため、意識的にペースを落とし、時間をかけてあらゆる行動の可能性を深掘り・開拓していくことが大切です。今、起こっていることについて、またどのような選択肢を選ぶことが可能であるかについてより多くのことに気づくことができれば、それだけその後の選択は適切かつ効果的なものになるでしょう。

〈活性のステージでの一般的な反応〉
緊張しているような感覚／歯車が噛み合っている感覚／準備／心構えをする／張り切る／エネルギーの放出が始まる／何をするか計画する

活性のステージでの中断

このステージでは思考や感覚、さらにそれらの背景が明らかになっています。いくつかの選択肢を検討しはじめたものの、何らかの理由で不安になったり結果が心配になったりして、リスクがありすぎると判断し途中で止めてしまうことがあります。それは車のブレーキをかけたままアクセルを踏んでいるようなものです。発進しようとしているのに、前に進むことができないのです。するべきことを後回しにする、口約束ばかりで実行しない、という状況は往々にしてこのステージに留まっています。良いアイデアがあっても、それを実行するフェーズに入ることができないのです。

◆コーチングのヒント

コーチがすぐに何か変化を起こそうと考えてしまうこともあります。コーチングとは変化を促すことであるため、これは当然と言えば当然です。しかし、このステージに留まり、時間をかけて、クライアントがどのように行動に取りかかろうとするかに着目することは、将来の問題に対応する手がかりとなります。特に、身体の気づきについての実験を行うときには、これは重要になるでしょう。

また、介入を行うことに対するコーチ自身のエネルギーの高まりと静まりに、注意を向けることが、良い結果をもたらす場合もあります。

「次の実験に早く進みたいという気持ちもあるのですが、同時にもう少しゆっくりしたいという気持ちもあります」

活性のステージでのゲシュタルト介入

クライアントが、「この仕事はジョーに割り当てるべきだとわかっているのですが、そのための時間が取れないんです」と言ったとしましょう。

このステージにおけるゲシュタルトアプローチの介入の例として、次のようなものがあります。

- 何に忙殺されて、ジョーに割り当てる時間が取れないように感じますか？
- どういった行動をとることが可能でしょうか？
- 選択肢としてそれぞれの行動について、どんなリスクや結果があると思いますか？
- そのエネルギーや関心がある中で、どういったことをしていますか？
- 時間が取れない、取りかかれないというときには、どんなふうに気持ちを奮い立たせたらよいでしょうか？
- この仕事をジョーに割り当てなかったら、半年後にはどうなっているでしょうか？
- この仕事をジョーに割り当てなくてよいようにするにはどうすればよいでしょうか？

この段階は行動の準備段階ですから、身体の動きを活用することができる場合もあります。クライアントに対し、緊張を感じるように、また身体の緊張を保持するように言うこともできるでしょう。その後、その緊張を誇張するように言ってみましょう。するとクライアントは、その緊張の感覚がどうなるか、またあなたにどんな影響を与えるかについて、何か気づくかもしれません。

または、クライアントに対し、今目の前にジョーが深く腰かけているのを想像してもらい、エネルギーを発散しようとすると（行動のステージでは）どうなるだろうかということをイメージしてもらうのもよいでしょう。

ステージ4：行動

このステージまで来たら、もう後戻りすることはありません。これまでのことや、これからがどうなるのかが明確になっていて、エネルギーは活性し何らかの行動を起こすことがすでに確定している状態です（とは言え、それでも中断されてしまうことはあります）。どういったことを選択していくかを明らかにするために時間を費やしたので、豊かで生き生きと実感のある経験が生まれ、スムーズで困難を伴わずに肯定的な態度で、関心の図が行動につながっていきます。

〈行動のステージでの一般的な反応〉
変化 ／ 緊張とエネルギーの放出 ／ 動き ／ エンゲージメント ／ 実際のコミットメント ／ 行動の時期の決定

行動のステージでの中断

ブレーキではなくアクセルを踏んでいます……しかし、パーキングブレーキはかかったままです。これは、あなたの身体にとっては苦しいことです。なぜなら、あなたのエネルギーは活性しており、自分自身に対して多くのことをコミットしているため、今引き返すことはストレスになります。前に進みたいという気持ちよりも強い力で何かがあなたを引き戻しています。

行動を起こさない、という選択肢は、コンタクトにつながらず、エネルギーを消耗させることになってしまいます。たとえば、何か他のことをしてみたり、「忙しい仕事」や他の代替行動をしてみたりするかもしれません。コーチングのセッションでは、クライアントが饒舌に話をしているにもかかわらず、それについていけない感じがすることがあります。言葉はあなたの頭上を通り越し、あなたは興味を失い関心が薄れ、退屈を感じていきます（この章の、感覚のステージのコーチングのヒントを参照してください）。

◆コーチングのヒント

クライアントが組織に所属している場合、このステージになると、まわりの人々は、コーチであるあなたに対して、クライアントにできるだけ早く何らかの行動を起こしてほしくなります。なぜなら、あなたが何か別のことをしているように見えてしまうからです。

クライアントが行動に対して完全な形でコミットすれば、行動に移ることは容易です。クライアントが実際に行動を起こすことを決心したなら、コーチのあなたは緊張が解けたような、気が抜けたような安心感を覚えるでしょう。その行動というのは、単にクライアントの心の奥深くにしまい込まれていた感覚や考えに、クライアント自身が目を向けて、それを表現することかもしれません。どのような行動であれ、なにがしかの結果につながっている実感が得られ、それによってコンタクトのステージへと移っていくのです。

行動のステージでのゲシュタルト介入

このステージにおけるゲシュタルトアプローチの介入の例として、次のようなものがあります。

「（あなたの中で）何が起こっているのでしょうか」
「どのようにしてそれをやっていきますか？」
「身体の動きで示すとどうなりますか？」
「私のことを、あなたがこれから話さなければならない相手だと思うと、どんなことが起こってきますか？」

これらの介入では、あなたがどれだけクライアントの行動に影響を受けているかを把握していることが重要です。次の段階である「コンタクト」では、直接あなたに話をした場合でも想像上の人物に話をした場合でも、相手とクライアントとがつながっているという実感が重要になります。もしそのつながりを感じられないなら、あなたが観察したことや経験について、クライアントにフィードバックを行い、クライアントがあなたに与えている影響について気づいてもらうようにしましょう。

クライアントにコミュニケーションを強調することを提案し、その結果どんな感じがしたか、コミュニケーションにどういった影響があるかを確認してもらうこともできます。

効果的な形で行動に移せない、あるいはそれを躊躇しているなら、クライアントが何に引っかかっているのか、浮き上がっている図を少しシフトしてみる必要があります。気づきのステージで何か重要な要素が見過ごされている可能性が高いでしょう。

クライアントに対し次のように言って集中することを促しましょう。
「あなたの意見を、あなたが感じたままに表明することを、妨げているものは何でしょうか？」

クライアントの反応を注意深く観察しましょう。メタファーや質問への回答、ボディランゲージ、声、様子などをもとに、何がクライアントの足かせになっているのかを見ていきましょう。

過度に活発なクライアントの場合、ほぼ確実に、感覚や気づきのステージで何かを避けていると言えます。あなたの役割は、クライアントの行動があなたにはあまり影響を与えないことや、起こっていることや起こるかもしれないことについて、あなたの気づきを伝え続けることです。

ステージ５：コンタクト

このステージに至って、感覚のステージで経験された必要性や当初の興味が、意味を現わしてきます。ここでようやく最初の関心の対象となった図と直接関わっていくことになるのです。直感的に選択を行い、エネルギーが活性されるくらいにフローがスムーズであれば、相手や対象に対して明確かつ意義のあるコンタクトを行っていくことができます。その経験を完了することによる最終的な結果を手にするために、相手のニーズに合わせて、自分のニーズを変えていく場合もあるでしょう。これこそが、フリッツ・パールズが「ゲシュタルトとは、有機体と環境の創造的順応である」と言ったことの意味なのです。(3) この考え方は、次の章の「創造的順応」でも重要なテーマになります。

それぞれのステージにおいて意識を集中させることで、あなたは、相手との経験について、最も良い、また最も満足感を得られるようなコンタクトを行うことができるようになります。そして、そのやり取りがいかに深いものであるか、またはいかに細やかなものであるかを理解することにもなるでしょう。このつながりの質は、真の意味で経験し、生を全うするような人生と、ただやり過ごしているだけの人生を分けるものでもあります。

心理セラピストとして私は、近しい人との死別を経験した人たちとお話しすることがあります。彼らは愛する人の死を、長い間受け入れられないという状況におかれていることがあります。コンタクトのステージとは、そういった亡くなった人との鮮やかな記憶ともう一度つながるという、非常にリアルな瞬間でもあります。

邂逅のクライマックスは、往々にして楽しいものでもなければ喜ばしいものでもなく、怒りや悲しみ、痛みを伴うこともあります。それでも、なされねばならなかったことがなされ、終結へと向かう感覚があるものです。


〈コンタクトのステージでの一般的な反応〉

興奮／感情／親密／出会い／アハ体験／受け入れ／統合／統一／抱擁／衝撃／(何らかの)コンタクト／主張／明瞭・鮮明な感覚／フロー(閉じられていた門が開く)／波長を合わせる

コンタクトのステージでの中断

車のギアを入れて、パーキングブレーキも解除しアクセルを踏んでいる。しかしどこかに不具合があって車が動かない。コンタクトのステージでの中断とは、そんな状態です。

これは自分で自分をじらしている状態であり、他の人も巻き込んで、コンタクトの前に行動を止めてしまっている状態です。「幸福になってはいけない」と言う人々は、この最後の瞬間に、わざわざその喜びを破壊しようと必死になっているのです。

まわりの人は、そんな「幸せになろうとしない人」からだんだん離れていきます。心配するのをやめ、厳しいフィードバックをしても意味がないと思ってしまうのです。結果としてつながりは細くなり、満足感も解決も限られたものになってしまいます。

またこのステージにおいては、状況に対応した適切なレベルで、何かを受け取ったり、何かを与えたりする必要があります。サイクル全体を通じて、人は環境に適応し調整してきました。そしてクライマックスの瞬間が訪れます。その後、相互に与えたり受け取ったりします。この段階で、受け取る、というのは難しいときもあります。喧嘩の後、「握手をして仲直り」の段階で、距離を置いたり心を閉ざしたりしてしまうということもあるでしょう。こうしたことは通常、前のステージで十分な経験がなかったことの結果として表れます。

◆コーチングのヒント

今、あなたはクライアントとのつながりを確立していることになります。あなたとクライアントの両方がコンタクトするような瞬間もあるでしょう。こういった「抱擁」のような状態から、もしあなたが一歩引いたらどうなるか、考えてみましょう。

コンタクトのステージでのゲシュタルト介入

このステージにおけるゲシュタルトアプローチの介入の例として、次のようなものがあります。

「その人または状況と自分自身の関わりのレベルについて注意を払っていますか？」

「相手から何かを受け取る準備はできていますか？　つまり相手が、あなたに与えてくれるものを受け入れるつもりはありますか？」

「瞬間を楽しんだり、喜びを味わったりしていますか？」

「コンタクトという段階に至ろうとしていることで、良い感じはしていますか？」

「心からコンタクトしていると感じますか？」

「この状況で必要とされるような活力を完全に備えて、流れに従っていますか？」


クライアントがこうしたことについて実践できていない場合、あなたは感覚や気づきのステージに立ち戻って、より深いレベルで何が起こっているのかを確認しなければなりません。あるいは、行動のステージに立ち戻り、何がクライアントの障害になっているのかを深掘りしていくこともできるでしょう。

ステージ6：解決・満足

コンタクトの必要性が満たされると、それがステージの最後の段階であるように思えるかもしれません。しかし、その後にも、解決と満足、完了と終結、そして離脱という、三つのステージがあります。

このうち、解決と満足のステージにおいては、内省やふり返りといったことが行われます。

このステージもないがしろにされやすいものです。意識的にペースを落として、十分に深掘りをしていくことが求められます。

個人のやり取りやコーチングにおける満足感や完了感は、深い溜息や、安堵や、ひと仕事を終えたという達成感のようなものとして現れます。このステージにおける重要な行為は、それを受け入れたり感謝したりすることです。たとえば身近な人の死という出来事があった場合、葬儀や追悼を行うことが該当するでしょう。

これは、どういったことを学んだのか、ふり返りを行う段階です。個人のコーチングセッションやグループにおいては、その日のフィードバックがこれに該当するでしょう。解決のステージでは、経験したことを十分に咀嚼し、自分の経験として落とし込むことができます。往々にして、それまで取り組まれていなかった未解決のままになっていた問題やトピックを、浮かび上がらせることができます。

〈解決・満足のステージでの一般的な反応〉

充足感／達成感／安堵／満足による溜息／満たされている気持ち／エネルギーレベルの低下

解決・満足のステージでの中断

このステージは、次のステージである終結や手放すことの準備段階ですが、終結から遠ざかってしまい、それまでに扱ってきたことを認めることができなくなってしまうときがあります。

呼吸が浅くなっていたり止めていたりするようなクライアントに、そういった兆候が見られる場合があります。

あなたは、クライアントが自らを抑えつけてしまっているような、物事が終わってしまうことを拒絶するような、ある種の抵抗感のようなものを感じるかもしれません。

次々に行動を起こしていかなければならない組織においては、プロジェクトや何らかの出来事や事件に対するふり返りは、ないがしろにされがちです。一連のサイクルを十分に経験せずに次のステージに移っていくと、それぞれのステージが完了できないために、燃え尽き症候群に陥ったり、不安定な落ち着きのない組織文化が醸成されてしまったりすることにもなるのです。

特に、激しいやり取りがあった後であれば、この解決と満足のステージは互いに許し合ったり思いやりの気持ちを持ったりする段階です。たとえば南アフリカの元大統領であるネルソン・マンデラは、アパルトヘイトの時代の痛ましく血なまぐさい対立に終止符を打つべく、「真実和解委員会」を推進しました。それはこのステージの一例です。

◆コーチングのヒント

未解決の問題がある場合でも、次のセッションや別の時間にそれらに取り組むことを約束することで、解決と満足を達成する方法があります。同時に、利用可能な時間内で最大限の努力をしたと感じながら、満足感を持つことができます。また、ToDoリストを作ることで、地から複数の要素を浮き彫りにし、現在の図として整理し、次のセッションで利用することもできます。

満足のステージと言っても、完全なものである必要はありません。何が可能であるかがわかったり、必要なことを表明したりすることができれば、それで十分なこともあります。当初好ましいと考えられていたものが得られなくてもよいのです。たとえば、最初はある人からの承認や心地よさといったものを必要と感じていた人が、必ずしもその人からの承認や心地よさを得られなくても、サイクルが完了して終結に至ることがあります。あるいは、言葉にしたり誰かからその状況について認めてもらったりする、といった認識の形式をとるだけで十分ということもあり得ます。

解決・満足のステージでのゲシュタルト介入

このステージでの一般的なゲシュタルトアプローチの介入としては、次のようなものがあります。

- 呼吸を止めているような様子があれば、完了を迎えることに躊躇しているのかどうかを聞いてみる。
- 何かの中断があるようなら、意識して息を止めてみることを提案する。動作を誇張することで、何を拒絶しているのか、あるいは何か隠れたことを発見できるかもしれない。
- 行動やセッションについてふり返りを行い、わかったことを明確にする。
- セッションのまとめとして、コーチとクライアントの双方からフィードバックを行う。
- クライアントが成し遂げたことを自ら、認め讃えるように促す。

ステージ７：完了・終結

いよいよ全体のサイクルの終わりが近づいて来ました。このステージでは、図に対する関心やエネルギーが引いていくのに合わせて、手放すことを行い、新たな図が形成されやすくなるようにしていきます。この段階では、経験と、それを取り入れることによる意味や経験したことを、統合していくことになります。食事をした後には消化をするように、経験という栄養を消化して、エネルギーに転換することができます。

これまでのステージが適切な形で完了しているなら、この段階では非常に落ち着いた、豊かな気持ち、満たされた気持ちを感じることができます。そして豊かな虚空へと戻っていくことができるようになります。もしも経験という食事を「早食い」してしまい、よく嚙まずに呑み込んでしまっていたら、このステージの充足度は低くなり、「消化不良」という重たい気持ちを味わうことになりかねません。

〈完了・終結のステージでの一般的な反応〉
安らぎ／落ち着き／空想／内省／思考／統合

完了・終結のステージでの中断

このステージでの中断は、経験を手放すことができない、といった形で現れます。これが起こるのは、それまでのステージが適切に経験されていないためです。こうした不足感は、解決と満足のステージにおいて特に顕著になるでしょう。

こだわりが強すぎ、しつこさが目立つ人もいます。たとえば、挨拶のとき、握手をした後に手を長く握っているとか、ハグをして長く抱きしめている、というような人たちです。それは、挨拶という行為の最後のステージで「手放す」ということができず、一連の流れを中断してしまっているのです。人とのやり取りにおいて、停滞することなく動いていくことは重要です。

◆コーチングのヒント

落ち着かないような気がする、悲しい感じがする、あるいは罪悪感を覚えるようなときには、その問題について、もっと検討すべきことがあるのではないかと、焦りを感じることもあるでしょう。しかし、セッションに使える時間は限りがありますし、その状況でできるだけの完了状態を実現しなければならない、という制限もあります。これまでのステージと同じように、次のセッションで再度確認することにして、いったん棚上げにすることで終わりとする、ということが必要な場合もあるでしょう。

完了・終結のステージでのゲシュタルト介入

グループセッションにおいても個人セッションにおいても、このステージは終わりを告げるステージであり、後は終了を確認するだけ、という段階です。場合によっては、まだすべては終わっていない、もっと取り組むべきことがあるような気がする、といった感覚が生まれてしまうこともあるため（そして往々にしてそういうことが多いため）、ここに時間をかけるようにするのも良い選択です。

問題についての取り組みが完了したかどうかを知る方法として、セッションの中の主要人物が目の前に立っていて、「さようなら」や「ありがとう」と言っているのをクライアントに想像してもらいましょう。クライアントもあなたも、今回の関わりがどれくらい完了したものであるかを、これによって見ることができるでしょう。

問題についてかなりの取り組みをした後であるのにもかかわらず、「手放す」ことに前向きでないという場合の介入としては、何が起こっているか（未完了の感覚）を認め、その停滞している感覚に関連して、新たな取り組みを始めるということもできます。

コーチ　どうやら今回の一件を終わりだと考えるのに、前向きでなさそうですね。では、もう少しその感覚と付き合ってみましょう。その問題をもっとありありと感じてみて、どんな反応があるか、教えてください。

これまでのステージについて簡単にふり返ることで、全体の経験を終結することができる場合もあります。あるいは、もっと深い問題をこれまで隠していた、ということに気づくかもしれません。

クライアント　そうですね、上司に感じていた激しい怒りについては、何となくわかったような気がします。ただ、私の前の夫が、私と意見が違ったときにすごく怒る人で、その夫の姿ととても重なっているとと気づいたんです。

こういった例の場合、まずクライアントの上司との問題について完了・終結を行ってから、新たに現れた図に対してどういったアプローチをしていくかということを考えましょう。

コーチ　なるほど、以前のパートナーの方について、新しい別の問題が明らかになってきたみたいですね。これについては、ちょっと後でお話ししましょう。まずは、上司との問題については一通り考え、何をするべきかが明らかになった、というところを確認するのはどうでしょう。

ステージ8：離脱

この時点で、図は地へと溶け込み、特別に意識されるものではなくなりますが、あなたという人間を表す「鮮やかなタペストリー」の一部であることは変わりありません。食べてしまったものはもう目の前にはありませんが、あなたの身体の一部になるのと同じことです。この離脱のステージにおいて図が完全な形で完了したなら、それに関わる感情やエネルギーは残りません。問題だったことも、それがたとえ痛ましくつらい体験であったとしても前向きな記憶になるのです。学びを一つにまとめそこから教訓を得たあなたは、それについてより強く賢くなることができますし、自尊心も高まります。その経験は、別の困難に立ち向かうときに引き出すことのできる「豊かな虚空」の一部になるのです。

〈離脱のステージでの一般的な反応〉
仕上げ／「終わった」という満足感／手放す／一歩引く／落ち着き／無関心／遠ざかる／静寂／受け入れ／別れの言葉／感謝の言葉／終わった、次だ、という感覚／それ以上のコンタクトを不要とする

本章の内容は以上となります。さて、あなたは今、満足を感じつつ、この学びという経験から離脱して次の章に進めるだけの十分な理解ができていると感じられるでしょうか。もしも答えがノーなら、曖昧なところに戻って読み返してみましょう。そうすれば、「終わった」という気持ちと共に次に進めるでしょう。

◇実験——自分の連続的経験のフローの確認

この実験のねらいは、経験のフローにおけるステージをどのように進んでいるかを自分で見てみるということです。それぞれの段階においてそのステージが何であるか、またそのときに何が起こっているのかを特定するときに、つい急ぎ足になってしまったり、軽率に扱ってしまったりするようなステージがないか気をつけましょう。それに気づくことで、将来、そのステージに自然に意識を向けることができるようにもなります。

まだ完了していないと感じているようなテーマやトピック、問題について考えてみましょう。それがこの実験で取り組む図になります。たとえば、仕事のプロジェクトでの厄介な問題や、職場や家庭での人間関係で困っていること、あるいは興味を引かれているものかもしれません。ただし、あまり複雑すぎるものは選ばないようにしましょう。図を決めたら、ステージを分化できるように時間をかけて、それぞれのステージの自分自身の経験について考えてみましょう。

次の表と、それぞれのステージで起こる可能性の高いことについて簡潔にまとめたものは、実験を行っていく上でそれぞれのステージを特定するのに役立つかもしれません。

ステージ	起こること	自分自身の経験
感覚	それについて考えるとき、どんな感じがするでしょうか。それについてどのように感じたり、考えたりするでしょうか。	

	例：好奇心、興奮、落ち着かない、不安など	
気づき	その感覚を成長させていき、身体的な感覚を大げさに感じてみましょう。関係しているのは誰でしょうか。自分が欲しているもの、欲していないものを明らかにしましょう。賛否両論について考えましょう。極端な意見に耳を傾け、両方を天秤に乗せて計ってみましょう。	
活性	何をするべきかを選ぶ段階です。意思決定を明確にし、エネルギーが行動に向かって高まっていることを感じましょう。また、何が自分を妨げているのかということに気づきを得ましょう。気づきの段階に戻って深掘りしてみることで、よりエネルギーを感じられることでしょう。	
行動	今すぐタスクに取りかかるか、行動を行う流れに入っていく自分をイメージして、何をするべきか書き起こしてみましょう。億劫な気持ちがないか、またエネルギーが落ち込んでいないか、確認してみましょう。ここでも前のステージに戻って、何が中断になっている	

	かを特定しましょう。	
コンタクト	状況と関わっていく段階です。今はまず行動を起こしましょう。（それについて書くのは、行動を起こしてからにしましょう。）	
解決・満足	適切な関わりを終えたところで、結果に満足している、安堵を感じているなど、何を経験したか書き出しましょう。また、学んだことについてふり返ってみましょう。	
完了・終結	これまでのことを統合し、取り入れ、そして手放す段階です。必要なことはすべて取り入れることができたでしょうか。これで終わりでしょうか、それともまだ終わっていないことがあるでしょうか。	
離脱	これまでの経験が、あなた自身の過去となり、もうそれに対して感情的な気持ちはありません。もともとの状況に対する今のあなたの反応を書き出してみましょう。	

急ぎ足になってしまったり、詰まったり、ないがしろにしてしまったステージがあれば、この章の関連するセクションをもう一度読んでみましょう。

まとめ

コンタクトと離脱のリズムは、ゲシュタルトアプローチの実践の土台となるものです。

高いパフォーマンスを発揮することや、ウェルビーイングな状態（心身ともに健康で幸福感が高い状態）であることは、自分とその環境との間におけるコンタクトと離脱のサイクルが、淀みなく自然なフローであることにより実現します。

連続的経験のフローは、経験、図と地の形成のステージ、といったものを個人の視点から説明した動的モデルです。

このモデルは認知の構造をわかりやすく説明したもので、クライアントとのやり取りで浮かび上がった多くの複雑な情報とともに、方向性を示したりまとめたりすることが可能になります。

それぞれのステージでは、適切な注意を向けることが必要です。

このモデルは、あなたがそれぞれのステージで仕事を行う上で、対応するべき気づきの基本的なプロセスを定義しています。

連続的経験のフローには八つのステージがあり、それぞれのステージにおいて完全な形で対処がなされれば、次のステージが自然に現れてきます。あるステージで中断があると、エネルギーの停滞が発生し、身体的精神的な緊張に形を変えます。エネルギーの解放と中断、そして注意は、コーチングにおいて注目するべき点です。

八つのステージ

1. 感覚：図が現れてくる身体的感覚があり、エネルギーがわき起こってくる
2. 気づき：その図の重要性と何をするべきかの明示化
3. 活性：その図に必要なことを満たすためのエネルギーの活性の準備
4. 行動：実際に行う段階、またはその必要を満たすための行動への移行
5. コンタクト：その図となっている対象への直接的関わり
6. 解決・満足：必要としていたものが得られた、つながりが充足した
7. 完了・終結：エネルギーと活動を手放し、終結へと向かう
8. 離脱：ゲシュタルトが完了し、図が消滅する

それぞれのステージは順番のある連続的なものですが、常にはっきりとそれぞれが区別されるわけではありません。互いが関連し合い、一つにまとまることもありますし、あるステージでは数分、あるステージでは数日、さらに、あるステージではそれ以上かかるということもあります。

第４章　創造的順応とコンタクトの中断

　前章では、経験のフローのコンセプトについて解説し、図がどのように現れたり消えたりするのか、また地から湧き上がった図がどのようにしてコンタクトから離脱につながっていくのかを見てきました。内的あるいは外的要因によるフローの中断が、変化する環境への対応と日々の生活の中において、避けられないものであることも確認してきました。

　連続的経験のフローの説明では、個々の段階を分割することによってそれぞれの仕組みを単純化して示しました。一つの関心の対象だけを扱うこのモデルは、良いコンタクトを実現するためのフレームワークでもあります。

　しかし、人生では経験と感覚は不可分なものです。このため、ゲシュタルト的アプローチにおいては、感覚に対する柔軟性とそれを受け入れる態度が重要な要素となります。フローに対する創造的順応はその欠かせない要素です。人は、経験のフローや人生における関心の対象となる図とのコンタクトを、自分に適切なものとして順応させることができるのです。

本章の前半では、ある状況の出現に対して前向きに、創造的で柔軟に対応するということがどういう意味を持つのかについて掘り下げます。

後半では、破壊的で自己成長や健全な対応を制限するような中断の種類について扱います。これらは、日常生活の出来事や自分自身、他者とのコンタクトを避けるため、フローを中断するために私たちが無意識に用いている戦略でもあります。こうした中断はときに創造的な順応であり、過去の出来事や環境に対して適切なものである一方、現在の出来事に対しては融通が利かないことになってしまうものでもあります。習慣になってしまった反応は、現在においては自分自身や世界とのコンタクトができなくなってしまう原因にもなるのです。

自己制御とホメオスタシス

私たちが他者や世界とコンタクトする際、どのように適応していくかは、偶然の産物ではありません。システムや生命体（今の場合は自分の存在のあり方）は、可能なかぎり直接的で最善の形で自己制御していこうとします。これがホメオスタシスと呼ばれる、生命体や身体が内部の安定性を維持するための自己制御能力です。変化し続ける外部からの影響で、私たち自身が必要としているものが変化し、私たちの安定性は絶えず変動しています。それらのニーズが充足することによって、そのバランスは常に取り戻されます。私たちは変化する環境に対する自身のふるまいを調整することによって、安定性を維持する最善の方法を常に選択しているのです。

瞬間から瞬間への経験の変化に身を委ね、感覚からコンタクトへ、そして離脱へと自由に関心の図が移っていく様子は、魅力的に感じるかもしれません。しかし、現実の人生はそれほど単純ではなく、整然でも一直線のものでもありません。私たちは環境や他の人々との関係の中で生活しており、経験の流れをそれらに適応させています。

健全な順応

健全な順応ということを、高速道路のジャンクションというメタファーで説明しましょう。ジャンクションでは、さまざまな車が走り、車線を変え、速度を上げたり下げたり、追い越したり高速道路を出たりしています。道は立体交差になっていて、車は互いの上や下を走ったりすることができます。車線が一つに統合される区間では車線を分けるラインがなくなります。

ここで高速道路のジャンクションは、世界や環境といったものを表しています。一方、個々の車は私たち一人ひとりです。一人ひとりは独立していると同時に、うまくつながり合っているということを示唆しています。世界の一部である私たちの車は、ジャンクションで他の車を追い越したり、車線を変更したり、別の道へ入っていったりします。これは、他の車やジャンクションの壁にぶつからないようにしながら進んでいく、というように、自己がまわりと交渉しながら目的の方向へ進んでいくことを表しています。ゲシュタルトの自己調整とホメオスタシスの概念は、適切に調整されたカーナビとステアリングシステムのようなもので、私たちの身体には幸いにもそれらが備わっており、複雑な構造のジャンクションを効率よく、苦もなく乗りこなすことができます。私たちは、時々刻々と変化する経験の流れにうまく順応していくという偉業を成し遂げることができるのです。

順応と選択

ゲシュタルトアプローチにおけるフローとは、自分自身や自身の外にあるすべてが意識の中にあり、またそれとつながっているということです。どの瞬間でも、選択肢は無限にあります。調整や調節についても可能性は無限です。私たちは変化し続ける環境に適切に順応していく必要がありますが、そのための選択肢は無数にあります。どのような瞬間でも私たちは、選び、行動し、関わり、それから離れていくのです。

私たちは、特定の方向を向いているわけではない意識の中で、関心の向くほうに従い、なんらかの方法で、エネルギーの方向性を変えることができます。行動するかしないか、コンタクトするかしないか、新たなアイデアに形を与えるか与えないか、といったことを自分で選ぶことができます。何かにしがみついたり手放したり、あるいは自分が必要だと思うものを後回しにしたり、これからの行動を完全に変えたりすることも、必要ならいつでもできるのです。

私たちのこうしたふるまいにはさまざまな背景があります。社会生活の場で適切なふるまいをするということもあるでしょうし、長期的な目的のために短期的に求められるものを後回しにしたりすることもあるでしょう。たとえば、恐怖の感情があるからといって、常にその場から逃げ出すことがよいというわけではありません。自分の正しさを主張したり事情を話したり、自分の権利を主張する必要があることもあるでしょう。これは自然界では当然であるはずの逃走反応を上回って、そうしたふるまいが現れているということです。同様に、相手に食ってかかりたくなる場面であっても、関係性を維持したり相手の言い分を聞いて交渉したりと、自分が望むものを手にするために堪えることもあるでしょう。

他にも、たとえば会議がまだなかばだというのに、空腹だからといって会議を抜け出してサンドイッチを買いに行ったりもしないでしょう。この場面ではあなたはその会議に最後まで参加し続け、適宜、発言するなど、適切にふるまうことが求められているからです。しかしたとえば糖尿病を患っているなら、健康を第一に考えて、何かを食べるために離席することを考えるかもしれません。

たとえば、その会議に参加していて、同僚のシャツが汚れていることが気になったとしましょう。このとき、それに気づいたからといって、すぐにそれを指摘するのは適切なふるまいではないでしょう。会議中にそれが気になったとしても、会議後にそれを指摘することで気づきを解決し、完了を経験するでしょう。

これらはどれも、創造的順応、つまり欲求を満たすことを後回しにしたり満足を得るために、他の方法を考えたりする能力のシンプルな例です。

このとおり、経験のフローへの順応は自然なものであり、環境の中で生きていく上で健全な機能の一つです。子どもが癇癪を起こしそうになったとき、それで両親から距離を置かれる可能性があるかもしれないと自分で気づけば、その欲求を抑えるというような場合も例に含めることができるでしょう。こうしたコンタクトへの中断は、最初は適切な防衛機制として起こります。

私たちは、実際に起きている恐怖かその予測への対応として、コンタクトを調整していきます。この恐怖とは、傷つけられるかもしれないとか、愛情やサポートが奪われるのではないか、といったものが例として挙げられます。これが習慣的な反応になると問題が生じます。過去のある状況では適切で役に立ったような防衛的順応であっても、現在の異なる場面において、もはや適切でない自動反応になってしまうと、それはブロック（プロセスの中断）にもなるのです。

コンタクトの中断——健全でない習慣的ブロック

日々の生活の中で、新たな状況に創造的、流動的、柔軟な対応をしていけるかぎり、順応のプロセスは健全なものと言えるでしょう。これは状況に対して満足を得るための最適な状況を作り出すような、自分と他者や世界との相互的なやり取りです。

このプロセスが滞ってしまうと、人は成長も変化もできず、創造的に順応したり選択したりすることもできなくなります。こうしたブロックは、経験のフローのいずれの段階でも起こり得るものです。その事柄が未完了のままになる可能性もあります。そうなるとコンタクトや成長、選択の面で制限が発生します。こうした固定化された習慣的な反応は、コンタクトに対する中断になるのです。

コンタクトすることが中断されたり選択肢が限られ行き詰まったりした人が、無意識に行ってしまっていることのいくつかを掘り下げていきます。

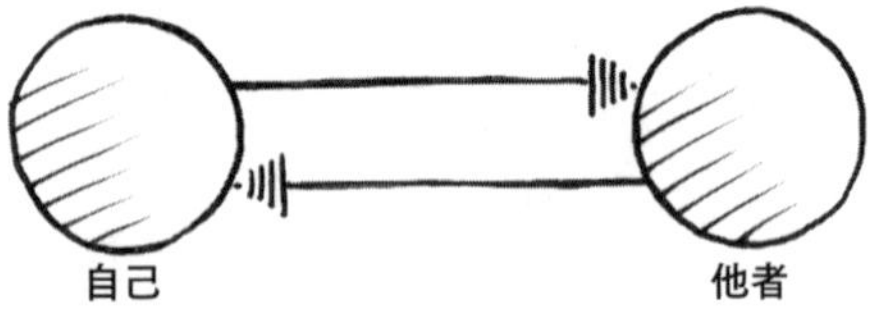

図4-1：バランスがとれたやり取り

◆コーチングのヒント

ゲシュタルトコーチのねらいは、クライアントがどのようにコンタクトを行っているか、どのように生きづらくしているか、といったフローに対する中断についての気づきのレベルを高めることです。たとえばある中断が初期の家族関係に深く根付いたものであれば、コーチングだけでなく心理療法を勧める必要もあるかもしれません。

もちろんコーチは、あらゆる瞬間と場所において、クライアントとの意味のあるコンタクトを、コーチ自らが中断してしまっていないかに気をつけねばなりません。コーチングのプロセスの中で、コンタクトを中断したり、進捗を妨げたりするような特定のパターンがないか、スーパービジョンを経て確認し対処する必要があります。

コンタクトに対する一般的な中断の特徴

人は、環境や自分が必要なものとのコンタクトを中断する、いくつか特徴的なパターンを持っています。これらは、過去に合理的であると判断されたふるまいがパターン化したものです。

人と人との健全なコンタクトは、「互いの差異に気づきながら触れ合うこと」と定義されます。以下に説明する中断は、どれもこの定義からそれたものです。心理療法に多く見られるように、その理論的基盤はゲシュタルトアプローチに特有のものではなく、フロイトの精神分析に端を発しています。

四つの中断

自身の欲求を否定するパターンとして次の四つのものがあります。

- イントロジェクション

- プロジェクション
- レトロフレクション
- コンフルエンス

これらはいずれも創造的な順応のプロセスの一部であり、あらゆる順応と同様、健全で有用なものとなり得ます。たとえばコンフルエンスの場合では、俳優がその役に自己投影する場合や、母親と赤ん坊の強いつながりなどは必須のものです。しかしそれが異なった状況で、当人の意識の外で行われる習慣的な反応になってしまうと、不適切で有害なものとなります。

イントロジェクション

イントロジェクション(1)は、他人の考えや態度、ルールといったものを鵜呑みにしているため、状況に対して適切、柔軟に対応できない状態のことを指します。このとき、当人はやみくもに同意したり、考えすぎたり、同化したりします。こうした「ルール」は、往々にして親や宗教上の教義、厳格な教育的環境によって与えられます。

例　極度に自制をする傾向にあり、支配的な親からふるまいや規則を学びとり、他人に従う傾向が非常に強くなっている子どもを考えてみましょう。こうした子どもが大人になると、相手に従うというルールを新たな環境でも相変わらず適用することで、権威的な人物に従ってしまうようになります。こうした人物は、上下関係が明確な組織を、嫌いでありながら、なじみ深く居心地が良い場所だと感じる傾向にあります。

　こうした「イントロジェクション」の反応は、行動の選択肢が限定され、世界とのコンタクトを中断するものにもなります。こうふるまうべき、という固定観念を持ってしまうことで、選択できるアクションも少なくなってしまうのです。

　また、固定化された価値観が現実的なものでなければ、イントロジェクションは問題の原因にもなります。

　たとえば、完璧であることは現実的ではないにもかかわらず、自分の能力不足という感覚や失敗への不安などを伴うことが多いものです。

　二つのイントロジェクションを抱え、それらが互いに矛盾するようなものであった場合、意識的か無意識的かにかかわらず、その矛盾を解決しようとして非常に強い混乱が生じます。たとえば、「常に強くあらねばならない。追い詰められても果敢に戦え」という教えを支配的な親から受けていたのに、「面倒ごとを起こすな。自分の意見は自分の中にしまっておくこと」という教えを学校で受けていた場合には、両方を同時に取り込もうとして、どう選択してもどちらかの教えを破ることになってしまいます。

イントロジェクションを識別する

　イントロジェクションと結びつけられる言動の例としては、以下があります。

図4-2：イントロジェクション

・「するべき」、「するのが当然」、「しなければいけない」というような言い方
・特定の厳格な行動パターン
・自分らしくない何かをしようとして無理をすること
・人間関係や仕事、コーチングに対して、形式的なアプローチ
・動作がぎこちなかったり、固かったり、活力が感じられなかったりすること
・自分自身の考えに重きを置かず、他者の考えや発言を疑いなく受け入れること

◆コーチングのヒント

クライアントのありようのすべての面について注意を払い、コーチであるあなたの考えを呑み込んでしまっているのに気づいたら、そのことについて具体的なフィードバックをしましょう。この目的は、ルールや他者の意見ではなく、クライアントが自分で考え、自分で正しいと思うものを選び、それに基づいて行動できるように手助けすることです。これによって、より平等でバランスがとれたやり取りが可能となります。

イントロジェクションを解消するためのゲシュタルト介入

クライアント　（顔をしかめ床を見ながら、わずかに首を振って）どうすればいいかわからなくて。時間を無駄にしてはいけないですが、集中することもできません。

このようなクライアントの手助けをするには、「時間を無駄にしてはいけない」という発言を掘り下げるところから始めるとよいでしょう。

- 定義を確認してみる
- 時間を無駄にするとはどういうことで、どういう気持ちになることか説明してもらう
- 時間を無駄にした結果どうなる可能性があるかということについて確認する
  - 一日または一週間を無駄にしたとしたら、どうなるか？
  - どんなときでも時間を無駄にしなかったとしたら、どうなるか？

次に、クライアントのボディランゲージや感情的な反応にコメントすることで、クライアントの中で起こっていることについて、感覚で理解するだけではなく、意識的、感情的に理解できるように促しましょう。

コーチ　今の言葉が出るとき、とても険しい顔をされていましたね。自分ではお気づきでしたか？

ボディランゲージや声色、感情表現を誇張してもらうのもよいでしょう。これにより、そうした行為が自分の中で、どのような感情や感覚を喚起しているかについて気づきがあるかもしれません。

コーチ　先ほどの険しい顔を少し大げさにやってみて、どんな感じがするか教えてください。

クライアント（非常に険しい顔をして）何かをしているところを見られることに、いつもプレッシャーを感じていて、それにうんざりしています。物事をじっくり考える時間がないというか。

あるいは、質問をすることで、現在の状況について理解する上で、そのイントロジェクションの原点を見つけることを手助けすることもできます。たとえば、

- 時間を無駄にしてはいけないと強く感じるのはどうしてでしょうか？
- 時間を無駄にしてはいけないとふだんからそのように感じるのですか？
- 時間の使い方について家庭のルールのようなものが（子どもの頃に）ありましたか？
- 自分の上司や組織文化は、時間の使い方についてどう言っているでしょうか？

こうした質問をする上では、「トップドッグとアンダードッグ」への介入を応用することができる場合もあるでしょう（これについては第6章を参照してください）。

> **◆コーチングのヒント**
>
> イントロジェクションの傾向を持つクライアントが「良い」クライアントであると、コーチが感じてしまうことがあります。コーチが言うことを、ちょっとしたヒントやコメントでも、何でも疑いなく受け入れるような人です。こうしたクライアントは、相手をしていて気分が良くなります。しかし、あなたが客観的に掘り下げていったコメントを、相手は権威的な助言としてとらえ、これまでに学んだ同じ

ような助言のうちの一つとしてとらえてしまっている場合もあります。「コーチがこうするようにと言ったから」といったような受け取り方では、クライアントは自ら抱えている問題に気づくことはできません。

クライアントのイントロジェクションにあなたがどう対処するかを考えるためには、あなたの言うことに相手が同意しているとき、実際にそれを行動に起こすつもりがあるかどうかを見てみましょう。そうでなければ危険信号です。

交流分析モデルにおいては、こうした類いのイントロジェクションは親と子の交流と呼ばれ、極端な場合には迫害者と被害者の交流ともされます。

◇**実験**

誰にでも、家族や社会的背景から得られた自分なりのルールや信条があります。あなたが育った環境で頻繁に言われてきた、家族や文化に関することについて考えてみましょう。どうするべきであるとか、受け入れられるためにどうふるまうべきか、といったことです。

- 男の子は泣かないものだ
- どうせやるならうまくやれ
- 謙虚でなければ長続きしない
- 捕らぬ狸の皮算用はするな
- 人のふり見て我がふり直せ

こうした言葉は、今のあなたにどんな影響を与えているでしょうか。子どもの頃のあなたはこれらに従うしかありませんでしたが、大人になるにつれて、反発しつつ、またこれらの考え方に戻ってきているのではないでしょうか。さらに、親になったら子どもに同じようなことを繰り返そうとしてはいないでしょうか。

別の考え方がないでしょうか。コツは、「私」を主語にすることです。

- 私は強く、また同時に価値ある人間になれる
- 私は、どうせやるなら楽しくやる
- 私は誇りを持ちながらも失敗してもよい
- 私は、良い結果を期待しても構わない
- 私の意見を言葉にしていいし、反対があっても私はそれに対処できる

プロジェクション

プロジェクションとは、自分の感情を他の人、状況、物に移してしまうときに起こります。他人に感情を投影することで、自分の行動と自分自身を切り離して考え、責任を回避したり、自己の気づきやコンタクトに対してバリアを張ったりします。

たとえば、近寄りがたい雰囲気の上司について、「あの人はチームのメンバーと距離感があり話しかけても反応が悪い」と不満を漏らしたり、自己中心的な同僚に対して「誰でも自分が一番だしな」など

と言っているときの状況です。

私たちは、自分の経験というフィルターを通じてしか世界を見ることができません。私たちが見聞きするすべては私たち自身の一部であり、主観的現実なのです。つまり、私たちの認識は、常に自分自身の経験の投影であるということになります。これが問題になるのは（そして意味のあるコンタクトが中断されるのは）、そうした現実への認識に自分が含まれていることを否定し、自分たちの見方が完全に正しいと考えてしまうような場合です。自分の認識が客観的真実であり、他の見方はすべて間違っていると見てしまうような場合でもあります。

プロジェクションを識別する

プロジェクションと関連付けられる言動として、次のようなものがあります。

- 非難と責任の押しつけ
- 嫉妬や称賛
- 攻撃的な不平不満
- 不適切な怒りや愛情
- 「おまえは」や「あの人は」のような感情的で断定的な言い方（「自分は」や「～と感じる」といった言い方ではなく）
- 防御的で自己正当化の傾向がある言葉

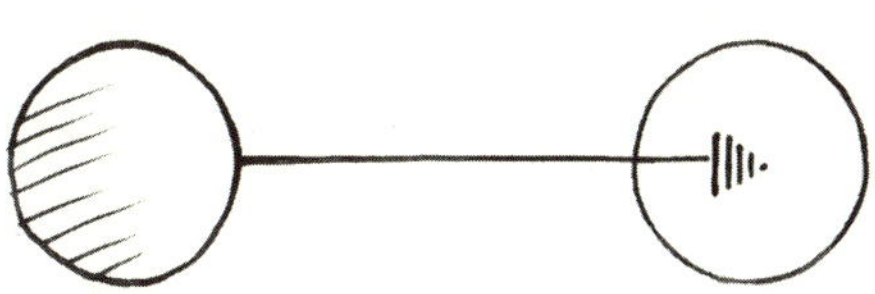

図4-3：プロジェクション

● 環境や政治、経済といった大きな課題に対する破滅的視点

プロジェクションを解消するためのゲシュタルト介入

クライアントに、自らの行動パターンについて、より多くの気づきを得てもらうことが、あなたの第一優先事項です。診断をしたり仮説を立てて話したり、矯正しようとする、というのはコーチの目的ではありません。やるべきことは、クライアントが自分の感情や態度、行動についてより多くの気づきを得られ、そうした言動やその結果について責任を取れるようにサポートすることです。

例

1. クライアントが他責的な言い方をしている場合

クライアントの声色やボディランゲージ、また全体の表現について気を配り、それについてコメントをしましょう。

「他の人に対してずいぶん思うところがあるみたいですね。この状況にあなたはどのように関わっているのですか？」

2. クライアントが常に、「あなたは」や「あの人は」といった言い方をする場合

こうした言い方が見られたときにそれを指摘し、それを自分のふるまいを見るための鏡のようなものと考えるように言いましょう。

「『あの人は怒っている』と言いましたね。『私は怒っている』と言い換えると、感じ方はどうでしょう

か」

3．クライアントがあなたのことを常に「知の源泉」のように信頼しているような場合（「こんなこと言ったらだめなんですけど」や「こう言うと怒られるかもしれませんが」のような、非難的・批判的な言い方をする場合がある。「～したらいいでしょうか」のように許可を求めたり安心させたりするような言い方をすることもある）、あなたと立場を入れ替わる、という介入方法があります。

「あなたは私のことを批判する人（あるいは許可する人）として見ているみたいですね。ちょっとこちらの椅子に座って、あなた自身に返事をする私の役をやってみませんか。そうすれば、『私』がどう考えているかがはっきりとわかるかもしれません」

この手法により、クライアントは自分の見方については自分自身が責任を持ち、あなたを責任から解放します。もちろん、これは求められたときにあなたがフィードバックをしないということではありませんが、その求めが感情的なものであるか、それとも十分に公平なものなのかを判断する必要があります。

4．クライアントがあらゆる状況や場面を破滅的視点で見ている場合

そうした言動が現れたとき、その都度それを指摘し、その破滅というのは誰の視点かを考えてもらいましょう。自分自身が破滅的であるように感じていることを抑圧しようとして、それを外の世界に投影しているかもしれません。

◇実験

クライアントのアイデンティティや経験を掘り下げるには、次の手法が役に立ちます。

1. クライアントに部屋の中にある絵や椅子など、何かを選んでもらい、それを説明してもらう。
2. 選んだものと、部屋の中のそれ以外のものとがどのように関係し合っているかを聴く。
3. 評価的な説明の仕方や、対象に対する感情や雰囲気の描写について注意を払い、それについてフィードバックをする。
4. 今度は、あたかも自分がその物になりかわったかのように、「それは〜です」ではなく「私は〜です」のように言い換えてもらう。

このとき、クライアントは自分自身をその対象として説明することになり、プロジェクションを行っていることを自覚することになります。こうして、それが自分自身の反映であったことを受け入れるようになるのです。

これはクライアントの無意識にアクセスし、クライアントが自分自身をどう見ているかについての気づきを高める創造的な手法です。

◆コーチングのヒント

クライアントに、プロジェクションの深刻なブロックがある場合、つまり、クライアントが、自分がその状況に自分も関わっているのであるということをまったく認めようとせず、他人の責任であると考えているような場合、それはコーチングの大きな障害となります。こういう場合にはそのたびに、現在の状況についての意識を促し、これまでの介入方法のいくつかを活用して道が開けるかもしれません。しかし、あなた自身が非難の対象になることもあり、それには覚悟が必要です。また、あなたの感情をクライアントに投影してしまっている可能性を軽視してはなりません。スーパービジョンを受けることによって意識するようにしましょう。

◇**実験**

あなたが尊敬する人を思い浮かべてみてください。

1. その人物について、あなたが尊敬できる点を三つ書きだしてみましょう（強さ、誠実さ、勇気など）。
2. 可能なら実際に声に出して、「私はあなたの強さ、誠実さ、勇気あるところを尊敬しています」と言ってみましょう。
3. 次に投影していることを意識し、「私は自分の強さ、誠実さ、勇気あるところを尊敬しています」と言いましょう。
4. 今挙げた三つの点を自分自身に認めることはできたでしょうか。尊敬する相手ほど自分にそれを認めることはできないかもしれませんが、あなたが持つ強みや、これから成長させられる強みを感じられるはずです。
5. さらに一歩進んで、「こうした強みを成長させていこう」と言ってみましょう。どんなことが起きるでしょうか？

さらに、自分の中の好ましくないことについても、自分が嫌いな誰かについて考えることで確認していくことができます。「私はあなたの～が嫌いだ」を、「私は私の～が嫌いだ」と言い換えてみましょう。その嫌いな点について認めたり改めたりするためにできることがないか考えてみましょう。

この実験が終わったら、もともと自分が尊敬していた／嫌悪していた人物のことをもう一度考えて、その人に対する感じ方が変わっていないか確認してみましょう。自分自身をこの試みの中で再発見したなら、その人物に対する憧れや嫌悪は弱くなり、公平な気持ちを感じるはずです。その気持ちがあれば、次にその人に会ったときにより良いコンタクトを取ることができることでしょう。

レトロフレクション

レトロフレクション(2)とは、他人に対する感情を自分自身に対して向けている状態です。たとえば、明らかに他の人も関係しているのに「この組織が失敗しているのは自分の責任だ」などという発言は、レトロフレクションを起こしている可能性があります。他人を責める替わりに自分を責めている、という状況です。極端な例として、世界や他者に対する激しい怒りを自傷行為として自分に向けることがあります。こうした極端な例は、自殺につながる場合もあります。

レトロフレクションの別の一面として、自己満足に基づき「自分のことは自分でできる。誰の力も必要ない」という発言が見られることがあります。この態度はしばしば、誰かを頼ろうとして拒絶された、という子どもの頃の経験に端を発するものです。必要としている気持ちや愛されたい気持ちが感情のステージでブロックされてしまい、他者との関わりが十分に得られていない状態です（図４-４で、矢印が相手とコンタクトせずに自分に戻ってきてしまっていることに注意してください）。レトロフレクションには二つのタイプがあり、この場合は、「タイプ１：自責型」と呼ばれます。

また、レトロフレクションは、たとえば他者への強い影響力を持つ人々にしばしば見られる、尊大な態度といった形で極端に現れることがあります。「聞くに値する意見は自分の意見だけだ」という態度は「タイプ２：自己満足・尊大型」と呼ばれます。

こうした思考パターンは、自分だけが頼り、といった態度につながり、他者からのフィードバックを否定するようにもなってしまいます。極端な一例としては、最近の経済危機において、自分が失敗するわけがないと信じていたトレーダーたちは過剰なリスクをとるようになり、結果として金融機関全体が壊滅的な打撃を受けることとなりました。

レトロフレクションを識別する

タイプ１のレトロフレクション（自責型）と関連する言動として、次のようなものがあります。

- 適切ではない状況や場面での自責の傾向。「こんなに弱い立場にある自分が

図4-4：レトロフレクション

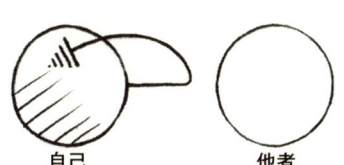

悪いのだ」と他者ではなく、自分の責任と最初から決めつけてしまったり、「こんなことになったのは自分のせいだ」、「もっと注意していれば」と考えてしまったりすること

- 自身の進捗の悪さに対する怒り
- 自分を哀れみ、「公平でない」と口にすること
- 自傷行為や言動による自責によって自分を痛めつけること
- 罪悪感

タイプ2のレトロフレクション（自己満足・尊大型）と関連する言動や行動としては、次のようなものがあります。

- 「助けなど要らない、自分でできる」
- 「自分はすばらしい人間であり、誰も自分にかなう者はいない」
- 他者からのサポートを求めず、自分で自分を慰め安心させようとすること
- 筋肉の緊張——特に胸や肩のあたり、胸を張っているような体勢
- 自分は強く痛みを感じない、という態度

自己発達のアプローチにおいて自信をつけるために肯定的な言葉が用いられることがありますが、これはタイプ2のレトロフレクションのポジティブな現れであると言えます。「自分は強いし、能力もある」と繰り返し自分に言い聞かせるなどがこれに当たります。

レトロフレクションを解消するためのゲシュタルト介入

これまで述べてきたように、ゲシュタルトコーチの目的は、クライアントが自分の行為について、またその結果について、より深く意識できるように手助けをすることにあります。ここでは、他者との関わり方をサポートし他者を頼る、という、クライアントにとっては難しい経験をあえてしてみるという、手助けが主眼となります。

タイプ1：自責型のレトロフレクション――自分を責める

明らかにそうではないのに「自分のせいだ」とクライアントが口にするとき、次のことを提案してみましょう。

1. それが自分の責任だとして、どのように自分に責任があるのか、またその責任を他の人と共有できたら、どんな気持ちだろうかとたずねる。さらに、他の人をあえて責めてもらう。想像上のまわりの人に対して、「すべてあなたが悪い」と実際に口に出してもらう。
2. イントロジェクションを解消するためのアプローチと同様のことを提案する。イントロジェクションの中断で見られたようなトップドッグ／アンダードッグの状況と同じものが見られる（これについては第6章で詳しく説明しています）。レトロフレクションの場合、クライアントは自分をアンダードッグの側に強く置いているということになる。
3. ロールプレイあるいは「エンプティチェア」の実験（これも第6章で扱います）。誰も座っていない椅子（エンプティチェア）を用意し、そこに誰かが座っていて、クライアントを責めているのを想像してもらう。その後、コーチのあなたがその椅子に座り、クライアントには目の前の椅子に座るあなたに向かって責めるような言葉を口にしてもらう。

タイプ1：自責型のレトロフレクション——罪悪感を感じる

健全な罪悪感には、最初に、自分の行動についての居心地の悪さを認識するプロセスが伴います（レトロフレクションとは他者とのコンタクトがないことです）。この悪い気持ちは行動を導きます。たとえば悪いことをしてしまった相手にコンタクトし、謝罪をしたり許しを得ようとしたりします（経験のフローにおける解決・満足のステージです）。相手から許しを得ようとする段階で、私たちは自分自身の過ちについて自分自身を許すことになります（レトロフレクションの解消）。最終的に相手が許してくれるかどうかは、自分が自分に誠実に行動したことに比べれば重要ではないのです。こうしてレトロフレクションは解消され、ゲシュタルトの完成を経験します。

一方、健全ではない罪悪感は、固着したレトロフレクションのプロセスの代表的な例です。自分自身の行動について良くない気持ちを抱き、それを何度も頭の中で反芻してしまいます。この自己懲罰は、相手とのコンタクトがなく、過ちを償うアクションやコンタクトもないため、数日や数週間、または数年にわたって続くこともあります。罪悪感を解消しようと掘り下げていくと、根底には相手に対しての言葉になっていなかった怒りが発見されることがあります。自分自身に対してではなく、本当は相手に対して怒っていたと自覚するのです。他者に対する怒りを認めることは、レトロフレクションの解消になります（以下の例を参照）。また、そのことについて相手と話をするのも、より難しいコンタクトではありますが、レトロフレクションの解消や解決になる可能性があります。

例

クライアント　（気だるそうな声で）ボブが解雇されたことについて罪の意識を感じるんです。辞めるべきは私のほうなのに。チームの成績が悪かったことについて彼に責任を取らせてしまったのは間違いでした。

コーチ　彼にしてしまったとあなたが感じていることについて、埋め合わせとしてどんなことをしましたか？

クライアント　（怯えたように、またその質問に驚いたように）特に何も。すまないと伝えはしましたが、何かをするには遅すぎますし。

コーチ　自分について悪感情があると同時に、ボブについて怒りを感じているようなことはありませんか？

クライアント　そう言われればいくつか。大変なときに助けてくれなかったとか、責任をいつもたらい回しにしていたとか。だから監査が来たときに私も助けてやらなかったんです。

コーチ　今お話をしながら、ご自身で笑っていましたね。彼を助けなかったということについて、もう少し話していただけますか？

クライアント　正直、助けてくれなかったのだから、ああなっても自業自得だと感じる自分もいますね。

コーチ　すると、あなたが感じる罪悪感というのは、弁明するための口実のようなところもあるのでしょうか。

クライアント　（少し気恥ずかしそうにしながら）たしかに、そうかもしれません。

コーチ　では、ボブについて、これからどうしていきますか？

クライアント　（より活力のある声で）特に何も。彼は当然の報いを受けたわけですし、自分のふるまいがそういう結果になったということですから。

この例では、クライアントはボブとコンタクトしないことを選んでいます。このクライアントのレトロフレクションは、ボブについて悪感情を抱いている本当の理由について掘り下げ、それを認めることによって解消されたのです。

タイプ2：自己満足・尊大型のレトロフレクション

尊大な態度や自己中心的な態度に表れるようなレトロフレクションは、タイプ1よりも対処が難しいものです。クライアントは自分が正しいと信じて防御的になっており、コーチングに向き合うことにすら消極的ということもあります。こうしたクライアントは自ら助けを求めることができないのです。ドライで自己中心的ながら、剛腕なリーダーシップによって、過酷なビジネスゲームを勝ちぬいてきた経験があるからかもしれません。自分のチームや同僚とより関わっていくためにふるまいを改めるべきであるという不満や必要性がないかぎり、コーチングを受けることはほぼありません。

アプローチ1

1. クライアントに、自分の成功している点をリストアップしてもらう
2. 次に同僚の成功している点をリストアップしてもらう
3. その同僚について、実際に目の前にいるようにポジティブなフィードバックをしてもらう
4. 称賛の言葉を避けたり惜しんだりしたら、それを指摘する
5. 同僚がどんな反応をするか想像してもらう

アプローチ2
あなたが、そのセッションでクライアントからどのように扱われていると感じるか、直接フィードバックをしましょう。この場合、しっかりとした態度で、コーチとしての能力にも自信を持っていることが必要です。

例　ゲシュタルトコーチであるピーター・バーディットは、成功者として知られているあるCEOのコーチとなるべく、面談に臨むように依頼されたことがありました。そのとき、CEOのオフィスに入った瞬間、そのCEOの攻撃的で支配的な態度に萎縮するように感じたそうです。面談中、彼は徐々にコーチングの時間が尋問のように感じてしまい、縮こまって、自分の能力に対し不安が増していきました。面談のなかばで、ピーターはCEOを制止し自分からできることは何もないため、この話は終わりにしたいと申し出ました。優秀なはずのピーターがそう言ったのでCEOは驚いて説明を求めました。ピーターは自分がその場で感じたこと、きっとそのCEOは他の人にもこういうふるまいなのだろうと思ったということ、自分のふるまいを変えるつもりはないだろうと感じたことを説明しました。
CEOがショックを受けたのは、誰もそんなふうに自分への印象や感じ方を言ってくれる人がこれまでいなかったからでした。こうしてピーターは契約を獲得し、その後三年間、彼のコーチングを務めたのでした。

アプローチ3
三六〇度フィードバックを行うのも非常に有効です。クライアントが組織内で持つ影響力について特定のデータを得ることになり、セッション内でクライアントのふるまいにフィードバックする際の根拠とすることができるからです。クライアントにとっても、納得感が大きいセッションとなることが期待できます。

◆コーチングのヒント

レトロフレクションの傾向があるクライアントは、あまり考えずに責任や原因を自分にあると考える場合があります。たとえば「自分は不器用だから」や「私って本当に難しい人間ですよね」、「こんなのうまくいかないってわかっていたのに」など、コーチングのプロセス自体がコーチングの対象となることもあります。

ここで重要なのは、コーチングのプロフェッショナルとしての責任感を保ち続けることです。うまくいかなかった結果は、あなたとクライアントの双方にそれぞれ要因があります。クライアントの潜在的なレトロフレクションの行動を強化しないように注意してください。自分を責めるような発言をしたら、それに気づいてコメントしてください。

◇実験

1．自責

ア．自分を責めるようなレトロフレクションをしてしまう状況について考えてみる。

イ．「～であるのは全部自分の責任だ」という文を作ってみる。

ウ．責任という部分の内容をいくつかに分けて、「～については私の責任だが、～についてはあなたの責任が大きい」という文を作ってみる。

2．罪悪感

ア．特定の人物に対して罪悪感を覚えるときについて考察する。

イ．その人物が目の前にいるところを想像して、自分が感じる罪悪感を意識する。

ウ．目の前の想像上の相手に、その人のふるまいについてあなたが憤りを感じているポイントを三つ挙げる。

エ．このときに自分の中に感じる活力に気を配り、それを言葉にした後にどんな気持ちになっているかを確認する。

オ．自分が相手に対して怒りを持っていることを認識した上で、それに対してどのように行動し、解決したり完了したりできそうか考えてみる。

3．自己尊大

ア．自分が正しく相手が間違っていると感じるような場合のことを考えてみる（たとえばパートナーとのけんか）。

イ．目の前にその人がいると思って、「自分が正しく、あなたも正しい」と言ってみる。

ウ．相手の立場から相手の言い分が正しくなるような見方を考える。自分の現実だけではなく相手にも相手の現実があることを認識する。これはあなたの観点が間違っているという意味ではなく、複数の観点があることがわかるようになる。

コンフルエンス

コンフルエンス（confluence）という言葉は、もともとは二つの川の流れが一つになる地点を表す地理学の用語です。こうしたコンフルエンスがフローの中断となるのは、他者と一体化することで、コンタクトを回避しようとしているような場合です。自分自身の感覚が鈍くなり自分が本当に必要としていることがわからなくなり、自分と相手との境界線が曖昧になってしまうのです。経験のフローにおける感覚や気づき、選択の段階を無視して、直接、行動とコンタクトのステージに飛び込んでしまうと、解決や完了のプロセスがうまくいかなくなります（なぜなら手放すことができないからです）。

コンフルエンスを識別する

コンフルエンスは、効果的なチームワークなどにおいて建設的な一面を見せます。必要に応じてチームのメンバーは、個人のアイデンティティを抑制し、チームとしてのまとまりや目的を優先するためです。チーム一丸となり、自分自身を関係性や組織として説明するような場合です。こうしたコンフルエンスが経験されているチームにおいては「私たち（we）」という一人称が多く用いられます。また、チーム内で意見の相違があるような場合でも、個々の意見を言葉にして伝

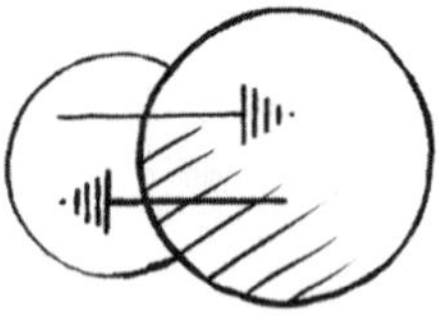

図4-5：コンフルエンス

えながら、同時にチームの一員としても受け入れられていると感じることができます。チームから離れるとすぐに個としての自分を取り戻し、自分が所属するチームや組織については肯定的な感覚を覚えます。建設的なコンフルエンスの状況では、個としての感覚と組織の一員としての感覚の両方を自由に選択することができます。

私たちのほとんどは、一体化したアイデンティティを持つような集団や、エネルギッシュなグループの一員となった経験があるでしょう。サッカーチームのサポーターなどはその一例です。また、そうしたエネルギーに流されたり、ときには自分の考えではなく、グループの基準に合わせて行動したりすることもあったはずです。

しかし、個人や差異が抑圧されていると、コンフルエンスはネガティブなものになってしまいます。支配的な力に、無自覚にしぶしぶ従うというような場合がこれに当たります（第6章の「エンプティチェア——2：葛藤の表出」のアンダードッグの説明を参照してください）。また、自分自身に十分な能力がないと思ったり、グループやチーム、組織に、アイデンティティや意味、目的を求めて依存したりする人もいます。こうした集団から離れると、こういった人は怒りを見せたりしますが、これはその組織に所属・迎合するため、組織や仕組みに対する不一致を抑制していたからです。

例　自分の欲求とチームのメンバーのそれとを区別できない、という組織のマネジャーは、チームの仕事が成功すると嬉しいのですが、失敗すると自分のことのように落ち込んでしまいます。

同様に、子離れできないような両親もこうした例に当てはまります。

あるいは、会社に自分の居場所を得るために、喜ばれるなら何でもするという新入社員や、自分の身を犠牲にして燃え尽きるまで組織に献身しようとするような、いわゆる「会社人間」もこの例に当てはまります。

また、人や仕事に「恋している」ような人を考えてみましょう。これ自体は悪いことではありませんが、恋から醒めてすばらしく見えていたものが、それほどではなかったことに気づくということもあります。「恋は盲目」と言いますが、これはコンフルエンスでの一体化と、自分が自分であることの違いに気づいていないということを表しています。

ネガティブなコンフルエンスの極端な例としては、メンバーを洗脳し、他者や自身にとって破壊的なふるまいをさせようとするカルト集団があります。ガイアナのジョーンズタウンでの集団自殺（一九七八年）では、二七四人の子どもを含む合計九〇九人ものカルト構成員が命を落としましたが、これは明らかに、破滅的なコンフルエンスの一例と言えます。

コンフルエンスと関連する言動としては、次のようなものがあります。

- 服（制服）や言葉、行動、態度について「あなたと同じようになりたい」
- 「まったく一緒だね」や「とても似ているね」といった言い方
- 簡単に他者の意見に同意してしまう――他者や組織の基準に異議を唱えることができないこと
- 自分の意見の欠落、また自分の意見が何であるかを自分で判断できないこと
- 組織から独立して自分で意思決定をすることができないこと
- 一人称が「私たち」であるなど、自分以外の何かを常に含む表現
- 低い自尊心、自分自身のアイデンティティの欠如

コンフルエンスを解消するためのゲシュタルト介入

コンフルエンスの傾向を持つクライアントは、自分と他人の境界が曖昧になっています。自分の領域を、より意識してもらうため、意見を述べるときに「私は」という一人称を積極的に使うよう勧めましょう。

また、より直接的に、「組織やチームの意見はわかりました。ご自身の意見はどうですか？」と聞くこともできるでしょう。

コーチとして、あなたはあなた自身の境界について、またあなた自身が何者であるかということについて常に明確でなければいけません。「私」という一人称を意識的に使うことで、クライアントと一緒であるという含みを持たないようにしましょう。

また、クライアントに対して自分自身と、関係が深い他者（あるいはあなた自身）の違いについて、「私は～である」と「スミスさんは～である」のように箇条書きにしてもらうという方法もあります（あるいはそのようなことを書いたスライドなどを一枚ずつ見せながら、声に出してもらう）。これにより自分と他者の違いについて意識することができるようになり、ここから自分がどんな人間であるのか、また自分と他者の境界がどこにあるのかに意識を向けることができるようになっていきます。

◆コーチングのヒント

クライアントがコーチの熱狂的信者にならないように注意しましょう。あなたの境界線をはっきりさせ、あなたとクライアントとの違いについて、常に明確にしておきましょう。これはクライアント自身の領域やアイデンティティを明確にすることにもつながります。

ラポール（信頼関係）を形成し、共感を築くためにはコンフルエンスは重要です。コーチング関係ではチームのような一体感を得ることは必要な要素だからです。一方で、クライアントの成功や失敗を、まるで自分事のように感じてしまうのはどんなときか、スーパービジョンを経て掘り下げることは有益です。

また、「感じが良い」クライアントに注意しましょう。コンフルエンスはレトロフレクションの要素もあるため、クライアントは無意識に欲していることを、抑えつけてしまっている可能性もあります。結果として、意識的・無意識的にかかわらず、不満や憤りが蓄積していくのです。クライアントが他者との違い、チームとの違いをはっきりと認識できるよう促すときには、クライアントのこうした不満が噴出するかもしれないことに備えてください。クライアントは、抑え込んでいた欲求不満や憤り、屈辱感を発散する必要があります。自分が無力であることに対する自己嫌悪と、他の人が圧迫的であることに対する怒りも含まれます。第6章で解説する「エンプティチェア」の手法は、実際のコンタクトや解決の表現をする良い方法です。ただし、あなた自身がその怒りの焦点になる可能性もあることに注意してください。あなたはクライアントにとって怒りの矛先になることもあります。

私は長年、組織にチームコーチングを提供してきましたが、個人の違いを浮き彫りにしたことによって、「私たちはうまくやっていたのに、あなたが来て滅茶苦茶にしてしまった」などと、集団からの怒りを受けた経験が何度もあります。注意深く進めましょう。

◇**実験**

社会人としてのグループや家庭という集団、また仕事仲間など、自分がコンフルエンスを経験しているような例について考えてみましょう。一人称が「私たち」になりがちな場面を考えてみてください。こうした関係性が、ネガティブなコンフルエンスになっていないか、確認してみましょう。次のことに注意してみてください。

- 異を唱えたり、自分が他人と同じでないことを示したりできるか
- 自分自身の意見を述べることができるか
- 着ているものや身なり（チームのシャツ、オフィスでのスーツ、制服など）は快適か
- 個人やグループについて強い関わりやアイデンティティを感じながら、ひとりになると強い喪失感を覚えたり、どう対応していいかわからなくなったりしないか

コンタクトの中断——理解の確認

経験のフローは常に何らかの中断を受けています。その上で私たちは、世界とのコンタクトを維持するための、自分なりの方法を獲得していくのです。これまでのコンタクトに対する中断の四つのタイプを読んでみて、あなた自身が最も使うのはどのタイプだったでしょうか。

以下のような傾向がないかどうか、確認してみましょう。

●他人に言われたとおりのことを行う。ルールに従って生きる。権威的なことはいつも正しいと考えている（イントロジェクション）
●他者の中に正義と悪を見出し、それを称賛したり非難したりする。また、他者を知識の源泉のように考えたり、破滅の原因と考えたりする（プロジェクション）
●言いたいことを言わずに一歩引いて、罪悪感を抱いたり自己満足的であったりする。この世の中の良いことも悪いことも自分が責任を持つと考えている（レトロフレクション）
●他者と深く関わり、集団に迎合し、多くの状況ではうまくやれるが、八方美人と言われてしまうふるまいもする（コンフルエンス）

自分ではわからない場合、身近な人の力を借りましょう。

1. あなたの中断の習慣的なタイプを書き出しましょう。
2. 具体的な事柄を列挙しましょう。
3. あなたが避けていることを見つけましょう。
4. それをすることをやめたら、あなたが何を得て何を失うか考えましょう。

自分の習慣的な反応パターンについて意識することは、自分自身や他者、環境とうまくコンタクトをしていくための前提条件です。以下の例を参考に、自分の中で特に強い中断の傾向について考えてみましょう。

行為の例１

共同発表で、必要な資料の準備を同僚がしていなくてがっかりさせられた。彼が忙しかったのはわかっていたし、そもそも彼に頼んだのが間違いだった。

どういう状況か（何を避けているか）？

- 相手と敵対するようなコンタクトを避けている
- 怒るよりも、良き理解者であるほうが楽でやりやすい
- 意識的に対立をすることは恐いと感じる

このふるまいをやめた場合、何を失うか？

- 自分のいらだちを言葉にして同僚と対立してしまったら、自分の安全地帯から出て、状況をコントロールできなくなるかもしれない
- 嫌われるかもしれないし、協調性がなく自分勝手で、要求が多い人間であると思われるかもしれない。二度と一緒に仕事をしてくれないかもしれない

習慣化しているこのふるまいをやめてより創造的なやり方を選んだ場合、何を得られるか？

- その同僚との関係がよりオープンなものになる
- これまですべてを自分でやろうとしていたが、彼がこちらの領域に立ち入ることを許し、彼を信頼するようになる
- 同僚との間に信頼関係は築けていなかった。もしあの時点で私が思うことを彼に伝えていたら、少

なくとも発表はうまくいっていたかもしれないし、この一件について話すことで学びを得ることができたかもしれない

——中断の傾向：レトロフレクション

行為の例2

同僚が気分屋で、コミュニケーションが難しく困っている。本人いわく、その態度は私の態度が発端だと言うが、それで言い争いになる。これはいつものパターンで、特に互いにストレスを感じているときに何度も繰り返されている。

どういう状況か（何を避けているか）？

- 自分も同じようなふるまいをしているという事実を認めたくない
- そのふるまいは受け入れがたいもので、自分がそのふるまいをしているとは考えたくない
- そのふるまいを否定することで、自分もやってしまっているそのふるまいに対処・改善することから逃げている。同僚を責めるほうがずっと簡単である
- 近づくことを避けている。近づけば不安になるし、巻き込まれたくないと思っている

このふるまいをやめた場合、何を失うか？

- 気分によって行動を変える自由や、他者と関わらない自由を失う
- 自分もそういったふるまいをしていることを認めねばならず、改善に向けて取り組まねばならない
- 近づくことのリスクから守られなくなる

習慣化しているこのふるまいをやめてより創造的なやり方を選んだ場合、何を得られるか？

- 同じ言い争いを何度もしなくて済むようになる
- 関係性が前進し、自分が恐れていたのは近づくことであるということを明らかにできる
- 気分屋で近寄りがたい（と他者からコメントをもらった）ところを直すことができる
- 自分とチームのエネルギーを、建設的で協力的な解決策に向けることができる

——中断の傾向：プロジェクション

行為の例3

同僚よりも早く職場に行き、毎日「良い仕事」をしている。組織に貢献しているし、上司が帰宅する午後八時過ぎまで仕事をしている。しかし、一日の終わりまであと数時間というところで、いつもとても疲れてしまって仕事にならない。しかし、上司が仕事を終えるまで残って、忠誠心を示さなければという気持ちもある。

どういう状況か（何を避けているか）？

- 必要な仕事が終わった時点で帰宅するのを避け、残業をすることで体裁をよくしようとしている
- 自分が何を期待されているのか、上司と話をして理解しようとしていない
- 自分と自分の仕事量について何が最善か自分で認識していることについて、組織がそれを認めてくれると期待していた

このふるまいをやめた場合、何を失うか？

- 上司や長時間労働について不満を言う機会
- 仕事量を管理できない人間と思われた場合の、上司からの信頼
- ジムに行かない理由、仕事の時間以外はだらけてしまうことについての言い訳
- 自分のパートナーを避けていること、また、パートナーと難しい話をすることを避けていること、自分が孤独であるという事実と向き合わずにいることについての言い訳

習慣化しているこのふるまいをやめてより創造的なやり方を選んだ場合、何を得られるか？

- 上司とより対等な人間関係を築き、自分の立場がわかる
- 時間管理ができるようになり、遅くとも六時には退社できるようになる
- ジムに通うことができるようにもなるので、身体的にも健康になれる
- 状況に応じて、より精力的に残業に臨むことができる

——中断の傾向：イントロジェクション

行為の例4

月例の取締役会では、CEOと議長がアジェンダを定めてそれをてきぱきとこなしている。CEOが項目について説明し、議長と短く言葉を交わし、財務担当の意見を聞き、とるべきアクションを指示する。それからCEOは他の人の意見を聞こうとする。私は何か役立つかもしれないこと、言っておくべきことについて考えはするが、発言はしない。効率性、忠誠心、協調性は、この組織と密接に結びついている特に重要な資質であり、重役会議ではそれが典型的に現れている。

どういう状況か（何を避けているか）？
- 自分自身について考えたり、組織に貢献したりすることを避けている
- ＣＥＯの決定について異議を唱えることを避けている
- 組織にとってより良いと思うことを進言することを避けている
- 組織の現状に多くの重役が落胆しているので、わざわざ「論争の種」を持ち出すことを避けている

このふるまいをやめた場合、何を失うか？
- ＣＥＯに気に入られないと、職を失うかもしれない
- 「間違えない」、ミスを犯さないという安全性
- 自尊心——議長が微妙な嫌味を向けてきたら、自分が惨めに思えてしまうかもしれない
- 同じ会議に参加していた同僚とバーで愚痴を言い合うこと

習慣化しているこのふるまいをやめてより創造的なやり方を選んだ場合、何を得られるか？
- 発言したことで同僚からの信頼を得られるかもしれない
- 自分の意見を毅然と表明したことで、自尊心を回復できるかもしれない
- 退屈な会議に積極的に参加できるかもしれない
- 議長やＣＥＯと、本質的で強固な関係性を築けるかもしれない
- 自分の仕事を理解し、組織にとって有意義な提案ができることを示せるかもしれない

——中断の傾向：コンフルエンス

まとめ

私たちは状況に順応し、そのやり方を選択することができます。コンタクトと離脱の段階における他者や環境への順応は、健康的でのびのびとした生き方を維持する上で不可欠なものです。

こうした順応が中断されると、最初のうちは自分自身を安全に保つための適切な防衛機制として現れますが、それが繰り返され習慣的になると、自由な動きが奪われてしまいます。

私たちは、自分自身のニーズと環境のニーズとの境界上の複雑な相互作用に応じて、コンタクトの方法を調整しようとします。気づきがより強く自由であるほど、リラックスして流れるような状態になります。

ゲシュタルトコーチの役割は、クライアントが創造的に世界とコンタクトし、人生から満足を得られないようにしているブロックに気づくことを手助けすることです。

本章で触れたコンタクトにおける主な中断は、次の四つです。

- イントロジェクション：決まり事や態度、意見などを、無条件に取り込み自分のものと思う
- プロジェクション：自分自身の感情や感覚を、他者、状況や物事に重ねて見ようとする
- レトロフレクション：他の人にしたいことを自分自身に対してする。不適切な自責や罪悪感の感覚（タイプ1）を持ったり、自己満足的で尊大なことをしたりする（タイプ2）

●コンフルエンス：同化したり迎合したりすることでコンタクトを避けようとする。自分自身という感覚や、自分が必要としていることに対する感覚が希薄

ゲシュタルトコーチが中断を扱う場合、自分自身の中断の習慣的パターンを認識し、コーチングのやり取りの中で、それに対処できなければなりません。このため、スーパービジョンが不可欠なのです。

第5章　変容の本質

変化は、あなたがあなた自身になったときに訪れる。
自分ではない何者かになろうとするときではない。[1]

――アーノルド・バイサー

これはゲシュタルトアプローチの哲学と、方法論全体の中心的な考え方です。それがどういう意味かを検証し、実際にどう実現されるのかについて見ていきましょう。

人間は、今、ここでしか生きられません。過去のことを思い出したり、未来の出来事を予想したりすることはできますが、実際の体験が起きるのは今、この瞬間だけです。これまで述べてきたように、これこそがゲシュタルトアプローチの焦点です。

変化していくことが、生きていく上で唯一の不変の事実です。人生とは川の流れのようなもので、常にそこにありながら変化し続けています。流れなくなり変化が止まってしまったら、それはもはや川という存在ではなくなります。人生もこれと同じです。

どうすれば、この絶え間なく変化していくプロセスや状況に対応し、必要に応じて有効に活用したり形にしたりできるでしょうか。これには二つの方法があります。

一つは変化を起こすために行動する、というやり方です。これには大きな努力が必要ですが、それをもって変化を「管理」していく、つまり、今の自分とは違う何者かになることに集中するやり方です。これはふつうのアプローチであると言えます。

もう一つは、自分自身を受け入れ自分らしくなる、というものです。流れに身を任せ、あるがままの自分を受け入れ適応していくことです。これがゲシュタルトアプローチです。次のように言われています。「川を押すな。川は自然に流れる(2)」。

これらの選択肢を吟味する前に、まずは変容の本質とはどういったことかを見ていきましょう。

変容の四つの原則

途切れなく変化する、川の流れにうまく乗っていく方法を考えるための、四つの原則があります。

1. 責任と選択
2. 意味づけ
3. 目的の意義
4. 目的と目標

一つずつ確認していきましょう。

絶え間ない変化に対応する以外に選択肢がないことを考えれば、私たちはどちらかを選ぶことができます。

責任と選択

- 責任を放棄して運が悪いせいにする
- 責任を持って積極的に自分の人生を創造していく

自分ではどうしようもない責任や義務は、よく話題になります。たとえば「生活のために働かねばならない」とか、「子どもの世話をしなければならない」といったようなことです。実際、生活のために働いているわけではない人も大勢いますし、子どもの世話を放棄している親もいます。これらは推奨される選択肢ではありませんが、選択肢の一つであることは確かです。たとえ望まない選択であっても、私たちには常に選択肢があるのです。

運の良し悪しという考え方をしたとしても、そこには責任という要素が含まれているものです〔訳注：ゲシュタルトアプローチにおける「責任」とは「自分の行動や選択に対して主体的に関与し結果を受け入れる態度」のことを意味する〕。

幸運とは、準備と機会の出会いである　――セネカ

チャンスはよく準備された心を好む　――ルイ・パスツール
神を信じよ、しかしラクダをつないでおくのを忘れるな　――イスラムの諺

「ありのままを選択せよ」[3]とは、「流れに身を任せて、そのままに人生を受け入れる」ということと同義です。こうした考え方は、一見すると、運命論的な信仰のようなものを提唱しているかに見えます。しかし、『内なる偉大さへアクセスする（*Access Your Greatness*）』[4]の著者であるカール・バーティスル博士が同著の中で示すように、こうした選択の形は、運や運命を作り出した自分自身の役割に責任を持つことに関連しているのです。

人生に影響を与える出来事の多くは、自分でコントロールすることがほぼできない、というのは事実です。しかし、それらをどう受け入れ、それらに対してどう反応するかは、自分で決めることができます。人生をどう体験するか、その体験の仕方はいつでも自分で選択できるのだと気づいたとき、驚くほどの自由を感じ、活力が湧いてくるでしょう。このことを試すためにちょっとした実験をしてみましょう。

◇**実験**

自分がしなければいけないことを三つ思い浮かべてください。頭の中でそれを言葉に出すか、紙に書いてください。それを言葉にしてどう感じるか、意識してみましょう。

私は＿＿＿＿＿＿＿＿をしなければならない。（例：この本を読む）

私は＿＿＿＿＿＿をしなければならない。

私は＿＿＿＿＿＿をしなければならない。

どうだったでしょうか。言葉にするとき、どのように感じたか、それは自分の意思でどうにかなりそうかなどについて、少し考えてみましょう。

次に、同じことを、「しなければならない」ではなく「することを選ぶ」と言い換えてやってみましょう。

私は＿＿＿＿＿＿をすることを選ぶ。（例：この本を読む）

私は＿＿＿＿＿＿をすることを選ぶ。

私は＿＿＿＿＿＿をすることを選ぶ。

「しなければならない」から「することを選ぶ」に言い方を変えて、気持ちがどんなふうに変化したでしょうか？

一度本書を置いて、この変化についてよくふり返ってみましょう。それはどんな体験で、このシンプルな変化が、あなたの人生にどんな影響を与えそうでしょうか。


この実験をすると、多くの人は次のような感覚を覚えると言います。

●エンパワーメント：この行動の責任は私にある
●コントロール：どうするかは自分が決める
●より多くの選択肢：私にはこの状況に対処するための他の選択肢もある

◆コーチングのヒント

私たちは、クライアントの「どうしようもない」とか「絶望的」という感覚に共感したり、それと直面したりすることを繰り返しています。ゲシュタルトアプローチでは、あえて厳しいアプローチがとられます。これは、クライアントに次のことを勧めるものです。

1. 抱えている状況を、自分がどう感じるか、どう反応しているかを認め、表現し、受け入れる
2. 無力感や非難すること（プロジェクション）をやめ、自分自身の経験や行動は、自分が責任を持つと自覚する
3. もっと充実した経験を生み出すためには、どうしたらよいかを模索する
4. 体験したことを確認し、バランスをとる。自分でできることは何か？　それをしているか？

意味づけ

ゲシュタルトアプローチは、人間は生まれながらにして、日常の出来事の相互作用に意味づけをして

いくものであると仮定しています。これは各経験のゲシュタルトを、可能なかぎり完全に完成させる傾向がある、ということです。

実存主義哲学[5]と密接に関連しているゲシュタルトアプローチは、意味は外部の創造主によって与えられるものではなく、それぞれの人が自分自身で発見し、実現するものだと考えています。私たちは自分という存在の意味と目的を、環境との接触と相互作用から、創造しなければなりません。

これは前述の「責任」に関する考え方とも、通じているところがあります。周囲で起こることについて、コントロールしたり影響を与えたりすることがほとんどできなくても、自分が何者であるか、そして生きることの意味とは何かということは、自分で決めることができるのです。実存主義と同様、ゲシュタルトアプローチにおいて、「意味」は私たち一人ひとりにとって異なるものであり、どのような権威とも結びつかないものです。

ナチスの強制収容所で書かれた、ヴィクトール・フランクルの著書『夜と霧』[6]で、彼は実存主義的アプローチを創造し、これをロゴセラピーと名付けました。その基本的な考え方は次のとおりです。

- どんな状況でも、たとえ悲惨な状況でも、生きることには意味がある。
- 私たちが生きる動機は、人生に意味を見出そうとする意志である。
- 私たちには意味を見つけるという、誰にも奪われない自由がある。

ゲシュタルトアプローチと、このフランクルの考え方は、特に個人にとっての意味を見つける自由を強調しているという点で、非常に近いと言えます。もしも私たちが、何らかの権威（企業、政府、教会など）によって与えられた意味を、疑問も持たずに呑み込んでしまうと、他人の意味を自分の中に取り込んでしまい、自律性を失い自分の意味を見出す自由を放棄しているということになるのです。
同様に、ゲシュタルトアプローチはロジャーズの来談者中心療法(7)の信条とも一致するところがあります。誰かに診断してもらったり、対処法を与えてもらったりするのではなく、自分自身で今の状況に意味を見出すことがクライアントには求められるのです。

例 アンディは、要求が厳しく短気な上司から、結果を改善するよう求められ、プレッシャーを感じています。アンディはこの状況について、「上司は成功と昇進にしか興味がなく、私はその犠牲になっているのだ」と考えています。このため、アンディは上司に対して反抗的な憤りを感じています。

アンディのコーチは、彼女の考え方を受け入れた上で、どうしてそう考えるようになったのかとたずねました。この状況に対してそのような意味づけをしているのは自分自身の選択によるものであるということを伝え、コーチはアンディに以下のことについて意識を広げてみることを提案します。

- 自分自身の反応
- 上司の状況
- 企業全体の状況

この探求によって、アンディは上司と関わっていくという責任を回避し、無力感を感じて、「どうしようもない上司だ」とか「上司が悪い」と考えていたことに気づきました。こうしてアンディは、「上司もまた、結果を出すように急かされている」と状況をとらえ直した結果、「上司が怒りっぽいのは、上昇志向というよりも不安のせいなのだ」と考えるようになりました。

実際の状況自体は何も変化してはいないにもかかわらず、このように意味づけを再評価することによって、共感したり一緒に結果を出したりしたいという気持ちが生まれました。

目的の意義

意味を考える上で、切り離せないのが目的の意義です。これは、なぜその行動をしているのかを意識的に理解し、それを行う上で全体的な動機となっているものを知る、ということです。

幼少期から、私たちは自分の行動に意識的な目的を持ち、これを満たすために周囲の環境と関わっていきます。二歳の子どもであれば、引き出しの中には何かおもしろいものが入っていて、それで遊べることを知っているので、意図を持って引き出しを開けるのです。

私たちが最初に持つ目的意識は、たとえば食べ物を得るなど、基本的な生存本能によるものでした。しかしだんだんと自分の環境をコントロールできるようになると、より複雑な目的意識が生まれることになります。食べる目的は、味を楽しむこと、他人を喜ばせること、交流をすること、あるいは安心を得ることなどになったのです。こうした目的意識や意義を探求することは、私たちがどのように意味を構成していくかを理解する上で、中心的な役割を果たします。しかしこれは、ゲシュタルトアプローチの他の基本原則と対立するものでもあります。それは、今の瞬間に存在し、先入観なしに未来が現れるのを許すというものです。

つまり、ゲシュタルトアプローチの実践者として、次のような新たな逆説を創ることができます。

「私の目的は、目的意識を持つことなく、この瞬間を完全に生きること」

私の九〇歳になる母はアルツハイマー病を患い、短期記憶の保持が難しくなってしまいました。まるで赤ん坊のように、何の目的もなく、今を生きることに完全に満足していました。こうした母を見て、ゲシュタルトの原則に則って生きているのだ、と言う人もいるかもしれません。しかしこの状況は「目的意識を持つことなく、この瞬間を完全に生きる」ということではありません。実際のところ母は、自分の代わりに安全で心地よい環境を作り出す、という目的を持つ周囲の私たち全員に、完全に依存していたとも言えます。この矛盾を解決するためには、「どちらか一方を成立させる」という考え方から、「両方を同時に成立させる」という考え方にシフトすることが必要です。

私たちが何かに取り組むときは、その行動に深い意味を持たせようとして、目的意識や意義を持とうとします。これは行動を導くための動機付けでもあります。しかしそれは不変のものではなく、状況が変化していくのに合わせて、行動も変えていかなければならないのです。

ペンシルバニアのシェーカー教徒は、この矛盾を取り込んだ、次のような目的意識を持っています。「一〇〇年生きると思って仕事をし、明日死ぬと思って生きろ」

◆コーチングのヒント

ゲシュタルトコーチの課題は、興味関心をどこに向けるか、というところにあります。より広範な目的意識に着目するか、あるいは現在の行動に向けるべきか、といったことがポイントです。

先ほどのアンディの例（フラストレーションといらだちのコーチング）では、コーチは彼女の動機を、三つのレベルで探ることができます。

質問1．この時点でのコーチングで、上司との問題を探ることがなぜ重要なのか。
質問2．自分のキャリアに何を求めているか。この状況がそれにどう影響するか。
質問3．今回の出来事や今後のキャリアは、クライアントの人生における広い目的に合致しているか。

ゲシュタルトコーチは、クライアントが自分の状況についてどう語るのか、それが自分自身の深い感覚や、人生におけるより大きな目的意識をどのように反映しているのかについて、注意を払わねばなりません。

一つの例を挙げます。プロフェッショナルサービス企業のシニアパートナーである、ロバートという人がいました。彼は非常に宗教的信念に篤く、その目的意識は「神に仕えて生きる」ことにありました。コーチングを通じて、彼の課題や困難な決断を、彼の核となる目的意識に照らし合わせながら、最善の行動を見つけることに取り組みました。

ゲシュタルトコーチングの意義について、パールズ、ヘファーライン、グッドマンの共著である『ゲシュタルト・セラピー[8]』の副題、「人格の覚醒と成長」は、このアプローチの示唆になっていると言えます。

ゲシュタルトコーチの介入は、クライアントの問題解決や行動変容に直接的に関与するのではなく、クライアントの内面に起こっているエネルギーを、能力の開発と成長に向けて結集させることを目指しています。

先のことばかり考えて生きる人たちは、
準備したその事に追いつくことはなく、蒔いた種の果実も収穫できない。
前もって準備をしていても、そのときにはうまく動けない。
状況に呑み込まれ、途方に暮れるしかないのだ。(9)

目的と目標

目的や目標を定めたり行動計画を立てたりすることと、今を生きることを強調するゲシュタルトアプローチとは、まったく相反するものと考えられています。フリッツ・パールズが言ったように、ゲシュタルトアプローチでは、広くオープンな視野を持つことや、目的意識の深いところに気づくこと、そして何よりも、予測不可能で複雑な変化のプロセスを受け入れていくことが重要です。行動計画や作業ルーチンといったことよりも、世界や状況が現れてくるままに任せ、柔軟性と創造性を大切にしようというわけです。

ビジネスの世界では、目的と目標が重要なものであることは言うまでもありません。それらに沿って人々の行動が展開していきます。目的設定を行うことで、何をしてよいかわからないという状態を回避できるのです。

組織の戦略的計画は、計画通りにいくことは滅多にありません。同様に、コーチングセッションの初期に設定した目標がその通りになることも非常に稀です。ゲシュタルトの考え方は、われわれは目的意識を持つことができるというものです。つまり現れてきていない結果を意識しながらも、それに執着しないということです。そのためには、特定の結果を求めることを手放し、変化する状況に対して柔軟に対応していくことが求められるのです。

ゲイリー・ヨンテフ(10)はゲシュタルトアプローチの三原則の中で、「ゲシュタルトアプローチにおける唯一の目標は気づくことである」と述べています。私たちの焦点は常に、あらゆる状況において自分なりの意味を明らかにすることにあり、これによって最も適切な行動が現れます。第3章の連続的経験のフローで、行動とは感覚や気づき、活性の後に来るものであるということを述べました。行動を起こすためには多くの準備が必要です。十分に考慮された目的設定がない場合、計画が失敗した潜在的な要因が見過ごされ、これが後々、計画を台なしにしてしまうということもあり得ます。

しかしこれは、計画や目標、目的、戦略を作成すべきではないということではなく、ゲシュタルトアプローチの目的そのものではないという意味です。ゲシュタルトには、これらの目標を達成するための多くの方法があるため、組織の幹部層に対しては非常に有効です。彼らは、予測しにくく不確実性のレベルが高い問題や、より複雑なジレンマを扱わなければならないからです。

◇**実験**

ゲシュタルトアプローチと相反しない目的設定の方法として、自分自身を未来に投影し、そこにいることを想像し、今いる場所をふり返る、というやり方があります。ここでのポイントは、望ましい未来が「今」存在しているように、あたかもそれが今自分に起こっているかのように体験することです。そうすることで、現在のあり方を問うことができるようになります。

1．今から二年後、自分にとって理想的な仕事をしているところを想像してみましょう。

2. この仕事の環境や周囲の人々、場所、雰囲気はどんな感じでしょうか。その場にいることにどれくらい喜びを感じるでしょうか。
3. 取り組む仕事について、専門知識だけではなくエネルギーと自尊心とともに考えてみましょう。その仕事のどんなところが魅力的ですか?
4. クライアントや同僚はどうでしょう? 彼らはどんな人たちですか? どんな関わり合いがありますか?
5. 人々はあなたの存在感や業績などについてどんな会話をしているでしょうか。あなたについて、彼らはどんなことを言っているでしょうか? 彼らからのフィードバックはどんなものでしょうか。
6. そんなすばらしい職場で働けるのは、あなたがどんな選択を行ったからでしょうか。どんな決断をする必要があったでしょうか。
7. さて、現在に戻りましょう。6で考えた「未来から見ると過去の」あなたが行った決断と、今あなたが直面している課題について比較してみましょう。
8. 未来の自分像に対してどんなことをイメージしたでしょうか。今、それを実現するために何ができそうでしょうか。

変容のプロセスにおける二つの考え方

ここまで、人生においては変化していくことが不可避であることを説明し、四つの原則について検討してきました。この原則とは、次の四つです。

1．責任と選択――自分の人生をどのように経験していくか
2．意味づけ――自分にとって固有の意味を見出す
3．目的の意義――自らの人生を導く動機を持つ
4．目的と目標――変化していく状況に対応する

ここで、この章の最初に述べた、変化のプロセスに影響を与える二つの考え方に戻りましょう。これは次のようなものでした。

1．変化を起こすために行動する。大きな努力をもって変化を「管理」していく。つまり今の自分とは違う何者かになることに集中する。これはふつうのアプローチであると言える。
2．自分自身を受け入れ、より自分らしくなる。流れに身を任せ、あるがままの自分を受け入れ適応していく。これはあまり知られていないゲシュタルトアプローチ特有のもので、変容のパラドックスという考えに基づく。

変化を起こすために行動する

スキルや能力、知識を改善するなど、私たちが学習していく方法論は、すべて「別人になる」ために努力することであるとも言えます。これは一般に、新たなスキルや能力の習得方法ともなっています。これには時間がかかり、自分の能力を試すような場面では、課題と立ち向かう勇気が求められることもあります。

トレーニングにコーチが存在する場合、自分にとって馴染みのない新たなスキルを学ぶことを求められたり、スキルが自分のものとして身につくまで練習していく中で、失敗から学んだりふるまいを変えたりします。これは多くの学校や大学、教育機関で用いられる学習方法です。

変化を起こすための行動について、具体的な考え方や手法をいくつか紹介します。

- 神経言語プログラミング（NLP）：明確で説得力のあるビジョンを作成し、そこに到達するためのステップを計画する。
- モデリング：自分が得たい能力などを持つ他者の性質や内面を模倣する。絶え間ない練習によって、最終的にこれらの資質を体現することができる。
- 認知行動コーチング：機能不全に陥っている思考パターンを明らかにすることで、それを建設的でポジティブな思考に変え、リフレーミングするという方法。体系的なトレーニングにより、新しい考え方が組み込まれ、望ましい行動の変化として現れる。
- ソリューションフォーカス：肯定的な目標を特定し、望ましい結果を強化する行動パターンを段階的に確立していく。クライアントは1～10の尺度で自己評価を行い、改善を図る。このアプローチの基本原則は、われわれは新たな態度や行動を学ぶ努力をすることによって変化し、成長する、ということ。

例　ある会社のCEOが、財務担当者から提示された新たな財務戦略の意味がわからず苦労していました。この人物はそれを何とか理解しようと努め、担当者本人からも何度か説明を受けたものの、最後には両者ともフラストレーションを抱えてしまいました。

- コーチングセッションが開始され、このCEOにとっての目標は、その新たな会計システムと、それに伴う財務戦略を理解することが確認された。
- CEOが財務担当者との会議を成功裏に進められているというビジョンを持ち、望ましい状態が意識された。
- 現在の能力は10段階中7であるということが確認され、どうしてCEOは7を付けたのか、それを8にするにはどうすればよいかということが分析・確認された。
- 考え方が凝り固まり、ネガティブな思考パターンになってしまっている可能性があった。このために、能力が十分に発揮できていないということもある（例：自分は数学がまったくだめだ、表計算ソフトを見るとわけがわからなくなる、など）。コーチングセッションではこの可能性が掘り下げられた。
- 知識や能力を少しずつ高めるよう行動計画が見直された。メンターやアドバイザーの専門知識を借りるのもよさそうである。
- 計画された期間の中で、進捗状況が確認されそうだ。
- やがてCEOは目標を達成し、担当者から提示された数字についても理解できるようになるだろう。

以上は、結果を出すために効果的であるとされるアプローチの一つです。しかし、これだけがすべてのやり方というわけではありません。

自分自身を受け入れ、自分らしくなる

ゲシュタルトアプローチにおける「変容のパラドックス」はアーノルド・バイサーが著した論文[1]によるもので、本章冒頭のエピグラフもここから引用されたものです。

変化は、あなたがあなた自身になったときに訪れる。
自分ではない何者かになろうとするときではない。

一見、このアプローチは直感に反するように感じられます。しかし、これは自分自身を受け入れることで、自己批判や自己に対して制限することをやめ、予期しない変化の可能性とチャンスを広げることができるという原則に基づいています。これまでと違う存在になろうとすればするほど、変化をもたらす創造的な適応プロセスがブロックされてしまうのです。

これまでと違う存在になるためのトレーニングは、家族や組織など、社会のルールに従うための教育の場や、誰かの期待に応えるため、といった場面では非常に効果的です。しかし「異なる存在になる」方法は、自分自身に対しての服従や行動を強制し、本当の自分とは異なる行動をとることを意味します。異なる存在になろうとする変化のアプローチは、意図する変化に対して強い内部的な抵抗が発生します。努力すればするほど、それに対する抵抗が起こってくるのです[11]。

これは、無意識のレベルでイントロジェクションが起こり、「変化したい」というよりも「変化するべきだから」という感覚として経験されます。ゲシュタルトアプローチは、変化への期待を排除し、「どうであるか」に気づいていくことをサポートします。それによって変化は自然発生的に起こってく

るのです。

◆コーチングのヒント

メアリーは行き詰まっていると感じており、もっと安心感を得るために何が起こるのかを予測し、計画を立てようと懸命になっています。

- あなたは、メアリーがより良い計画を立てようとするのを手助けするのではなく、彼女が現在どういう状況にあるのか、地に足をつけて自分のありのままをよく見ることを提案することができます。彼女が目指していることは、いったん置いておきます。今何が起こっているのか、何が前進を妨げているのかに気づかないかぎり、前に進むことはできません。彼女の現在の状況の詳細を深掘りするプロセスを設けることで、何が起こっているのかに気づき、安心感を得ることもできるでしょう。
- 彼女が自分の行き詰まりの状態を受け入れることに焦点をあてられたら、自分で自分の足を止めていたこと、それがどうして起こったのか、について明らかにしていきます。この過程では、思うようにならないことに不安感が生じることがあります。あなたの仕事は、その不安を行動に移せるよう、サポートすることです。メタファーや誇張の表現、ボディランゲージ、写真などの画像を活用したワーク（第6章参照）により、行動に移していく心の準備をしてもらうことができるでしょう。
- ある時点で、得られた気づきによってエネルギーが活性し、それがブレイクスルーとなって、新たな明瞭さと方向性が現れてきます。

行き詰まりの解消と前進は、それについて考え解決しようとすることではなく、自分自身が何者であるか、そして自分が今どこにいるのかということを掘り下げることで実現したのです。

例 先ほどと同じ例をもう一度扱ってみましょう。ある会社のCEOが、財務担当者から提示された新たな財務戦略の意味がわからず苦労していました。この人物はそれを何とか理解しようと努め、担当者本人からも何度か説明を受けたものの、最後には両者ともフラストレーションを抱えてしまいました。

- コーチングのセッションの中で、CEOはフラストレーションと行き詰まり感とに向き合い、自分の経験を映し出すメタファーを見つけることを促された。
- 徐々に、通り抜けられないガラスの壁のイメージが現れた。その向こうにはすばらしい景色が見えるものの、自分のいる側はどんよりとして暗く見えた。
- このメタファーのイメージを保ち続けていると、「報酬に見合うよう、一所懸命に働かねばならない」という、お金に対する見方が自分にあると気づいた。
- このガラスの壁を通り抜ける方法について考えていると、美しい景色の穏やかさを反映したかのような、お金に対する新たな態度が現れた。
- 後に資料の数字を確認するとき、このCEOは自分がそれを理解できていることに驚き、財務担当者は、わかりやすく、また潜在的に大きな価値を生み出し得る財務戦略を提示してくれているのだということに気づいた。

このアプローチの鍵は、プロセスや未知のものに身を任せ、肯定的な結果が生じると信じる、ということです。この例では、たとえ彼の理解不足の背景に、技術的または能力的な理由がある場合でも、それが浮き彫りにされ、問題に対して建設的に取り組むことができるようになりました。こうしたアプローチは、苦手なものや否定しているものと向き合わねばならないことから、エネルギーや勇気、目的意識、意思が必要ではあるものの、努力が必要というわけではありません。

自分らしくなるための、具体的な考え方や手法をいくつか紹介します。

無条件の肯定的配慮

コーチングにおける、最も基本的かつ根本的なスキルの一つが、傾聴です。クライアントが何を言ったか、また何を言わなかったかに耳を傾け、伝え返します。カール・ロジャーズは一九七〇年代に、来談者中心療法として、このアプローチを開発し発展させました。[12] これは、クライアントが自分自身を受け入れることを、コーチがサポートするという点で、ゲシュタルトの変容の原則と結びついています。無条件に自分が何者であるかを受け入れることで、クライアントの内面の変化が促進されます。

変化曲線

エリザベス・キューブラー＝ロスは、その著作である『死ぬ瞬間』[13] の中で、変化曲線あるいは遷移曲線と言われるモデルを生み出しました。もともとは悲嘆のプロセスにおける変化の段階を表したものでしたが、人間の変容のモデルとして拡張して用いられるようになり、現在ではさまざまなバリエーションが見られます。

このモデルも、その背景にある考え方は、自分自身や状況を、それぞれのフェーズにおいて受け入れることで変化が起こるということです。個人やチーム、組織がサイクルの次のフェーズに進み、解決に至るためには、受け入れるという瞬間が必要不可欠になっています。

インナーゲーム

ティモシー・ガルウェイ(14)は、この考え方をスポーツの世界で応用しました。自分の内面にいる断言的な批判者（ガルウェイはこの存在をセルフ1と呼んでいます）は、どんなに練習をした人に対しても、常に「どうあるべきか」や本人が間違っていることなどについて指図をし、自分を「どうしようもない奴」だと言います。ガルウェイは、選手が自信を持ってプレイできているときや、自分のパフォーマンスを気にしすぎていないとき、そのパフォーマンスは通常よりも高くなるが、これはその内部の批判者の声が静かだったから、ということにも気づきました。

ガルウェイは、ラケットがボールに当たったときに「ヒット」と叫ぶなど、何かのルーチン的な行為によってセルフ1の声が聞こえないようにできれば、無意識や身体感覚が解放され、「どうするべきか」ということよりも、「どうなっているか」を意識できるようになることを発見しました。その結果、パフォーマンスが向上し

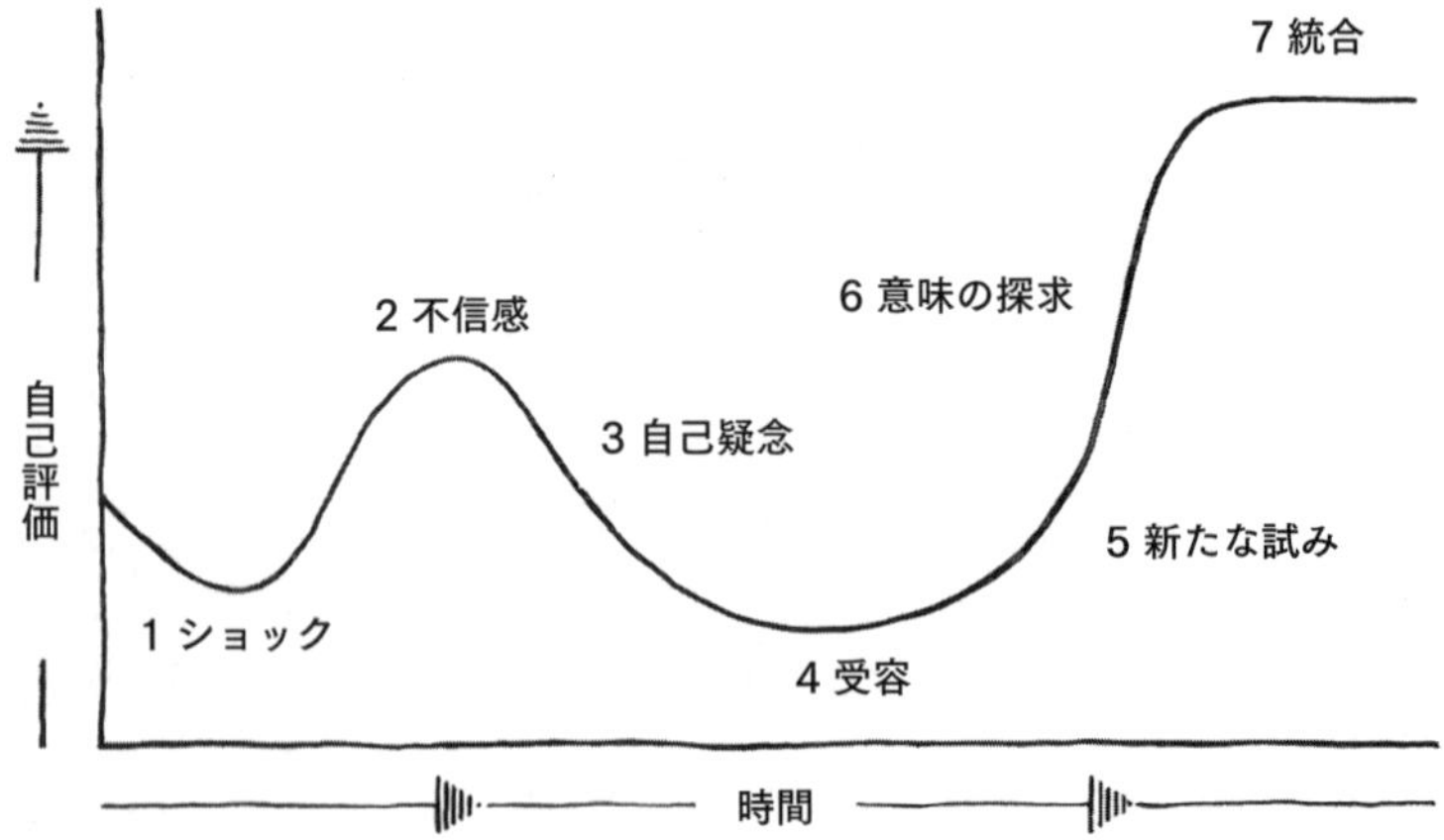

図5-1：変化曲線の遷移

ていったのです。これにより、自分の身体の叡智（ガルウェイはこれをセルフ2と呼んでいます）に身を任せることができるようになります。その後ガルウェイは、この考え方はあらゆる活動に応用できるものと考え、「インナーゲーム」モデルを組織コーチングに取り入れました。

瞑想とマインドフルネス

呼吸やマントラ、あるいは鐘の音などに意識を集中することで、心を完全に「今」に留め、過ぎ去っていく思いに執着することなく、従おうとすることもなく、受け入れていけるようになります。同様に、武道の訓練においては、「今」に意識を集中し、全神経をもって、警戒しつつも身体の余計な力が抜けた状態を保つことが基本であると強調されています。

「今、私が意識しているのは……」で始まる文を繰り返し話していく、といったゲシュタルトアプローチのトレーニングもあります。その瞬間にそこに存在しているものを「意識している」と言うようにします。意識はある対象から別の対象へ、そうしようとしたり、特定のやり方に従ったりするわけではなく、推移していきます。

「今、私が意識しているのは、鳥の声」
「今、私が意識しているのは、地に足がついている感覚」
「今、私が意識しているのは、存在の思考」
「今、私が意識しているのは、退屈であるということ」
「今、私が意識しているのは……」

こうしたやり方の原則は、無理のない行動をする、ということです。これは「行動」というよりも「態度」や「あり方」です。最高のパフォーマンスは最高の努力によって得られるのではなく、意識のレベルを高め、存在を高めることでもたらされます。

◆コーチングのヒント

変容のパラドックスが示唆しているのは、コーチは変化を仲介する者という役割を放棄し、相手と一緒に探求していくパートナーとなることだ。(15)

「別人になる」ことを教える人々は、これまでにない望ましい行動を特定し、その実行を監督することに重点を置いています。コーチは変容をもたらすエージェントです。しかし、ゲシュタルトコーチは別人になることを望むクライアントに対しては非常に慎重になります。クライアントの、外側の基準を達成しようとする内的なプレッシャーと無意識に同調することを懸念しています。このため、ゲシュタルトコーチは、仮説を持ちながらもどんな結果も受け入れるといった研究者のように、偏りのない立場をとることになるのです。この態度によって、クライアントも同じような態度をとるようになります。つまり、自分の内面世界に批判ではなく、興味や好奇心を抱くようになるのです。

この態度は、「創造的中立」と呼ばれます。ここで中立であるというのは、人に対してではなく、結果に対することを意味しています。態度としては共感的で強く関心を抱いているものの、その変化が何であるかとか、どういった類いのものであるかについて執着はしないということです。

例　ロバートがコーチングを受けに来たのは、時間通りにプロジェクトの報告書を書き上げるための方法を見つけるためでした。彼は、この重要な仕事を自分のスケジュールにきちんと組み込むことができない自分を批判的に考えていました。

目標や目的に焦点を当てたコーチングでは、これまでとは違う行動をとり、仕事を終えるための選択肢や方略を、彼とともに考えるというアプローチになるでしょう。

一方、ゲシュタルトコーチは、彼が「わからない」という状態に留まり、その役割に対する態度を探求してみることを提案します。すると、ロバートは「すべて自分でやらなければいけない」という思いが自分の中にあったことに気づきました。この気づきによって、レポートを書くのが得意な若手に仕事を任せることを思いつきました。この気づきを得るまでは、すべてを自分でやらなければいけないという思い込みから、それを選択肢として考えることができなかったのです。

あなたがまだゲシュタルトコーチングに慣れていなかったとしたら、このやり方には多少の不安を感じるかもしれません。しかし、わからない状態に留まり、結果に執着せず、解決策がクライアント自身の探求から生まれるようにすることは、あなたにとってとても魅力的なやり方になるでしょう。

過去、現在、未来の変化を使う

変化が起こるのは常に現在であり、その経験は、今、この場所でしか得られません。たとえば昨日、腹が立つことがあったとしても、それは昨日のことを思い出して、そのいらだちを今、再体験しているに過ぎません。次はどうするべきか、という未来について考えるのも、やはり現在においてということになります。

したがって、過去を再構築し望む未来を創造することは、現在における変化の一部であると言えます。

現在中心の変化

これは本書の中心的な考え方です。つまり、過去や未来のことについて話すのではなく、この瞬間の経験に注目することによって変化を最大化するのです。その目的は、意識レベルと現在における周囲とのやり取りのエネルギーを高めることにあります。

この考え方は、コーチとクライアントの関係性に重きが置かれている理由にもなっています。今、ここで起こっているコーチとクライアントの関係性こそ、変化が起こる直接的かつ具体的な場であるからです。

過去に基づく変化

私たちは過去の経験に思いをはせることで、現在の現実に意味を見出します。過去に学んだ教訓によって現在の状況に対応することができるようになり、未来の決断の指針になるのです。

しかし、学んだことをアップデートせず、以前はうまくいっていた習慣的な反応（考え方や鵜呑みしたこと）に基づく古い記憶に固執すると、問題が生まれます。これを解決する方法の一つは、そのような状況で何が起こったのか、クライアントとその環境がその後どのように変化したのかを、思い出し理解することです。

幼少期の経験は、現在の私たちの性格に大きく影響しています。家族の価値観や人間関係のダイナミクスが、私たちにどう影響を及ぼしているかを洞察することは、私たちのふだんの感じ方やふるまいのあり方を理解するために役立ちます。精神分析では、これを変容のための主要な方法としていますが、ゲシュタルトアプローチではこうしたことを理解するよりも、流れを中断しているエネルギーが、私たちの現在の経験や人間関係にどう影響しているか、といった点に注目します。

例　オードリーは、上司の誘惑的な言動にとても不安を感じ、どうすべきかわからなくなってコーチングにやってきました。セッションの中で彼女は、一〇代の頃に性的暴行を受けていたことを明かしました。その出来事は明らかにセラピーを必要とするものでしたが、コーチはまず、現在の問題に対処していこうとしました。

ゲシュタルトコーチは、そのことを打ち明けた彼女の勇気を認めつつ、過去の加害者と現在の上司との間に、彼女が見出した類似性に彼女自身が焦点を当ててみることを提案しました。

オードリーは、上司が彼女に対して気のある素振りをするとき、虐待中に経験した子どものときのような、無力感を思い出していることに気づきました。コーチングを通して、現在の自分の中の強い大人の女性の部分にアクセスすることができ、上司との関係をコントロールし、境界線を引くことができるようになりました。さらに彼女は、主体性を放棄していた他の多くの状況についても、関連性を見つけることができました。

未来志向の変化

これは主にソリューションフォーカスアプローチの領域であり、大部分はＮＬＰベースのコーチングの領域です。過去にこだわることはあまり価値がないというのがその信念であり、その焦点は以下のようなことになります。

- 未来の望ましく魅力的なイメージを創り出す
- これを実現するために、違う方法を見つける
- ポジティブに形成されたそのシナリオに向けて準備し、前進する

このアプローチはいろいろな場合によく使われます。GROWモデルも目標や目的に重きを置くことからこのカテゴリーに入ると言えます。未来志向のアプローチは、わかりやすい結果や行動の変化を測定することを求める組織で人気があります。しかし、ビジョンや望ましい未来をイメージし、変化のためのステップを書き出したとしても、現実は複雑でそのとおりにはいかないところに限界があります。

ゲシュタルトアプローチでは、セッション中に起こった変化の経験が、将来のシナリオにも活かせるかどうかを確認するためにこの方法を用います。クライアントに、セッションで取り組んだことと同じような状況を想像してもらい、どんな感じがするのかを聴いていきます。

オードリーの例では、コーチはセッションの終わりに、今後上司との間で起こるかもしれない出来事を想像するよう提案しました。安全が保たれたコーチングセッションの中で、状況にどう対処していくかを探求するサポートを受けることができました。

まとめ

変容のパラドックスは、ゲシュタルトアプローチの中心にあるものです。

変化は、あなたがあなた自身になったときに訪れる。
自分ではない何者かになろうとするときではない。

私たちが体験できる人生は、今、この瞬間にしかありません。これがゲシュタルトコーチングの焦点です。変化の波とともに進んでいくか、それともそれに抵抗するか。それを選ぶことが重要なのです。

四つの原則

変化のプロセスを経験するために相互に関連した四つの原則があります。

1．責任と選択
私たちは、自分のまわりや自分に起こることをコントロールすることができませんが、それらの出来事をどのように受け止め、どう反応していくかはコントロールすることができます。ゲシュタルトコーチングとは、クライアントが状況に自ら反応していく力を養い、選択肢を増やす手助けをすることです。

2．意味
ゲシュタルトアプローチでは、人間には自分にとっての意味を見出す機能が生まれつき備わっている、と考えます。自分にとっての意味とは、他の人々や環境との相互作用やコンタクトを通じて、自ら発見するものです。

3．目的の意義
目的の意義とは、意識的にせよ無意識的にせよ、なぜそのことをしているのかを理解することであり、行動をしていく動機となるものです。

ゲシュタルトコーチは解決策を探すのではなく、クライアントが自分の状況をどのように意味づけているかをクライアント自身が気づくサポートをしていきます。

4．目的と目標

ゲシュタルトアプローチは、計画や戦略を立てるよりも、目標に「どのように」近づくかといったことに関心を向けます。ゲシュタルトコーチも目標を設定することがありますが、それは軽く意識しておく程度にとどめます。固定的な計画や作業ルーチンに固執することなく、状況が変化していくことを許容します。

変化のプロセスにおける二つの見方

1．別の何かになるために行動を起こす

従来からある、変化を起こし、別の何かになろうとして努力をするようなアプローチです。

2．自分自身を受け入れ、より自分らしくなる

あまり知られていないやり方ですが、私たちが自分のあり方や自分が何者であるかを受け入れ、自分を批判したり限界を定めたりするのをやめるとき、可能性や変化のチャンスが開くという原則に基づくものです。このアプローチのポイントは、プロセスを信頼し、成り行きに身を任せるといったことです。

現在中心の変化

ゲシュタルトアプローチでは、現在の経験に注目します。変化は、今、ここで起こるものであり、それ以外の時間や場所では起こらないものだからです。

過去に基づく変化

私たちは過去の経験について考えることで、現在の現実に意味を見出そうとし、それによって将来のための意思決定をしたり、類似した状況に対応したりできるようになります。ゲシュタルトアプローチでは、過去の出来事を深く理解することによって、現在の経験や関係性を形作っていきます。

未来志向の変化

ゲシュタルトアプローチでは、過去について考えることはあまり行いません。望ましい未来を描くことに焦点を当て、それを実現するためにクライアントが何をするべきかを探索していきます。今、ここで何が阻害されているのかを見つけ、未知の未来が自然に現れてくることをサポートします。

パート 2

ゲシュタルト
コーチングを
実践する

第6章　能動的な実験

実験は体験学習の礎である。それは話すことを実行に移し、古くさくなった回想や理論づけを、想像力、エネルギー、興奮とともに、完全にここにいるという状態に変化させる。

——ジョセフ・ジンカー(1)

今、ここにおける状況に積極的に関与し、経験的に学んでいくことは、ゲシュタルトアプローチの真髄となる考え方です。コーチングの場では、「能動的な実験」を実践していくことによって探求を進めていきます。「実験」という言葉が意味することは、別人になるためのリハーサルや練習といったものではありません。「それは何か？」ということを探求することによって、感情や認知、行動における変化を求めていくことが実験の本質です。その瞬間に「自分自身」になっていくのです。

能動的な実験は、総合的で、思考や行動、そして何よりも感覚と感情を含んだものです。感情は私たちの真のアイデンティティを形作り、育て、豊かな人間関係を築いていくための要素です。ゲシュタルトアプローチでは、世界との接点を作るために、感情との具体的な関わりに焦点を当てていきます。
ゲシュタルトアプローチにおける実験のすばらしい点は、コーチングセッション中に介入の影響を実際に確認できる点にあります。目の前で起こる変化に対し、そのプロセスや結果に直接的にコメントすることができるのです。

実験がどのような結果になったとしても、「間違い」にはなりません。コーチとクライアントは、共にクライアントのプロセスについて学びを深めていく共同研究者のようなものであり、クライアントの内面で何が起こっているかを解き明かす探偵のようなものです。こうした立場では、結果や良し悪しについて判断をするようなことはありません。仮説を持つことはありますが、それが正しいかどうか興味が感じられたところから調べ、その結果がどうなるかに注目するのです。

本章の後半であらためて触れますが、こうしたアプローチによって、「抵抗」という概念も不要になります。実験に対してクライアントからの反対意見に直面した場合、実験のやり方を変更するか、あるいはまさにここで起こっている「抵抗」そのものを探求の対象にすることもできます。

こういった考えによって、コーチはもっと大胆な介入をすることが可能になります。実際、これらのアプローチでコーチは「安全な緊急事態」といった状況を作っています。クライアントを未知の領域に誘い、新たな考え方や行動をしてみるという実験を行うことで、クライアントは不安になることもあります。もちろん、クライアントが過度に不安になったり「ばかげている」と感じたりしないように、十分なサポートをもって、クライアントが安全と感じられる状況で実験が行われる必要があります。

実験の強度レベル

音を消して映画を観たり、写真を見たりして、人物の表情からその人がどんな気持ちなのかを察することができるでしょう。しかし、彼らが何を「考えている」のかはほとんどわかりません。私たちは身体を通じて感情にアクセスし、頭を通じて思考にアクセスします。つまり、実験がより身体的なものであればあるほど、そこで感じられる感情は、より深く強いものになります。コーチが身体の意識レベルを適切に選択することで、感情の探求の深さをコントロールすることもできます。クライアントの状態に合わせて、次の四つのレベルをうまく調節しましょう。レベル1が最も強度が低く安全で、レベル4が最も強度が高いものとなります。

- レベル1：客観視
- レベル2：経験の想像
- レベル3：身体表現
- レベル4：直接的コミュニケーション

これら四つのレベルがどう機能するのか、例に沿って順に見ていきましょう。

例　クライアントは自分のプロジェクトについて気持ちが高まっているように思う、と話をしています。しかし、声色やボディランゲージからはその興奮は伝わってきません。彼のエネルギーがどこに存在しているのかを明らかにするため、コーチは異なるレベルの実験を提案し、興奮をどうやって押さえつけているのかということに、意識を向けてもらうことにしました。

レベル1：客観視

これは最も気軽に行うことのできるレベルの実験です。クライアントは、その行為を実践している自分や誰か別の人のことを観察します。一歩離れたところからその様子をイメージしたり観察したりすることで、クライアントは次のようなことを経験します。

- その経験とは直接つながっていないという感覚
- より広範な文脈や状況を踏まえた理解
- その状況がどのように発展していくかの観察
- それに続く結果の確認
- 傍観者の立場（つまり当事者ではない人物）から出来事全体を観ること
- つらくなったらいつでも好きなときに止められる感覚

コーチ　自分が映画館で座っている（あるいはテレビを見ている）ところを想像してください。あなたは今、成功間違いなしのプロジェクトにワクワクしている人物がスクリーンに映っているところを見ています。目の前のその人物はどんなふうに見え、その人物がそのプロジェクトについて話すとき、どんな声色で話しているでしょうか。

レベル2：経験の想像

クライアントに、何かについて自分が興奮している様子を想像するように促してください。クライアントの内側でどういった感情を経験するかといったことを深掘りしてもらいますが、これを外に伝える必要はないと伝えましょう。この実験のレベルでは、クライアントは自分の感情を表現することなく、その気持ちにじっくり向き合います。クライアントは自分の感情や経験について反芻し、そこから学びや洞察を得ることができます。

別のやり方として、クライアントにその状況がどういうものであるか、その全体像や流れを表している何かを描いたり、まわりにあるいずれかの物を選んだりしてもらう、という方法もあります。

コーチ　前向きな話ができる友人に対して、このプロジェクトについて話したり、それがどれだけ良い結果につながりそうであるかについて話したりしているところを想像してください。あなたが自分のことをどのように表現するか、声のトーンや気持ち、またどのような反応が返ってくるかということについて想像してみてください。

（別のやり方）

コーチ　自分が何かについてワクワクしているとき、自分がどんなふうに見えるか、絵に描いてみてください。

コーチ　あなたが今お話ししてくれたような興奮を表すものを、この部屋にあるものから選ぶか、あるいはそんな音楽があるならどんな曲か説明してください。

レベル3：身体表現

このレベルから、クライアントの内側にあるものを表現してもらいます。クライアントに対して、ふだんとは異なるふるまいをやってみることを提案します。そうすることで内面の感情が表出されます。ここでクライアントは心細さを感じるかもしれません。このレベルでは、コーチはクライアントと同程度のエネルギーで関わり、またクライアントの声色や仕草に合わせるようにして、クライアントと併走していることを伝えるようにします。

コーチ　（立ち上がり、熱量のある前向きな様子や声色で）ちょっと立ち上がって、何か心がワクワクするようなことについて考えてみましょうか。自分の表情や身体、声色に、その感情が自然に表れるようにしてみましょう。ここで、先ほどのプロジェクトの成功について、あなたが自分で言っていたことを繰り返してみてください。ただし今度は、同じくらいワクワクしているというエネルギーを感じさせるようにして。

レベル4：直接的コミュニケーション

レベル4では、よりパワフルな経験をクライアントに促します。あなたを真っ直ぐ見つめ、先ほどの熱量とともにエネルギーが伝わるような言葉を、あなたに向けて言うようクライアントに提案します。これによってあなたとの関係がより強くなり、対話の土台が作られます。この段階では、コーチはクライアントから影響を受け、クライアントはあなたとつながりやり取りをした、ということを十分に感じられるよう、相手からの発信に対して率直に、あなたのふだん通りの反応を返すことが大切です。あなた自身がその影響を肌で感じることができるので、クライアントの感情が動いているかどうかの判断ができます。

コーチ　私を見てみてください。私に、そのワクワクするようなエネルギーが伝わるよう、このプロジェクトの成功の可能性について言葉で語ってください。言葉にして伝えようとすると、どんな感じがするでしょうか。私はどんなふうに反応しているように見えますか？

ここまで見てきたように、段階的なレベルを試す経験の中でクライアントは徐々に深い意識や感情を表出していきます。クライアントが適切な課題に取り組み得られる結果に満足できるよう、レベル調整を行うことが必要です。特定の状況や刺激に触れ、慣れていくためには、適切な強度の調整をしながら進めることが重要です。そのためには、あなたも自分の感情にアクセスし、クライアントと感情の程度を合わせることが求められます。

経験の構築——連続性とフロー

クライアントの状態に応じ実験の強度を調節しながら、クライアントが体験を深めていくプロセスそのものにも、連続的経験のフロー（第3章）が当てはまります。フローには八つのステージがありますが、四つのフェーズに分けられます。

1. 感覚〜気づき：思考、計画、理解、実験の合意
2. 活性〜行動：行動の準備
3. コンタクト：関わり、徹底的にやり通す
4. 解決〜離脱：反芻、反省、統合

感覚〜気づき：思考、計画、理解、実験の合意

このフェーズではクライアントが探求したい特定の状況やテーマを定義します。ふだんのやり方やあり方とは違うことを行っていくため、実験を行うことの必要性やこれからどんなことをやっていくのかについて、クライアントが十分納得した上で実験を始めることが重要です。

活性〜行動：行動の準備

実験の設定を行うことがこのフェーズです。実験とは、実際に身体を動かしてみることもありますし、何かを想像してみるようなこともあります。実験の成功の鍵は、クライアントが適度に難しいと感じ、ある程度の不安を感じるものの、それが強すぎるものであったり、ばつが悪くなったりするほどのものにならないよう、適切なレベルに調整することです。クライアントがあなたと一緒にこの問題に立ち向かっているのは、自分ひとりではどのようにこの問題に対処すればよいかわからないから、ということを忘れてはなりません。未知には恐怖や不安がつきものであることを念頭に置きましょう。クライアントが実験をしたくないと言ったり、前向きになれなかったりするときには、それを尊重してください。

ただし、実験をやらなくてよいということではありません。実験の設定をやり直し、少し簡単なところからもう一度挑戦してみましょう。

コンタクト：関わり、徹底的にやり通す

これはクライアントと一緒に作り上げた実験を行っていくフェーズです。クライアントがそれを実践しているとき、あなたはクライアントに寄り添っている必要があります。クライアントがどのように自分自身を表現するか、そこに密接につながり、それに対して反応してください。これは、前述したレベル設定によって違いはなく、レベル１でも４でも、対応は変わりません。あなたはクライアントの言葉や感情に一貫性があるかどうかを注意深く確認します。一貫性がない場合や何か別のものが現れている場合、それが今後の掘り下げや実験の対象になります。実験室で実験や研究を行うのに似ています。

解決～離脱：反芻、反省、統合

最後のこのフェーズは最も重要です。これまでの経験をより広いコンテキストに埋め込み、落とし込むことを試みます。それができるように十分な時間や空間を確保してください。これまで探求した感情に意味を見出したり、それを仕事やプライベートの状況に当てはめて考えたりすることは、クライアントがその経験を自分のものとするために重要なことです。

- このプロジェクトとの関わり方について、どのような影響があったように思いますか？

- チームの人間関係に、どのような影響がありそうですか？
- 上司／同僚／直属の部下とこのことについて話すとき、心細く感じますか？
- これまで、自分が何をしたか、またどのようにそれをしたかについて、一連の学びを通じて、得たものもあったのではないかと思います。将来的に、今回の学びを思い出して活かせそうですか？

クライアントにとっての経験が実りあり、深いものであれば、それについて整理するのに数日から数週間かかるということもあります。そのため、日記を書いたり、近しい友人に話をしたり、コーチとしてのあなたにメールを出すよう提案したりすることで、こうした経験を取り入れる上でのサポートをすることができます。

新たな探求の分野——抵抗

ゲシュタルトコーチの重要な役割は、現在起こっていることの意味を積極的に明らかにしていくことです。たとえば、クライアントの「抵抗」に煩わされてはいけません。実験に対するクライアントの反対感情も、探求の対象となる単なるデータだからです。まずは、実験の枠組みを再構築したり、レベルを調整したりすることで、クライアントがその介入について理解しやすくする必要があるかもしれません。それでも「抵抗」があるならば、その実験を行うことをいったん止めて、クライアントの抵抗の感情についてのワークに移ります。クライアントが実験を行うことに躊躇しているのは、何かもっと重要なことが現れていると考えられるからです。

例（続き）　これは、コーチがクライアントに対して、より自分のワクワク感や気分の高揚を表現するように言っている場面です。クライアントは「わかりました」とは言ったものの、平坦な声色で言葉を繰り返すだけで、変化は見られません。

ふるまいに変化を促すコーチであれば、よりエネルギーを感じてもらうためにもう一度繰り返すことを提案するでしょう。エネルギーに満ちあふれたロールモデルを思い浮かべてもらい、その仕草を真似するなど、どうすればより快活なふるまいができるかをコーチ自らが実践するかもしれません。

しかしゲシュタルトアプローチでは、次のようなやり取りが考えられます。

ゲシュタルトコーチ1　なるほど。まだ声色に変化はないみたいですね。では、同じことをもう一度繰り返してみましょう。ただし今回は、もっと退屈そうに、もっと平坦な感じで言ってみてください。

これは変容のパラドックス(2)を実践している場面とも言えます。現在の状態を強調することによって、気分の高揚に対する躊躇を自覚できる可能性があるのです。何かが変化しようとしているとき、それがどういう変化になるのかはわからないので、結果に対する心構えが必要です。

ゲシュタルトコーチ2　なるほど。では今度は、私がワクワクした感じで話しかけてみます。それに対して、「いや、それはやりたくない」と言ってみてください。

ここではクライアントが感じている躊躇を、言葉にされていない反対感情として考え、クライアントに対して直接的にコーチに反応するように仕向けています（つまり、レベル4の実験）。

こうした介入の手法についてはさまざまなバリエーションがありますが、重要なのはその抵抗を取り払ったり打ち崩したりするのではなく、それとともにいるということです。これにより、クライアントはもともとの実験から生じた自分の奥底の感情に気づくことができるようになります。そうすることで、さらに前向きに探求していく道筋が見えてくるのです。

ツールとテクニック

第1章で、ゲシュタルトコーチングにおいて最も重要なツールとは、コーチ、つまりあなた自身であるということをお話ししました。あなたは、今この瞬間に存在しているということをはっきりと意識し、何が起こっているのかを全身で感じる必要があります。コーチングを行う上で役立つツールやテクニックはさまざまなものがありますが、それらを用いることであなたとクライアントが存在しているこの瞬間を、さらに豊かな体験とすることが可能になり、新たなことが明らかになってくるでしょう。

こうしたツールの一つに、「エンプティチェア」があります。これはフリッツ・パールズ[3]が実践したことで有名になったもので、頭の中で行っている内部的な対話を、今、ここで生き生きと表出するという実験です。

エンプティチェアには代表的な二つの形式があります。

1. そこには居ない人と、今、ここで対話をする
2. 自分の内部で行われている自分自身との対話を表出する

このセクションではこれらについて検討していきますが、他にも次のようなテクニックがあります。

- 誇張する
- 身体を動かす
- 声に出す
- アートで表す
- オブジェクトを使う
- メタファーを活用する
- 未来に焦点を当てる

エンプティチェア——1：自己内対話の表出

私たちは自分の内面や人生経験に基づいた個人的な感覚を通して世界を認識しています。私たちは他人と関わるとき、自分のふるまいよりも相手がこちらをどう見ているのか、ということを気にしています。

誰かと意見が一致しない場面を想像してみましょう。そのとき、三つの視点[4]があります。

第一の視点：自分が何をして何を言っているかの感覚
第二の視点：相手に対する自分の感覚、相手に自分がどうとらえられているかについての自分の想像
第三の視点：俯瞰した視点、第三者の視点

基本的なレベルの「エンプティチェア」の会話では、頭の中のやり取りを過去のものから現在のものにする、ということを実践します。エンプティチェアを用意し、そこに当時の相手が座っていることを想像するのです。こうして、その人物の態度やふるまいについてあなたが考えたことや感じたことを、今この瞬間のこととして言葉にすることができます。自分の経験をその瞬間に言葉にするというのは、とてもパワフルな実践です。

クライアントにとっては、コーチに話を聞いてもらい認めてもらうということだけでも、自分が何を感じ、何を考え、何をしているかに気づき、自分を認める機会になります。そうして変化の可能性が広がっていくのです。

◇実験

二つの椅子を向かい合うように配置し、クライアントに片方に座ってもらいましょう。

第一の視点：目の前のエンプティチェアに相手が座っていると想像してもらい、その人について思うことを、その人に対して言ってみるよう提案します。

次に座る椅子を移動し、今度は相手の「視点」になってもらいましょう。

第二の視点：その立場から見た世界がどのように見え、どのように感じられ、どのように聞こえるかを感じてもらいましょう。二番目の立場では、クライアントは一番目の立場からの提案や非難に反応する機会を持つことができます。クライアントは何回か椅子を行き来し、立場を替え、両方の感情や考えをそれぞれの椅子で十分に表出し、両方の立場で理解と和解が得られるまで続けます。時間が制限されている場合、第三の視点である観察者の視点に移ることでこのやり取りを短縮する場合もあります。

第三の視点：二人が意見を交わしている場面から一歩引き冷静な視点からその状況を見て、展開しているやり取りや困難さについてコメントし、妥協案を提供してみるよう提案してください。

もしも「二者」のやり取りが平行線になっていると感じたら、それは問題が複雑で根深く、クライアントが強い感情を出すことを避けているからかもしれません。この場合あなたは、その「二者」のやり取りがゆっくり行われるようにし、それぞれの立場を、仕草や表情、声色、言葉の使い方などを含め、しっかりと意識し、経験できるようにサポートしなければなりません。クライアントを励まし、たっぷりと時間を与え、コーチの立場から、「対話」のさまざまな面を見て何が起こっているのかをしっかり理解できるようにしましょう。

クライアントが消極的な意図で話すことで、体験を鈍らせてしまうことがあります。たとえば、

「これは何の助けにもならない」

「これから何の満足も得られない」

「これは関係ない」

とか、

「私は……が好きではない」

「……したくない」
「……を期待しない」

このようなとき、クライアントに肯定的な反応を見つけるよう促し、対話を再び活気づけることができます。

たとえば、

「どのようなことが役立つ／満足感が得られる／関連していると思いますか？」

または、

「何が好きですか／望みますか？」
「何を期待しますか？」

ただし、もしクライアントが非常に痛ましい出来事やトラウマ的な出来事を思い出した場合、実験を終了させる必要があります。それらはコーチングの範疇ではなく、セラピーによってより深く探求されるべきであると説明する必要があります。

これら三つの視点はクライアントの自分に対する嫌悪感や否定を反映しており、それを他者に投影しているとも言えます。目の前の相手とは他ならぬ自分自身であり、エンプティチェアとの対話とは、自己対話なのです。

セッションのどこかで、クライアントが「椅子に座っているのは、実は自分自身だ」ということに気づくことが効果的な場合もあります（第4章のプロジェクションの箇所を参照してください）。その気づきが具体化されるとどういうものになるか掘り下げていきましょう。こうして内省的な対話の領域へ入っていくことができます。

エンプティチェア――2：葛藤の表出

私たちが「自分が嫌いだ」というとき、私たちは自分を二つに分けています。「自分」のことが嫌いだという「私」と、「私」から嫌われている「自分」です。

このときの「私」は判断を下すほうであり、支配する側であり、迫害者です。もう片方の「自分」は被害者です。フリッツ・パールズは、前者を「トップドッグ」、後者を「アンダードッグ」と名付けています。

クライアントに対して、自分が二つの立場に分かれているところをイメージするように促すことで、この分断がいっそう明らかになります。さらに、勝者である自分から敗者である自分に対して、「私はあなたが嫌いだ」と言うことを提案してみましょう。

判断を下す側からエンプティチェアに対して「あなた」や「おまえ」などの二人称を用いて話しかけることで、この対立構造はより明確になります。何かを嫌っている「私」の判断的な態度や雰囲気を、すぐに自分のものとして理解できるのです。

今度は、クライアントに対して「被害者」の席に移動してみるように提案しましょう。こちらの側は通常、哀れみを誘うような、自分の行為を悔いているような人格で、自分が無能であることやふるまいが悪いこと、十分な能力を発揮できていないことについて申し訳なく思っています。敗者としての「自分」は、支配的な「私」からの嫌悪を受け取ることになりますが、このとき、その敵意や蔑みにどう反応するか、クライアントにはそこに注目してもらうことがポイントです(5)。

このようにして、クライアントが批判する側とされる側に自分が分かれていることに気づき、どうしてこのように自分を分断してしまうのかを理解できるのです。そしてここから、分断してしまった自己が一つに統合していくための道筋を見つけ出していくことになります。

一般的なコーチとクライアントのやり取りを見てみましょう。

クライアント　上司と口論になったときに、つい引いてしまう自分が嫌いなのです。

コーチ　自分のことが嫌いな「私」と、その「自分」に分けて、こんなふうに言ってみてください。「上司と口論になったときに引いてしまうおまえが嫌いだ」と。

クライアント　(いくぶん平坦な声色で) わかりました。上司と口論になったときに引いてしまうおまえが嫌いだ。

コーチ　では次に、今「おまえ」と指したその人があの椅子に座っていると思ってください。そして同じことをもう一度、今度は「その人」のことが嫌いな理由をいくつかつけ加えて言ってみてください。

クライアント　(誰かが正面の椅子に座っているかのようにじっと見て、少し一方的にものを言うように身を乗り出して) 私はおまえが嫌いだ。おまえは諦めが早すぎるし、少し大変だと思ったらすぐに身を引いてしまうし、上司の虐めるような言動から逃げてばかりだ。

コーチ　いいですね。なんだか本当に怒っているように聞こえます。今のあなたの立場を「批判側」としましょう。では反対の椅子に座って、今度は「批判される側」の立場にもなってみましょうか。

(クライアントが反対側の椅子に座る。ずしんと落ちるように椅子に座り、いくぶん、弱々しいようにも見える)

コーチ　なんだか落ち込んでいるというか、身体が重そうですね。その姿勢を、少し強調することはで

きますか？（クライアントはさらに椅子に落ち込むように座り、腕を組む。頭は下を向き、目線はカーペットに落ちている）

コーチ　どう感じますか？

クライアント　お手上げな気持ちというか、もうたくさんだというか、自分が哀れというか。

コーチ　わかりました。こちらを「批判される側」としましょう。先ほど批判する側から浴びせられた非難に対して、自分がどう感じたかを伝えられますか？

クライアント（批判される側から、平坦な声で、溜息をもらしつつ、猫背で）やる気がそがれる感じがするし、自分が弱く感じる。君が望むようなことを私ができる気がしない。

コーチ　また「批判する側」に戻ってください。今の言葉にどう反応しますか？

クライアント（批判する側として、鋭く、いらついたような声色で、前のめりになりつつ目の前の椅子を指差して）そうだ、この負け犬め。何もせず、いつも諦めて、上司に好き勝手させてやがる。

コーチ　こちら側のときには力強く、威張っている感じですね。言葉にも力がこもっていて、支配的な感じがします。自分の中にあるそうした自分自身を意識してみてください。（少し間を取り）では、また批判される側の椅子に座りましょう。

クライアント（批判される側として、また落ち込んだようになるが、先ほどよりも声色は強い）そんな言い方はないだろう。私は努力している。世の中ってのは大変なんだ。それに上司がムカつく奴だっていうのはみな知ってる。わざわざそれに刃向かってどうする？

コーチ　姿勢や声色に少し変化がありましたね。そのちょっとした変化に、意識を向けてみてください。それから、もう一度批判する側の椅子に座ってみましょう。

クライアント（批判する側として、少し声色は柔らかくなるも、まだ支配的な感じで。声には力がこもっているものの、いらついている様子は薄れている）たしかに上司は難しい人だ。だが、前にジェーンが上司に対抗してうまくやっていただろう。上司はむしろ彼女のその行為をリスペクトしていた。これにならうのがいいんじゃないか。

コーチ　少し協力的な感じの声色が感じられました。一方的な感が弱まりましたね。その変化を意識しつつ、反対の椅子に座ってみましょう。（ここで意識的に「批判される側」であるとか「アンダードッグ側」というようなラベリングを外します。「二者」がやり取りする中で、そのラベリングが適切でない状態に変わっていくからです）

クライアント　（より力強い声と、背筋を伸ばした様子で）ちょっと待ってくれ。君は私にああしろこうしろと言うが、君はどうなんだ？　君の立場はどこだ？　全部を私に押しつけていないか？

コーチ　続けて言いたいことを言ってみましょう。

クライアント　（詰めるような声色、前向きの姿勢で）なるほどたしかにありがたいアドバイスをいろいろしてくれるが、私を攻撃するのはやめて、私の助けになってほしい。大変なときに私を見捨てるようなことはしないでくれ。

コーチ　自分の中にあった「自分をいじめる自分」に対抗する強さを見つけましたね。では、これに相手はどう反応するでしょうか。もう片方の椅子に座ってみましょう。

クライアント　なるほどたしかに。ちょっと言葉が過ぎたかもしれない。なかば自暴自棄になって我を忘れていた。

コーチ　なるほど。ではまた椅子を移動して、それに反応してみましょう。でもその前に、このもう一つの椅子を、今は何と呼びましょうか。もう「批判される側」の椅子というわけではないですよね。

クライアント　この批判される側というのは、センシティブというか、やさしい一面の側だったのだと思います。他の人の立場の意見を見て、全員が満足できるように譲歩する側だったのです。

コーチ　では、こちらの椅子を「共感力の椅子」としましょう。さて、この共感力の椅子に座り、今の「批判する側」の意見に反応してみてください。

クライアント　こちらの椅子が「批判する側」というのも、なんだか今は変な感じがします。こちらを「権威側」と呼びたいです。そうであれば、こう言います。君は私にないものを持っているし、君が我を忘れそうになったら、私が注意できると思う。そうすれば共感力を持って人を傷つけることもしないだろう。上司に対するときに君の力を借りたいとも思う。私たちは、上司の言いなりにならないようにできるはずだ。

コーチ　今、「私たち」という言葉が出ましたね。まるで対立する二人が協力関係を築こうとしているようにも感じます。

クライアント　はい。私の中にいた権威的な私は、まるで上司みたいに言い方がきつくて、この面を私は隠そうとしていたように思います（と、笑い、少し気恥ずかしそうにする）。でも一方で、共感的で物腰穏やかな私がいることにも気づきました。これまでこの二人の私が協力できていなかったということなんですね。

コーチ　なるほど。強さを誇る自分とやさしい自分ですね。では、もう少しそれぞれの自分がどう感じるかを意識してみましょう。そうすれば、適切なときに適切な自分を発揮できるようになるかもしれません。

クライアント　はい。今、自分の中に両方の自分がいるのを感じます。椅子を移動するたびに、自分の態度が変わっているのがわかります。

コーチ　いいですね。では最後に、今、ここにあなたの上司が入ってきて、あなたが一所懸命にやったプロジェクトに対して文句を言ってきたとしましょう。あなたは、何と言いますか？

クライアント　そうですね……。まず、上司が何を言っているか、臆さず正面から受け止めます。それから問題が何なのかを明らかにし、それについて私の責任を認めます。しかし同時に、問題の大半は私の部門の責任ではなく、適切な指示がなかったことが原因であると伝えます。

コーチ　それに対する上司の反応は？

クライアント　私をなじるのをやめて、少し考えて指示を待つように言いました。私は新しい指示を聞きました。問題はなくなり、私は怒りをぶつける前に立ち去ります。

コーチ　良い結果になったみたいですね。

クライアント　はい。

誇張する

これは意識を高め、より多くのことに気づくための最も重要なツールであると言えます。クライアントが何かをしているとき（ジェスチャー、特定の表情、ボディランゲージ、姿勢、声色の変化など）、「それを大げさにやってみてください」と提案してみましょう。クライアントが何を考え、何を感じ、その行為に焦点を当てるとふるまいがどのように変わるかといったことについて、多くのことがわかります（これについては第5章で詳しく述べています）。

これは絡まった糸をほどくようなものです。少しずつ糸をほぐし結び目を緩ませ輪を大きくしていくと、絡まり方がだんだん見えてくる、といった具合です。糸がどう絡まっているかに気づけば、どうやって結び目を解けばよいのかがわかってくるのです。

身体を動かす

身体は感情の貯蔵庫です。私たちの感情的反応と身体的反応は切り離せません。悲しみやイライラ、喜びを感じる場合、それに対応する身体的な感覚があり、これが何かを経験していることを知らせるサインとなります。逆も同様です。簡単な実験でこれを示すことができます。

◇**実験**

1. 腹立たしい思いをさせられるような、イライラする誰かを思い浮かべましょう。
2. 目を閉じて、その出来事が最後に起こったのがいつかを思い出しましょう。あるいは、その人物を頭の中に思い浮かべてみましょう。
3. 次に、口元を強く結び、拳を握り、額にしわをよせてみましょう。
4. この人に感じるいらだちは、どうなったでしょうか。
5. 次に深呼吸をして、リラックスして、全身の力を抜いてみましょう。
6. 今、この人に対する感覚はどうなりましたか。

よくある反応として、感情が強くなり、いらだちだったものは明確な怒りになります。身体の感覚や怒りを感じたときの身体の動きをやってみることで、その感情を自分の中に作り出すことができるのです。逆に、身体の力を抜き緊張を緩めると、感情が落ち着いていきます。

強調を用いる実験は、かつて持っていた曖昧な感情をクライアントがはっきりと意識するために有効な方法の一つとなります。

例　とても優秀なベテラン弁護士のコーチングをしていたことがあります。その人物は、仕事の場ではないところで、依頼人と一緒にいるとばつが悪い、と言っていました。私は彼にその状況について思い出してもらい、依頼人が近くにいるとき、どんなふうに立っているかを見せてほしいと言いました。彼はいくぶんぎこちなく立ち、肩を丸め、床に視線を落とし、本人いわく、緊張してうまく話せないような気がするということでした。私は彼が自分の状態を意識できるようにするため、その姿勢や立ち居ふるまいを少し大げさに強調し、ゆっくりそのまま部屋を歩き回ってみるように言いました。すると彼は、自分が「のろま」のように感じると言い（事実、彼の身体はそのとおりでした）、自分の上司のようにウィットに富んだことを言えるような、社交的な人物であるほうがその依頼人には望ましいはずだ、と言ったのです。そこで私は、まったく逆の動作を試してみるように言いました。彼の上司ほど明るくきびきびした動きではないものの、もう少し構えたような、思慮分別がありそうなふるまいをしてみるように言ったのです。すると彼は、さまざまな会話や話題に対応できるような、真面目ながら社交的な面が自分にもあることを発見したのでした。

声に出す

声は身体の一部です。肺は空気を送り声帯は音を発するものです。クライアントに対し、現在の状況に意識を向けて別の選択肢を模索するために、自分の置かれている状況を「声にする」ように促し、その声がどうであるかに注目するという方法があります。

例　とても甲高い声のクライアントがいました。三六〇度フィードバックの結果、そのクライアントからいじめを受けているという人がいることがわかり、そのことに動揺している、という状況でした。このクライアントのコーチは彼女の意識を自分の声に向けさせ、声量を上げ、リズムを強調するように言いました。すると、まるで自分が軍隊で部下を怒鳴りつけて命令をしているように感じる、と言ったそうです。自分の声の質を知ったことで、彼女はその声が相手を萎縮させてしまうこともあるかもしれないと気づきました。それからこのコーチとクライアントは、クライアントにとってどういう部分で権威的であるべきかについて、また男性的な職場で女性らしくふるまうということがどういうことかについて、掘り下げていきました。

アートで表す

クライアントによっては、自分が世界をどう感じているか気づく手段として、アートを使って抽象的な表現をするアプローチが役立つことがあります。これにより、それまで気づかなかった、驚くような洞察が明らかになることもよくあります。

例　あるとき私は、クライアントが熱心に新しい組織の構造について話している最中に、そのクライアントがメモ帳になにかの落書きをしていることに気づきました。彼が描いていたのは図6-1のようなものです。

私はクライアントに、自分が何を描いているのかに注目し、それを何度か繰り返して描くように言いました。すると彼は、自分の人々との関わり方（円はそのことを表していました）が、予定されている新たな仕組みのプロセスによって覆い隠されてしまうのではないか（斜線はそれを表していました）、ということを心配していた、と気づいたのです。この発見には、彼自身も驚いていました。

部屋の中にある何かを選んでもらう、またはテーブルにある雑誌から絵や写真を選んでもらうといったことも、内なる考え方を理解する上での手がかりになり得ます。以前、あるクライアントが、ピンクのスクーターの広告が載った雑誌を手に取って、「これは今、自分が仕事でどう評価されているように感じているかということを表している」と言ったことがあります。簡単な後始末は任せるが、大きな仕事は任せられない、というようなことを表していたそうです。彼は雑誌をめくり大きな黒い五〇〇ccのバイクの写真を見つけました。その後、彼がスクーターではなくバイクだったら、チーム内でどのように行動するかということを探索していきました。その結果、彼は自分が過度に支配的と思われることを恐れていたため、自分の力を活用したり、見せつけたりしなかったと気づきました。

オブジェクトを使う

これは部屋の中にあるオブジェクトや写真、絵などを用いてクライアントの今の

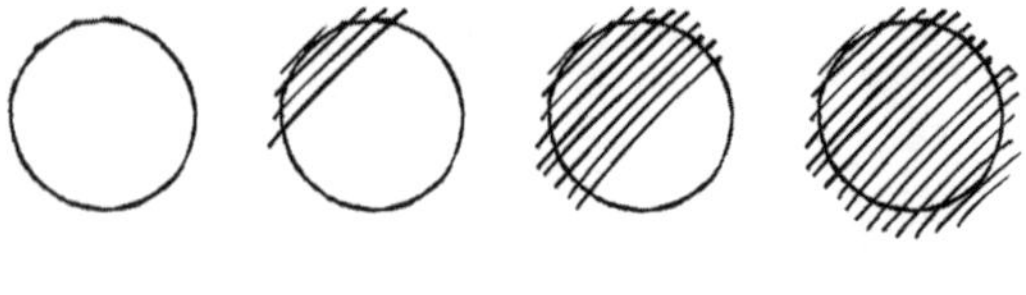

図6-1

感覚や感情を表すという方法です。より深い内省を促すような、興味を引くようなツールを持っているコーチもいます。クライアントは身近なものに対しても、何らかの意味づけをすることができるものです。

例　あるシニアマネジャーに対して、彼女のリーダーシップのスタイルについてコーチングをしていたときのことです。私は彼女に、自分とチームを表す何かを部屋の中から選ぶよう提案しました。彼女は自分を表すものとして空のティーカップを、そしてチームを表すものとしてティースプーンの束を選びました。彼女はティースプーンを選ぶとき、何気なくカップの中にそのティースプーンを入れました。彼女に対してそれが何を意味しているのかとたずねると、彼女は物憂げに、このカップは温かい紅茶で満たされているのではなく、たくさんの役に立つものが入っている、と言ったのです。こうして彼女は、うまくいっていない私生活を満たすために、自分のチームに「友人」という役割を与えていたこと、それが彼女のリーダーとしての立場を損なっていることを理解しました。

メタファーを活用する

他の多くのアプローチと同様に、想像力を使って現在の状況を理解するためのイメージを作ることは、ゲシュタルトアプローチにおいてもよく実践されます。たとえば次のような、状況を要約するひと言コメントをしてみる、といったものです。

クライアント　ぬかるみにはまっているような感じです。

クライアント　ジェットコースターに乗っている気分です。

あらゆるゲシュタルトアプローチの手法に言えることですが、メタファーを活用するときには、クライアントが表出したものをコーチが解釈するということではなく、クライアントのメタファーにクライアント自身が何らかの意味を見つけ出すことをサポートすることがポイントです。あるメタファーや経験に合理的な説明をつけるのではなく、クライアントがそのメタファーによって表したストーリーを全身で感じていけば、クライアントにとってその経験はよりパワフルなものとなるでしょう。メタファーを扱う最初の段階では、早急に前進の方法を探しはじめることを避け、メタファーに完全に没頭することが重要です。

ゲシュタルトアプローチはコーチとクライアントの対話であるため、コーチは、クライアントのメタファーに当事者として入り込んでいき、できるだけあなたの自分事としてそれを経験していくことが求められます。これによりクライアントが何を経験しているのか、コーチの立場からより深い理解を得られるのです。可能なかぎり詳細なところまで明らかにできれば、クライアントにとって大きな助けになるでしょう。

たとえば、「ぬかるみにはまっているような感じです」と言うクライアントに対し、あなたの脳裏にはどんなことが思い浮かぶでしょうか。自分が「ぬかるみにはまっている」とき、どんなイメージが出てくるか、少し考えてみましょう。おそらく、そのイメージは千差万別です。そのため、あなたのイメージをクライアントのものと近づけるため、次のような質問をしていくことになるでしょう。

- 深さ：足首まで？　腰まで？　首元まで？

- 移動手段：徒歩？　自転車？　車？
- 場所：ぽつんとあるだけの沼？　ぬかるんだ道、ビル街？
- 緊急性：命の危険がある状態？　ただ不愉快なだけ？
- 質感：泥は冷たく重い？　温かくてまとわりつく感じ？

次に状況についての質問をしてみましょう。たとえばこんな質問かもしれません。

- どうしてそこにいるのですか？
- どこに向かっていますか？
- ぬかるみに気づかなかったのは、どうして？　この状況でぬかるみはどんな役割なのですか？
- 誰と一緒にいますか？

こうした質問をすることにより、クライアントがイメージしている世界をより正確に把握することができるようになります。このプロセスの中で、そのメタファーに明瞭な部分と不明瞭な部分があったり、何か統一性のない部分やどういうわけか不正確な部分があったりすることに気づくでしょう。こうした要素が、次の質問へ続くヒントにもなるのです。

たとえば、こんな会話があり得るかもしれません。「今、自分はぬかるみにはまっていると言いましたね。しかし同時に、それは足元程度の深さであるとも教えてもらいました。泥が重たすぎて動けないということはなく、履いているブーツも役目を果たしていて、近くには友人もいるということでした。では、どうしてまだ泥の中に留まっているのでしょうか」。

ときには、探求していく中でメタファーの要素が変化していくこともあります。こういう場合、コーチはその変化に随時対応していくことが求められます。

例 以前、昇進を希望しながらも、尻込みしていると相談に来た方がいました。彼女が用いたメタファーは、腰のあたりにロープが巻かれていて、それが錨につながっているような感じ、ということでした。私たちは錨というものがそもそもどういう用途で使われるものであるかを掘り下げました。そして、それが嵐の中では安全を保ってくれるものであり、それと自分がロープでつながっているということは、危ない海域に流されないようになっていることに気づきました。さて、この錨には他につながっているものはないか、と探索していったとき、彼女は、その錨の先には、言葉にしたくない、仕事に関連した経験がつながっている（彼女はこれを難破船と表現しました）と答えました。こうしたことが明らかになったとき、私は彼女に、この古い経験にアクセスできたことで、よかったと思えることはないか考えてみてほしいと提案しました。彼女は、たしかにそれは苦い経験ではあったものの、それから同じ失敗をすることはなくなったかもしれないと言いました。すると彼女のメタファーであるロープは姿を変え、白く力強い光に変わっていきました。私たちはこの光がどういうもので、どんな意味を持つのかさらに探索していきました。その結果、この光が自分の進むべき道を示してくれる大切な学びにつながっていたのだということを発見しました。この気づきが彼女を前進させ、安全な場所に留まり続けるのではなく、危険な岩を避けつつ前に進むためのガイドやサポートとなっていきました。

未来に焦点を当てる

これは、世界がどのようになるか、自分はどのようになりたいかをイメージしていくという実験です。「未来の」自分の感覚をしっかりと体験し、自分がどのような人物でどんな才能を発展させ、社会や周囲にどのような影響を与えたのかを深く体験していきます。

さらに、未来の世界から現在をふり返り、今の自分がどんな状態かを観察し、理想の未来を実現するために、現在どういった変化が必要かを探求していきます。

理論的には、これは投影の一種です。今の自分にはないと信じている能力や資質を、望ましい未来というスクリーンに映し出す作業です。未来を今、ここで体験することで、その投影を活用していきます。

第5章で「目標と目的」を扱ったとき、今から二年後の望ましい仕事の状況に目を向けるという実験をしました。次の実験はこれをさらに未来に発展させたものです。ここでは人生の終着点まで進むことで、目的意識をより掘り下げて考えていきます。

◇実験

今から一〇年後の未来に、ある葬式の様子を空中から見下ろしている様子を想像してみましょう。近づいてよく見てみると、参列者はみな年を取っています。さらによく見てみると、その葬式というのは自分の葬式だとあなたは気づきます。

そこにはどんな人がいるでしょうか。参列者はどんな格好でしょうか。葬式の雰囲気はどうで、人々はあなたについてどんなことを言っているでしょうか。耳を傾けてあなたについてどんなふうに言っているか意識してみましょう。あなたのために用意された葬式がどのようなものか、よくよく観察してみましょう。あなたの身近な人たちが、あなたの生と死を受け入れるためにどんなことをしたのかを見てみましょう。具体的な様子がありありと思い浮かんでくるかもしれません。あなたが何を成し遂げ、何に失敗し、どんな人間だったかも見えてくるかもしれません。

葬式の後には、あなたのことを表す言葉が墓石に彫られるでしょう。

- 墓石にはどんなことが書かれているでしょうか。
- あなたの人生についてどんなことが言われているでしょうか。特に死ぬまでの一〇年についてはどうでしょうか。
- 自分の死の瞬間からふり返ったとき、自分のその死までの一〇年の始まりの時点の自分はどう見えるでしょうか。
- どんな選択をし、どうそれに対処してきたでしょうか。

さて、現実に戻ってきましょう。そして、今自分が見てきた架空の未来が今の自分をどう反映していたかを考えてみましょう。あなたは今、なりたい自分になっているでしょうか。どんな変化が必要でしょうか。

この思考実験で強調されるのは、投影された自分の要素を、今経験することにあります。未来に向かうための乗り物としてではなく、現在の自己を感じることに焦点が置かれています。

まとめ

ゲシュタルトコーチングの実験とは、別の何かになるための行いではなく、「何であるか」を探求していく中で、感情や認知、ふるまいの変化を観ていくことであり、この瞬間に「自分自身」になることです。コーチングのセッション中に、コーチは自分の介入の影響も確認していきます。

コーチとクライアントは協同研究者のような立場であり、クライアントのプロセスを深掘りしていきます。コーチであるあなたは、結果に対して何かを判断するというようなことはありません。

実験の強度レベル

レベル1：客観視
レベル2：経験の想像
レベル3：身体表現
レベル4：直接的コミュニケーション

物理的または身体的な面に目を向けた実験であればあるほど、実験はより感情的なものになり、また効果的になる可能性が高くなります。コーチは、クライアントの心の準備や受け入れ態勢のレベルに合わせて、実験の強度を調整する必要があります。

ゲシュタルト的実験のプロセスは、連続的経験のフローである四つのフェーズからなります。

- 感覚～気づき：思考、計画、理解、実験の合意
- 活性～行動：行動の準備
- コンタクト：関わり、徹底的にやり通す
- 解決～離脱：反芻、反省、統合

ツールとテクニック

エンプティチェア——1：自己内対話の表出

相手が目の前の椅子に座っていると想像して、今この場でその相手と対話をしていくというものです。やり取りを見てクライアントの態度やふるまいがどうであったかをフィードバックします。自分が座っている椅子からエンプティチェアに移って対話をすることで、相手の立場からの見え方を経験し、妥協や解決の可能性を模索します。

エンプティチェア——2：葛藤の表出

「自分のことが嫌いだ」というとき、二つの自分に分かれます。自分のことを嫌いと言っている「自分」と、嫌いと言われている「自分」です。前者は判断的・支配的・批判的であり（トップドッグ）、後者は弱々しく犠牲者的（アンダードッグ）です。二つの椅子はその二つのパーソナリティを表出したものです。それぞれの椅子に座ってやり取りをすることで、気づきを深め、自分の中の対立する二人のバランスをとったりすることができるようになっていきます。

誇張する

表現を強めることは意識を高めていく上で最も重要なテクニックです。クライアントが何かをしているときには、「それをもっと強くやって（言って）みましょう」と提案することができます。これにより、クライアントが何を考え、何を感じ、どのようにふるまっているのかをより鮮明に見ることができるのです。

身体を動かす

感情と身体的な反応は不可分です。喜怒哀楽を感じるとき、それと対応する身体的な感覚があります。ある身体的な感覚があるときには、それに対応する感情もあります。ゲシュタルトアプローチは身体を動かす実験の中で、この事実を活用しています。

声に出す

現在の状態に気づき、別の選択肢を模索しようとするとき、クライアントに今の状況を言葉にしてもらい、そのときの声色がどうであるかを意識してもらう方法があります。

アートで表す

クライアントの状況を表すような絵を描いてもらったり、何らかの物を作ってもらったりすることで、これまでわからなかった知見や考え方が明らかになることがあります。

オブジェクトを使う

部屋の中にあるものや絵・雑誌の写真などを用いて、クライアントが置かれている状況を表していきます。コーチングセッションのためにコーチが何か特別なものをあらかじめ用意しておく場合もあります。

メタファーを活用する

メタファー（隠喩——特徴を暗示的に表現する）はゲシュタルトアプローチの中心的な概念です。メタファーを用いることで、想像力を駆使して今何が起こっているのかに意味を見出すイメージを得ることができます。

未来に焦点を当てる

今の自分を未来に投影するやり方です。「ありそうな未来」や「自分がそうだと良いと思う未来」を想像します。未来の自分になりきり、その未来の自分を経験しながら、自分がどんな存在であるか、どういった性質を発達させてきたか、それが「今（つまり未来）」の自分の社会的環境にどのように影響を与えてきたかを探索します。

第７章　ボディワークと身体的共鳴

ボディワーク

　ゲシュタルトアプローチは身体に注目します。しかしそれは良い姿勢を意識するとか、リラックスや健康のためというようなことではありません（こうした目的なら、ピラティスやヨガ、アレクサンダーテクニーク、フェルデンクライスなど多くのすばらしい方法があります）。また、ボディランゲージを解釈する人類学的な話とも関係がありません。ここでのテーマは、気づきや感情的知性《エモーショナル・インテリジェンス》の拡張のために、身体を活用することです。

　第３章で述べた連続的経験のフローは、感覚と気づきから活性、コンタクトを経て、満足や完了、離脱に至る身体経験の過程と言えます。身体的なエネルギーが活発になり身体中を満たすと気分が良くなり、生き生きとした気持ちになります。中断が発生すると、身体のエネルギーの流れが妨げられ、抑圧され滞り身体の緊張となって現れます。そしてこの経験は、「完了しなかったゲシュタルト」として記憶され（経験に結びつけられた身体感覚とともに）筋肉組織に残ります。ヴィルヘルム・ライヒはこれを「身体の鎧」と呼び、これをほぐして感情的緊張を解放するためのマッサージ技術を開発しました。バイオエナジェティクスを開発したアレクサンダー・ローエンは、身体に残っている感情的な緊張を強調し、それを解放するためのストレス・ポスチャーを発展させました。その他、スタンリー・ケレマンなどは、身体構造を見るだけでその人の人生の感情的な物語がわかるとも言いました。より最近になると、顔の微表情に関する研究で、私たちの最も奥底にある感情は、表情筋の無意識の小さな動きに表れていることも明らかになったとされています。また、ティモシー・ガルウェイはインナーゲームと呼ばれる、スポーツにおけるコーチングメソッドを開発し、頭の中の認知的で知性的な批評家の声を無視して、自らの身体的知性に任せることで効果的な動きができると提唱しています。

つまり、ゲシュタルトコーチの役割は、身体を感情理解の入口としてとらえ、何がエネルギーの流れをブロックしているのか、クライアント自身が気づき、自発的なエネルギーの流れをサポートすることなのです。

ここで私たちがとる方法はシンプルで、変容のパラドックスに基づいたものです。つまり、まず身体が発している情報に意識を向け、それからそれを発信しているふるまいを強調してもらい、わかりやすくした上で探求し、解放を経験するというものです。ただし、この手法は理論上シンプルではあるものの、安全で生産的に実践していくには高いスキルが求められます（第6章参照）。

ゲシュタルトコーチが注意を払うべきボディワークのうち、特に重要なものが次の四つです。

- 呼吸
- 声

- 動き
- 触れること

呼吸

呼吸は生きていく上で欠かせません。瞑想やリラクゼーションのテクニックとして、さまざまな呼吸のやり方があります。ゲシュタルトアプローチでは、クライアントの呼吸のやり方を変えるのではなく、その呼吸のあり方からどんなことがわかるか、理解しようとします。注目すべきはそのリズムです。クライアントに呼吸を大げさにやってもらい、それがどんなリズムであるかに気づいてもらいましょう。これにより意識と感情レベルでどんなことが起こっているか知ることができます。

例　あるクライアントが、プレゼンテーションを控えていて、その話をしているとき、短くて浅い呼吸をしていました。その呼吸のリズムを誇張してみるよう提案すると、その呼吸に多くの緊張感や興奮があることが明白になってきました。その気づきを高めていくと、もう少しで成功しそうなことに興奮と喜びがある、といったことを表現するようになりました。すると今度は、「成功を期待してはいけない」という言葉が浮かび上がりました。彼はこの言葉を家族から言われ続け、それがイントロジェクションにつながっていたのです。クライアントは、その言葉に向き合うことができるようになりました。

◆コーチングのヒント

これは感情を解放するための方法です。実践のためには感情の表現をコントロールすることに十分慣れており、自信を持って行うことが必要です。自分自身のコーチングやセラピーを通じて、自分の感情的気づきの範囲を拡張し探求していることが要求されます。それによってクライアントに何が起こっているのかを理解することができます。相手の呼吸のパターンを真似したときに、自分がどう感じるかを意識してみてください。これにより、次にどんな介入をするべきかが見えてくるはずです。

私が特に注目するのが溜息です。これは何らかのことが完了し、満足を感じていることを意味しています。つまり、ゲシュタルトが完成しているということです。こうした深呼吸に似た溜息を繰り返してもらうことで、経験の完了から得られるものを十分に体験できるよう、サポートをします。

声

息を吐くときに声を出すようにすると、あらゆる感情的表現を強めることができます。表情や身体のジェスチャーと一緒に行うとさらに強まります。クライアントは感情を強調するために意識的に声を出すように提案されると、臆することもあるかもしれません。こうした介入を、自信を持って行うことができれば、効果的な成果を得ることができます。歌ったり、何かを演じたりするのが好きなクライアントなら、声を使うということにもなれており、こうしたやり方にも抵抗がないでしょう。

例 息を吸ったり吐いたりするときに言葉にならないような声や音を出していないか、また罵り言葉をつぶやいていないかを、クライアントに意識してもらうというやり方もあります。このとき、「どんなことが言われていないのか」に注目するように提案してみるのは価値があることです。

声の大きさや震え、声のトーンに注意を向けることも、よく行われる介入です。ふるまいを大げさにしてもらうことで、その言葉の内に隠された感情への気づきを誘発できます。こうした掘り下げをある程度行った後には、クライアントはためらいがちに「もうやりたくないです」と言うかもしれません。そんなときには、もっと声量を落として「嫌です」と言うように促すことで、自分の立場に対する自分の曖昧さを自覚してもらえることもあります。それから、「嫌です」の言い方をいくつか試してもらうことで、その状況で何かをするためのエネルギーや力強さ、勇気などを活性できるでしょう。

◆コーチングのヒント

あなたは自分の声を使いこなすことに自信を持つ必要があります。言い換えるなら、クライアントに叫んだりささやいたりしてもらうとき、具体的にどうすればよいのかをデモンストレーションできなければなりません。また、呼吸を扱う場合でも同様ですが、クライアント自身の声にどういった含みがあるかを探索していくと、感情のブロックを打破し、強い感情に触れる可能性もあります。それがどういった結果になるか備えておくことが大切です。

動き

身体の動きで感情を表現することができると、莫大なエネルギーと満足を得ることができます。たとえば、ダンスなどはその最たる例と言えるでしょう。言葉では表しにくいような感情を探求する手法として、身体を動かすことは強力な方法だと感じる人もいます。身体を積極的に動かす機会は、生産的な時間であると言えるでしょう。

例　ジムは自分の抱える不満について話をしています。こう言ってみましょう。「ジム、今話してくれたフラストレーションを身体で表現するような感じで、立ち上がって部屋を歩き回ってみてください。少し大げさにやってみて」。するとジムはどすんどすんと一歩一歩を踏みならすように歩きはじめました。すると彼自身、自分がどんなに怒っているかを認識できるようになります。

もっと小さな動き、たとえば、ペン回しや貧乏ゆすりのような、たまたまやっていた動きをずっと続けてもらうようにクライアントに言ってみることが、クライアントの無意識の感情や考えに気づき理解することにつながる場合もあります。

会話の中で比喩表現が出てきたら、それを実際に身体で表現してもらうというのも良い方法です。たとえばクライアントが「粘っこい蜜の中を歩いているみたいだ」と言ったら、実際にそうした場所を歩いているような動きをしてもらうことで、粘り気に足を取られるような感覚などから、その内実を探っていくこともできるでしょう。

第6章では、こうした介入をより安全で効果的に行うための詳細な事例を解説しています。

◆コーチングのヒント

声を扱う場合と同様、重要なポイントはあなた自身が自分の身体を動かすことに抵抗がないということです。クライアントに立ち上がって動き回ってもらうよう提案するとき、あなたはそれを実践できなければなりません。クライアントと一緒に動いて、彼が身体を使って何を表現しているのか、鏡のように動きを真似してみましょう。

触れること

これは身体のワークの中で最も物議を醸すことであり、性的な境界が交差することへの不安のため、プロのコーチの間ではタブーとされています。しかしコーチングの目的やクライアントの受容性に敏感であるかぎり、問題になることはありません〔文化や社会習慣によって、さらにクライアントそれぞれの状況に応じて、身体に触れることは細心の注意が必要〕。

私たちはふだん、誰かと会うときやコーチングのセッションの開始と終わりの挨拶として、握手や頬へのキス、挨拶としてのハグなどの形式的な所作を行っています。こうした形式的なやり取りにクライアントがどのように反応するかによって、セッション中に身体的に触れられることをクライアントがどの程度許容しているかを判断することができるでしょう。

クライアントに対して、身体に触れてよいか許可をもらうというのは最も安全なやり方です。しかし微細な状況では、これが妨げになることもあるので、クライアントのことをどれだけよく知っているかにより、判断をすることになります。

経験のフローのどの段階においても、クライアントに触れることは効果的なやり方です。活性されたエネルギーを解放することを目的としている「コンタクト」のフェーズでは非常に効果的です。

また、クライアントが他者に何かをすることを避けて自分自身をその行為の対象としてしまうようなレトロフレクション（第4章参照）を扱うワークでも触れることはとても有効です。

例　クライアントが、上司から受けているプレッシャーについて話すとき、両手をぎゅっと握っているとしましょう。このとき、次のようなことを提案できるかもしれません。

1．他者への感情を表現していることを経験するため、あなたの手を握ってもらう
2．クライアントが手を握られている感覚を経験できるように、あなたがクライアントの手を握る

いずれの場合でも、理性的な概念として感情を身体の内側に閉じ込めておくのではなく、身体的な交流を持つことで、相手に感情を伝えることが可能になります。

クライアントが自分で責任を引き受けようとせず、他者を責めるようなプロジェクション（第4章参照）についてワークをするときにも、クライアントに触れることは非常に有効です。たとえばクライアントがきつく腕組みをしながら「職場でこき使われていると思う」と言ったとします。こんなときは、クライアントの両腕の力を使ってあなたを押すように（たとえば手と手を合わせて）、提案してみましょう。

◆コーチングのヒント

あなたがクライアントのことをよく知っていても、自信がなければ、クライアントの身体に触れることは避けるべきです。触れてもよいかの確認は安全性を確保するために必要です。クライアントが嫌だと感じたら、すぐに言葉にしてもらうようにしましょう。

コーチがクライアントにやさしく触れるような場面として想定されるのは、極度につらいときや、悲しみを感じているときでしょう。肩に手を乗せて安心感を持ってもらうというような所作は、クライアントの難しい局面をサポートする目的があります。しかし、こうした所作が「問題がない」ということを感じてもらうリクエストであると解釈されないように注意しなければいけません。ゲシュタルトコーチの意図とは真逆のメッセージになってしまいます。

身体的共鳴――身体をツールとして使う

本書では、ゲシュタルトアプローチをコーチングに応用する上で、自己と他者を別個の存在とするモデルを採用し、その両者が出会うポイントをコンタクトバウンダリー（接触境界）と呼んでいます。これは自己と他者が異なる存在でありながら、つながっているという動的なモデルです。

このモデルが強調しているのは、別個の存在としての私たちは、個人の感情や反応に対して完全に責任があるという点です。コンフルエンスを経験する場合には他者との境界を失うことがありますが、通常、これは健全なプロセスではないことが多いのです。

しかし、自己と他者の関係性は非常に複雑なものです。たとえば海岸線は、陸地と海を隔てる動かない境界線ではありません。川はどこから海と呼ばれ、海底はどこから陸地と呼ばれるのか、と言ったことと同様です。

ゲシュタルトアプローチは、「場の理論」の考え方に基づいています。私たちは切り離せないほどにつながった存在であり、個は全体に対する機能として存在します。言い換えるなら、個は「その場にいる」のではなく、「その場の一部」なのです。これが意味するところは、私たちは互いに分離できないほどつながっているということです。この考え方は、場またはシステムの別の部分で演じられているダイナミクスを、私たちは無意識に具現化していることを意味しており、パラレルプロセス（第11章）の考え方にもつながるものです。つまり、私たちは好むと好まざるとにかかわらず、他者からのエネルギーの影響を自然に受けており、他者の感情を感じる能力があるのです。

ゲシュタルトセラピストとしてのキャリアがスタートしたとき、私はこうしたことが現実であると理解しはじめながらも、それを説明できずにいました。クライアントがやってきてリラックスした様子で座っているのに、特に何の理由もなく、私は身体にある種の感覚を、たとえば胃が縮む感じや肩が強ばっている感じなどを、感じはじめることがあったのです。自分で無意識に問題を抱えてしまっているのではないかと自分の内面を探ってみても、大抵は何も見つかりませんでした。スーパービジョンにおいても、こうした反応についてそれらしい説明を得ることはできませんでした。しかし後に、実はクライアントも当初、私が感じていたのと似たような感覚があった、ということが明らかになりました。そこで私

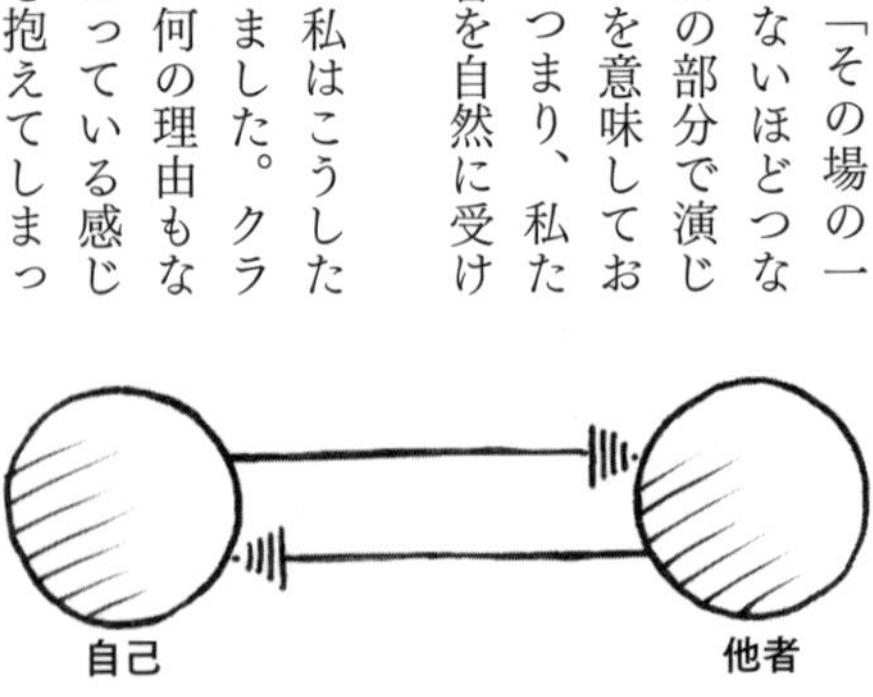

図7-1：接触境界

は、自分が感じていた身体の感覚についてそのクライアントと共有し、似たような感覚がないか、とクライアントにたずねました。その答えはイエスでした。

私はこれを、他者または集団によって作られた場への共鳴のプロセスである、と仮説を立てはじめました。このプロセスに意識的に自分を合わせることができたなら、クライアントをより深く理解するツールとして用いることができるはずです。

そこで私は、自分のパーソナリティを切り離し、自分のクライアントへの気づきの能力を高められるようにしました。自分自身の心配事や関心をいったん考えないことにすると、クライアントのニーズが優先されるその場の関係性に、自分がよりオープンになれるように思いました。一般的なコーチングの用語で言えば、これは深い共感と呼ばれるものでしょう。

私は、クライアントとのコミュニケーションに注意を払いながら、自分の身体そのものや、ソマティックな経験に対して敏感になれるような方法を模索しました。そして、私の身体的反応は、クライアントが言葉にしていない状態への共鳴であることが多いのではないかと考えるようになりました。これを私は「身体的共鳴」と呼び、この技術を取り入れるべく実践を重ねました。それから数年、この現象を解説するセラピーやコーチングのワークショップを開催し、この能力の使い方を他者に伝授できるまでになりました。

ポイントは、自分の中で起こっている反応を、関係性のあらわれとして、決めつけずにただ説明することでした。ゲシュタルトアプローチを主な手法としている場合、こうした意識を高める介入は不自然なものではありません。その根底にある態度は常に好奇心であり、同時に、私が自分の視点を提供しているという認識です。このときの言い方としては、「私は、あなたが○○と言った／○○をしたとき、自分の中では△△という身体的な反応を感じました。奇妙な感じですが、通じますか？」などがあります。すると大抵クライアントは、「実は、同じことを感じていました。そう言っていいのだとわかって安心しています」と言います。そうでない場合は、「いえ、よくわかりません」という反応が返ってくることも、もちろんあります。

例　クライアントがある話題について熱心に話しているとき、コーチは興味を失ってしまい何となく相手を遠く感じるという場面を考えてみましょう。通常、これは「コーチが悪い」（疲れている、十分に注意を払っていない、クライアントと関係のない個人的な反応を見せてしまっているなど）とか、クライアントは無駄話をしている、とされがちです。どちらの考え方もクライアントにとっては建設的でもなければ有益でもありません。

これを身体的共鳴の観点から見てみると、このコーチは関係性の場に対して、そしてクライアントの言葉に表されていない感情に反応していると考えられます。ひょっとするとクライアントは、熱心に話している話題について、本当は関心がないのかもしれません。そしてコーチはその状況に共鳴しているため、興味を失っている、という反応が出ているのかもしれません。

このときコーチは、「今、あなたが熱心にお話ししていることについて、私は興味を失いつつあります。自分でも不思議です。何か、思い当たるところはありますか？」とたずねることができます。クライアントは、「これはたしかに重要な話なのですが、実はただ情報提供しているだけで、私が今日掘り下げたい主なことではなくて。本当にお話ししたいのは……」のように言うかもしれません。これを受けてコーチはより注意を払って、あらためて話に集中していきます。

最初に純粋な身体的反応についてコメントをして、それからそれにまつわる感情をつけ加えていけば、クライアントには受け入れられやすくなります。たとえば、「今のお話を聞いているとき、なんだか顎の筋肉が硬くなるのを感じました。何となくフラストレーションや怒りに似たものも感じます。これはちょっと興味深いことです。何か、これについて思うところはありますか？」といったたずね方です。

◆**コーチングのヒント**

従来の考え方では、コーチングという仕事は客観的に、しかし共感をもって、クライアントから与えられた情報を理解して、クライアントが自分の問題を明確にする助けとなるような介入を行うことであるとされています。コーチにとって自分自身の個人的反応を強調することは筋違いであり、多くのコーチングのトレーニングでは、これは間違ったことであると教えられます。なぜならコーチ自身が抱えていることによってクライアントを導いたり行き先を示したりすることになるからです。ゲシュタルトアプローチによる効果的なコーチングのためには次のことが必要です。

- 自分の中の身体的反応に意識を向けながら、クライアントに注意を払うこと
- これらの反応が自分の個人的なものか共鳴なのかを区別できること
- オープンで好奇心をもって臨むこと
- 決めつけをまったくせずに介入を行えること
- クライアントに執着することなく、自分の身体的共鳴を受け入れること

コーチは、自分自身のことをよく知っていなければなりません。また、自分自身のことやもの（つまり自分の判断やプロジェクション）が姿を現すようなときには特に注意が必要です。身体的共鳴と個人的な反応を区別するにはいくつかの方法があります。スーパービジョンを受けるこ

とは非常に価値のあるやり方です。身体的共鳴ではなく個人的な反応であるかもしれない事柄としては、次のようなことがあります。

- 身体的共鳴が正しいとクライアントから言ってもらいたくなる（そう言ってもらえると嬉しく、そうでないと拒絶されたと感じてしまう）
- クライアントが次の段階に移っていった後でも感覚が残り続ける。クライアントがあなたの身体反応を受け取ったら、あなたはそれを手放す必要がある
- 声色が権威的になる（「どちらでも」というオープンな態度ではなく、「こういうものだ」という態度になる）

こうしたアプローチは骨が折れるものに思われるかもしれませんが、これは深い共感の自然なあらわれでもあります。こうしたことは、「自分の身体をツールとして使う」と表現されることもあります。以上のような態度や言葉のガイドを守っているならうまくいくでしょう。

このやり方ができるようになると、多くの時間を節約でき、エネルギーを他の重要なことに向けられるようになるでしょう。

ただし、この方法は個人的な関係の中で用いることはお勧めしません。自然に生じる自分の感情よりも、相手のエネルギーに、ただ反応していく、という方法だからです。

ヘリンガー・コンステレーション

ゲシュタルトアプローチのボディワークと関連するものとして、ヘリンガー・コンステレーションを紹介します〔これは、ファミリー・コンステレーションという名前で広く知られている〕。ゲシュタルトのボディワークとしてここに加えたのは、これが身体的共鳴と、私たちの精神や身体が持つエネルギー（今のところは科学的論拠があるわけではありません）に自分を合わせていく能力に、密接につながっているからです。ゲシュタルトアプローチの応用として、コンタクトやフローの中断にその場で対処していく方法として参考にしてください。

一九九六年の二月に、初めてバート・ヘリンガー(1)をゲシュタルト・センター・ロンドンカンファレンスに招待する機会がありました。それ以来、彼と彼の直近の同僚から、そのアプローチを直接教わり、経験する機会を得てきました。そしてこのアプローチはその後も発展を続けてきました(2)。

ヘリンガー・コンステレーションの特徴的な点は、二点あると私は考えています。

1. 家族や組織の社会的ヒエラルキー、またトップダウンによる権威の順序を認めることの重要性に関する理論。これについては彼の書籍や動画のほか、ハンター・ボーモントやグンタード・ヴェーバーといった彼の生徒の著作から学ぶことができますが、今回扱うゲシュタルトアプローチの一部となるものではありません。
2. システムにおけるエネルギーの動きに関する知見を得るために用いられる手法。家族的・組織的グループのいずれについても用いられるこの手法は、身体的共鳴の経験と密接に関連するところがあります。

ヘリンガー・コンステレーションは、そのシステムにおけるひとりの人間の視点を通してシステム全体を見つめるものです。これは、現実のグループの中で用いられることを意図したものではありません。ここでは、システムにおけるそれぞれの人員は、全体を反映するものであり、また全体に影響を与えることができるものであるという、フラクタルに類似した考え方が信じられています。したがって、そのシステムにおいて、エネルギーの動きの経験を通じ、それに気づきを与えるような一個人によって、システム全体が変化する可能性が生まれます。これは、ゲシュタルトにおける変容のパラドックスと合致する考え方でもあります。

この手法のコンテキストとして理想的なのは、知らない人たちのグループや、互いに何となく知っている程度の関係性を持つ人たちのグループです。参加者同士が親密である必要はなく、手法について理解していること、その実施者に対して、また秘密を守ることに高い信頼があることが重要です。グループそれ自体で発生するプロセスに注意が払われることはありません。

コンダクター（全体のファシリテーター）はプロセスを円滑に行い、アプローチに応じて指示を出したり、参加者にイニシアチブをとってもらえるようにそれとなく伝えたりします。

ヘリンガー・コンステレーションのプロセス

1. ワークショップグループの中の誰かが、自分の家族や仕事の状況について掘り下げることを申し出る（この人物はシーカーと呼ばれる）。
2. コンダクターはシーカーに、自身の状況やそれに関連する人物について簡単に説明することを求める。
3. シーカーは、その状況における人物の代わりをしてもらう人（代理人）をグループの参加者から選ぶ。シーカー本人の代わりをしてもらう代理人も同様に選ぶ。
4．シーカーはそれぞれの代理人を、その人物像に当てはまるように立たせたり向き合わせたりして配置する。この空間的距離は、他の人物への近接レベルを表す。
5．すべての人物を配置したら、シーカー自身は座る。
6．コンダクターは代理人たちに、何もせず、ただその配置にいることに対する身体的反応に意識を向けるように言う。

ここまでは、サイコドラマやスカルプティング[3]の下準備に似ています。しかし、次のプロセスからは異なります。ヘリンガーが提唱する方法では、それぞれの人物間の感情的関係性ではなく、それぞれの人物の物理的、つまり身体的反応を介して経験される、エネルギーおよびシステム的なつながりを扱います。ゲシュタルトの観点から、代理人によって演じられる場の、要素間における深いエネルギーのつながりを探求していきます。

シーカーが構成したそのシステム（要素を持つ全体）はまだ機能しておらず、個々の代理人間の、またシステム内のエネルギーの流れは妨げられ、生産的ではない状態です。この段階での目的は、それぞれの代理人がどのように互いに関わっていけばエネルギーのポジティブな流れを生み出せるかを明らかにすることです。コンダクターは、それぞれの代理人が感じている緊張や弛緩といった身体的経験を言葉にしてもらうように言います。このとき、悲しみや怒りといった感情については言葉にせず、ただ身体の感覚についてのみ言及してもらい、そこから感情を読み取るようにします。一つの例ですが、「なんだか目が潤んできて、涙が頬を流れていくのを感じます」とか、「顎と拳が硬くなっていて、息づかいも重々しくなっているのを感じます」といったように、コメントしてもらいます。

7. コンダクターはゆっくりとそれぞれの人の位置を変え、その都度、身体的経験が変化し、よりリラックスできるようになることを確認する。
8. 徐々に代理人たちはより安心を覚え、またそれぞれがポジティブなつながりを身体的に感じるような、新たな配置が浮かび上がってくる。
9. シーカーは常にこの配置が再構成される様子を観察し、自分自身を含む代理人とそのつながりについて洞察を得ていく。
10. コンダクターが、ある配置が最もエネルギーの流れが良い状態であると感じたとき、シーカーは自分の位置に立って、その配置の一部となる。
11. シーカーはその後、それまでのグループワークからどんなことを感じたか、またどんなことがわかったかを簡単に述べ、他の人たちとふり返りを行う。

このプロセスの興味深い点は、人物の代理人を務める人たちが、実際の人物の状態を無意識にとても正確に体現することです。このやり方がうまくいく理由は完全に明らかになってはいませんが、何千という実践を経て、これがたしかに役立つ方法であるという事実は明らかです。

◆コーチングのヒント

上記の指示だけをもとにこのやり方を試すのは控えてください。このアプローチを体験し実践しているすぐれたトレーニングは数多く存在しています。また、最初に言及したような全体的な理論的フレームワークも存在し、それを理解することで、このやり方が何を目指して行われるものであるか理解する必要があります。
この方法はコーチングのメソッドではありませんが、そのテクニックはコーチングに応用することができます。たとえば、人間ではなく何か物を使って代理人の代わりにすることは、一対一のコーチングで実践できるでしょう。組織の中で複数の個人を、あるいはチーム全体をクライアントとするとき、スーパーバイザーがこの方法を使うことも可能です。

まとめ

この章では感情的知性を扱い拡張するために身体を使うということを述べてきました。ゲシュタルトの経験のフローでは、私たちは身体的エネルギーが喚起され、生き生きと満ちてくるのを感じ、気分が良くなったり、生きていることを実感できたりします。ゲシュタルトコーチの役目は、感情へ至るゲートウェイとして身体を使用し、フローをブロックしているものを理解し、発生するエネルギーの流れの解放をサポートすることです。ゲシュタルトコーチが注目し対処することとして、以下のことが挙げられます。

呼吸：身体と感情を意識する上での活力の源。常に注意を向け、感情表現の補助として呼吸を意識的に使うことが重要。
声：感情を声にすることで、感情表現を強調することができる。誇張して表現してもらうことで、言葉や発声に隠れた感情に気づくきっかけになる。

動き：動きを介して身体で感情を表現することで、膨大なエネルギーを放出して言葉にはならない感情を探求する手法とすることもできる。

触れること：やや扱いが難しいため、相手の許可を得ること。主に経験のサイクルのコンタクトの段階や、レトロフレクションおよびプロジェクションにおいて活用する。

これらすべては強い感情を引き起こす可能性があるため、コーチとして自分自身の探求を十分に実践していることが重要です。また、あなたがクライアントに求めていることをあなたがやってみせる必要もあります。一つひとつの提案はゆっくりと行い、問題がないか確かめながら進んでいってください。

身体的共鳴――身体を道具として用いる

場の理論の観点では、私たちは他のすべてと不可分につながっており、個人は全体の一部として存在します。これは、私たちは互いにつながっており、他者のエネルギーから自然に影響を受け、他者の感情を感じられる可能性があるということです。

他者または集団により作られる場に、自分の身体と身体的経験が共鳴するプロセスを、「身体的共鳴」と呼んでいます。このプロセスは、コーチとクライアントの関係性に対する非判断的な身体反応と言えるでしょう。

この手法を効果的に用いるには次のことが必要です。

- 自分自身の身体的反応への意識
- 自分の個人的な反応か共鳴なのかの区別

- オープンで好奇心のある態度
- 決めつけないこと
- あなたを受け入れてくれるクライアントに固執しないこと

身体的共鳴と自分自身の個人的なプロセスを区別することが重要です。

- クライアントの承認を求めていないか
- クライアントのプロセスは先に進んでいるのに、その身体的反応はこちら側に残っていないか
- 「これはそういうものです」のように、権威的なトーンの声でないか

これらの点についてはスーパービジョンを活用することが有効です。

ヘリンガー・コンステレーション

ヘリンガーのコンステレーションのワークには二つの特徴があります。

1. 家族や組織の社会的階層に関する理論
2. あるシステムの中のひとりの視点を通してシステム全体を見るという手法（これは、既存のグループで用いられることは意図されていない）。

このワークは、知らない人同士のグループで、個人間の関係性には一切の注意が払われない状態で行われます。システムを提示する人（シーカー）は、他の参加者（代理人）に、シーカーのシステムにおける非個人的なエージェントとなってもらいます。

コンダクターはシーカーに、代理人を用いてシーカーの仕事や家族の状況を表す配置を作るように指

示します。そして、それぞれのシステム内の参加者に、自分が感じる緊張の身体的経験について、コメントしてもらいます。

次にその配置に参加している人たちの位置を変えて、最もエネルギーの流れが良い状態を目指します。この状態でシーカーはその配置の中に入り、自分がその中でどう感じるか、何かわかったことはあるかについて話をします。

第8章　相互交流のモード

コーチングや組織開発、リーダーシップ開発の分野では、オーセンティック――本当の自分である――ということがしばしば重視されます。しかし、コーチやマネジャー、リーダーとして特定の権限や責任、境界を伴う役割を持つ場合、こうした価値観を維持するのは困難を伴います。たとえば、法律的、経済的、あるいは政治的な理由で、組織がその属する人たちに対して情報を開示しないことを要求し、オープンで正直であることが難しい場合があります。マネジャーとしての役割とコーチとしての役割を同時にこなす場合には、関係の性質はさらに複雑になります。

ゲシュタルトアプローチは、他者や環境と良好な関係をどう築き、適応していくかに重点を置いています。オープンであることや自発性の重要性についてはここまで述べてきたとおりですが、ここではそれらとは少し違った背景である、コミュニケーションにおける相互交流の様式について説明します。これは私の初期のゲシュタルトの教師でもあったソニア・ネヴィスが提唱したものです。

1. 親密な関係性：公平、オープン、自己開示、自発性に基づく
2. 戦略的な関係性：階層、計算、計画、準備に基づく

親密な関係性（信頼している同僚や個人的なパートナー、親友などとの関係）では、自発的で表現豊かに、防御的ではなくオープンに接することができます。どちらか一方が、権威的な立場をとって互いの力関係に変化を与えたりすることはありません。もし片方の立場が見かけ上強くなるような場合には、お互いの感覚は合意されているものです。これは「私が財務の責任者になろう」、とか「私はあなたのほうが私より優秀だと内心思っている」という投影の形で表れ、やり取りされていきます。両者の表面的な力関係の構造は平等であり、合意されていることが前提になっています。

戦略的な関係性では、上下関係の要素があります。あるレベルの権威が一方に与えられ、もう一方にはある程度の従属が期待されます。権威の側には、相手に対する責任や注意義務が発生します（たとえば、マネジャー、教師、親など）。権威と従属のレベルはその時々で大きく異なり、職務、社会、政治、文化、経済などのコンテキストに関連しています。固定化された強い階層的、権威的文化（たとえば、刑務所や命令・管理型組織など）では、従属する側はルールを学び、その力関係に注意深く対応し最も好ましい結果を得るために権威に従うことになります。しかしリラックスした穏やかな戦略的関係性（たとえば、オープンな組織の医者やマネジャーなど）では、行動に伴うリスクを評価したり最善の方法は何かといった議論をしたり、多くの議論と相互の合意が行われます。

コーチングでは、自己開示やオープンさが重要です。そのため、親密な関係を築くためのツールとして、ゲシュタルトをコーチングに応用することは大いに考えられます。一方で、戦略的な関係性における巧みな環境操作も、ゲシュタルトの理論と相容れないものではありません。こうした状況の目的は、

親密さではなくコンテキストに対する創造的順応であるからです。

つまり、必要なときには戦略的に行動し、状況に応じて親密な関係を築くことができる能力と適応力が必要なのです。この適応力を身につけるためには、以下のような自分自身と他者を認識する重要なスキルを身につける必要があります。

- 自分の立場について交渉したり、妥協したり、それを保持したりすること
- 互いの立場を尊重し合うこと
- 互いの考え方の原則を尊重すること
- 新たな課題に遭遇するたびに、創造的かつ柔軟な反応ができること

戦略的な関わり方と親密な関わり方のマトリクス

初めてソニアのフレームワークを見たとき、親密な交流と戦略的な交流という分け方のすばらしさに感動しました。しかし同時に、ある状態から別の状態に至る連続性が直線的であるという点については限界も感じていました。そこで私は、一九九四年に開催されたサウスバンク大学の会議で、戦略的次元と親密な次元を一線上に置くのではなく、これらを垂直に交差させた二次元のマトリクスとして表現し、論文[1]で発表しました。

それは図8-1のような四象限から成るマトリクスで、これによって、コンテキストや役割を特定し、より広いエリアで把握することができるようになります。

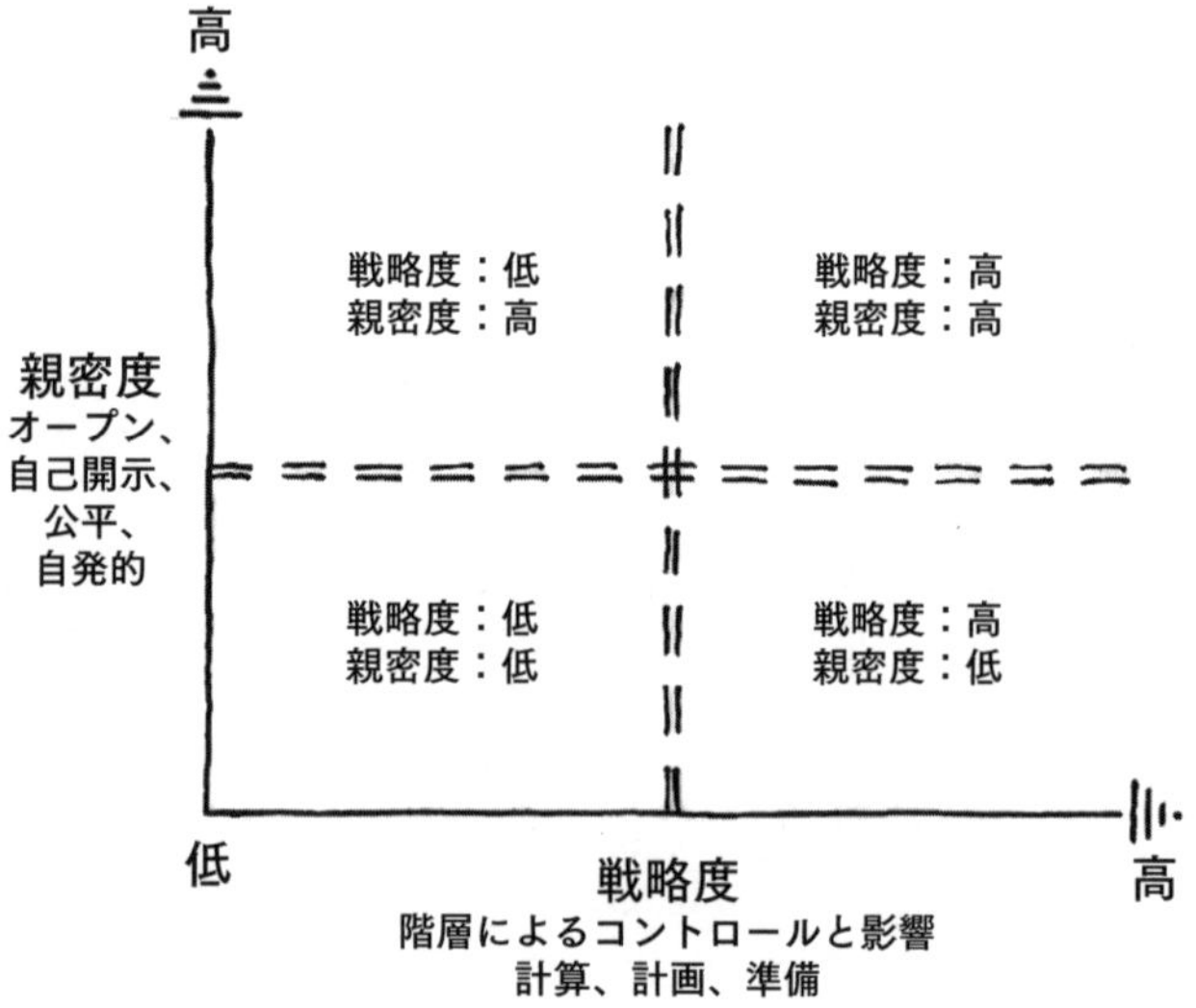

図8-1：相互交流における戦略度・親密度のマトリクス

戦略度：高／親密度：高（右上の象限）

戦略度が高く、親密度が高いような相互交流とは、明確に区分された境界線があり個人的な関係性が見られるものです。

ポジティブな面としては、リレーショナルコーチングのアプローチや、治療的な医者と患者の関係といった状況があります。深い個人的なラポールと信頼の構築に重点を置きながら、その関係は倫理的で構造的な枠組みの中にあります。自己開示や自発性、感情のやり取りに重点を置くゲシュタルトアプローチは、こうした関係モードと非常に相性が良いと言えます。顧客との関係を重視して商品やサービスを販売するリレーションシップセリングの方法は、この組み合わせを用いた使い方です。

ネガティブな面として、誘惑、といったことがあるでしょう。戦略的な目標を満たすための隠れた動機を持ち、親密でありながら疑似的な友情が生まれます。また、オーセンティックでオープンであることを重視する組織文化の職場では、見かけ上友好的でありながら裏で何か別のことが常に進行しているような状況になると、混乱が起こります。極端な例として、カルトや狂信的宗教・政治団体を挙げることができます。こうした団体では、きわめて戦略的な目的を達成するために、感情的な親密さと操作を通じて新人たちが「洗脳」されています。

◆コーチングのヒント

コーチは、クライアントをサポートする自分の役割を、常に自覚していなければなりません。関係が「親密」になっていけばいくほど、常に冷静に、戦略的な点から、コーチングにおける境界の維持の必要性を確認していかなければなりません。コーチが関係性における戦略的な面から足を踏み外してしまうと、倫理的逸脱が起こってしまうのです。判断が難しい場合には、常にスーパービジョンでサポートを求めましょう。

言語スタイル

このモードの特徴としてよく挙げられるのは、お互いを受け入れているような表現、たとえば「私たちは〜」という言い方です。これはコンフルエンスにつながり、自分のアイデンティティや個性を放棄してしまうリスクがあります。こういった場合、「私は〜と感じることに気づいた」といったゲシュタルトの介入が役に立ちます。関係性の「観測者」の立場を崩さないようにしながら、感情的つながりを失わずに安全な距離を保つようにします。コーチング関係における、境界を保った親密さを大切にしながら倫理的でもあり、この言語構造は効果的です。

また、「あなたは〜のようだと私は感じます」という言い方もよく使われます。しかしどことなく操作的です。この言い方は感情的な親密度を高めるように見えますが、実は意見や考えを装っています。

相互交流のスタイル

温かく魅力的であり、感情のコントロールは一方の人物に握られています。片方が自己開示を求められますが、もう片方はそうではありません。実質的には偏った親密さと言えるでしょう。

戦略度：高／親密度：低（右下の象限）

高い戦略的な行動と低い親密度が重なった関係モードでは、冷静で政治的、よそよそしく、計算された相互交流になります。認知的な評価や客観視が多く発生し、距離を置いた関係です。これは業務を最優先にするシニアレベルの男性リーダーに多く見られます。きちんとした明瞭なコミュニケーションが行われる状況であれば、それぞれの立ち位置や何が求められているかがわかりやすいという面もあります。このモードは、たとえば、消防士や外科医、兵士、難しい事業判断をしなければならないエグゼクティブ〔経営層や上級管理職〕など、緊急事態や危機的状況ではうまく機能します。研究者やアナリストも、客観的なデータを集めるためにはこうした態度が望ましいでしょう。

一方、冷たく操作的とも言えるため、団体や会社の雰囲気がそうなっていると、メンバーは気を許すことができず、自分の考えを表に出すときはよく考えてからにしなければいけない、ということも起こりがちです。ストレスフルで疲れやすい環境と言えるでしょう。

◆コーチングのヒント

このスタイルは、認知行動的なアプローチのコーチングと言えます。コーチは何かの技術力を持つ専門家となり、合理的なプロセスと構造を通じた学習が重視されます。クリーン・ランゲージ〔聞き手の先入観や前提によって誘導することなく、話し手自らが深い気づきを得ていくことをサポートする技法〕のようなアプローチでは、特定の言語スタイルで非常に正確な反復を行う必要があります。これはラポールや信頼が形成されていないということではありません。コーチとクライアントの親密度が焦点になっていないということです。
これは、ゲシュタルトコーチングではあまり使われないスタイルです。クライアントが非常に理性的であるか、政治的な組織環境で働いている場合に限って用いられることになるでしょう。

言語スタイル
コーチの言い方は、「～である」や「～するものである」といった人間的なものではなく、注意深く、また遠回しな言い方が多くなります。クローズドクエスチョンが多く用いられるようになり、「なぜ～でしょうか」のような開示を伴わない質問が多くなります。
誰かと話すというよりも、何か「について」話すことが多くなり、距離感や疎外感が生まれることもあります。また、「人は～」や「～ということは一般的ですが」のような一般化もよく用いられます。

相互交流のスタイル
やり取りには距離感があり、形式的で理性的です。ウィットに富み、思考力を試すような駆け引きになる場合もあるかもしれません。

戦略度：低／親密度：低（左下の象限）

戦略的行動のレベルが低ければ、リラックスした、より自発的な態度が現れます。言動に計画性や懸念がほとんどありません。これに低い親密が重なると、人間関係は表面的、無関心で軽い感じのものになります。このモードのやり取りは、たとえば酒場での雑談、カクテルパーティでの会話、何らかの会合の開始時点の様子、などといったシーンで見られます。その内容は快活な議論のようなやり取りから、深みがなく害もない交流など、幅広い範囲に及びます。

ブレインストーミングなどはこの相互交流の一例とも言えます。ブレインストーミングは、即時にアイデアを出し合うことで議論のリスクを下げ、解決策を作り出すために活用されます。多くの専門領域のコンサルタントは、組織を分析し効率的なコストや利益の分析などを行うために、この手法を使っています。

◆**コーチングのヒント**

コーチングでこのモードになることはあまりないでしょう。セッションの開始時の雑談やアイスブレイクとしてはこうしたやり取りもあるかもしれませんが、コーチは常に何らかの特定の役割を担っていることについて自覚的でなければなりません。維持するべき境界についても明確に理解している必要があります。戦略的な面を維持することは重要です。

言語スタイル

「人は〜」や「〜である」、または「あなた」という言葉(2)が使われます。単刀直入な物言いで、何かについての言及が多くなります。

相互交流のスタイル

警戒したり注意したりする必要がないので、やり取りは率直で直接的です。軽い感じであることも、張り詰めた感じがすることもありますが、考え方やアイデアを表現する自由が感じられるものです。

戦略度：低／親密度：高（左上の象限）

親密度が高く戦略度が低いという組み合わせには、温かく開かれた雰囲気と、相手に自然に呼応していく特徴があります。このモードは親密な友情や愛情を感じるような関係や、長く継続する信頼できる仕事上のパートナーの関係などに見られます。親子関係においては、戦略度には高低がありますが、このやり取りがよく見られます。

このモードの最も極端な例は恋愛でしょう。理性的な考えや打算がなく、完全にオープンな関係であり、情熱やつながりを完全なものとしたい、という感情を伴うものです。

ゲシュタルトアプローチの中心である対話の概念もまた、このモードによく当てはまります。これは対話を、神秘的な「我と汝（I—Thou）」の出会い、と表現したマルティン・ブーバーの哲学[3]に基づくものです。ここでは、立場や役割を持たず、また客観化することもなく、全体的でオーセンティックな関係を強調する深い相互交流があります。

量子物理学者であるデビッド・ボーム[4]は、より理性的な考え方を取り入れ、ボーミアンダイアログと呼ばれるプロセスを生み出しました。これはあらかじめ用意された目的やアジェンダを持たず、思考の動きや異なる信念の理解に対する考え方を認めることを探求するという、共に考え思索を深めるプロセスです。

このモードのネガティブな面は、「木を見て森を見ない」状態になっていて、過剰に関与しすぎてしまうような人に現れがちです。こうした人はコンフルエンスの状態に陥り、個人の感情や感覚が暴走して判断が鈍ったり、自分の好みで対応したりしてしまうなど、合理的ではない判断をする場合があります。

◆コーチングのヒント

親密度が高い状態を作り出すのは、ゲシュタルトコーチングにおいては、ラポールの形成という面から重要であると言えます。しかし一方で、コーチは戦略度が低いことについてのリスクを理解していなければなりません。たとえば、関係性の親密度を考えれば、クライアントに対して恋愛感情を持ってしまうということも考えられます。そうした感情にはスーパービジョンを通じて対処し、コーチングのフレームワークを考え直さなければなりません。

対話はコーチングそのものです。しかし、ブーバーやボームの考え方では、役割や構造が存在しないことに重きが置かれており、純粋に自発的な対等性が強調されています。私の経験では、コーチングの関係性においてもこうしたことは起こり得るものであり、強力で建設的、ときには魔法のような効果をもたらすこともあります。しかし、あくまでもこれはコーチング関係という境界内で起こるものです。

言語スタイル

「私」や、二人称としての「あなた」といった非常に個人的な表現が使われ、何について話すかよりも、対話的に誰と話すかが重要になります。

相互交流のスタイル
感情を共有するやり取り、身体的な近さ、誠実で正直なコミュニケーションなどさまざまです。愛情のある友情、握手やハグといった温かい身体的な接触などがあります。

効果的な相互交流のポイント

人間関係の相互交流が健全で効果的に機能するためには、組織内においてもコーチの立場としても、次の両方が必要です。

1. 自己の気づき：自分がどの象限にいるかについての気づきと、適切なタイミングで象限間を移動する能力
2. 環境の気づき：他者がどの象限にいるかについての感受性や適切な状況判断能力、そしてコンタクトのサイクルを活用する能力

自己の気づき

効果的な相互交流をしていくためには、感情的、認知的に適切な反応をしていく能力が必要です。たとえば、信頼している同僚やクライアントに対しては親密かつオープン（戦略度が低く親密度が高く）に接するか、対応が難しいクライアントや競争的な契約交渉では、注意深く戦略的（戦略度が高く親密度は低

く）にふるまう必要があります。

このとき、互いの境界を維持することも重要です。不適切な親密さや過度の距離感（過去の問題に固執することなど）につながる感情を抑制する必要があります。

パーソナリティやジェンダー、成育環境や文化によって、私たちは自分が好む相互交流のスタイルを持っています。しかし、自己開発を通じて古い習慣を打破し、可能性を広げることが重要です。同時に自分の限界を意識し、妥協によって自分の完全性を失わないように、気をつけることが大切です。

環境の気づき

効果的なラポールを築くことは、チームや他者への気づき、すなわち、相手の気持ちや態度の変化に敏感になり適切なレベルでそれに対応することを意味します。たとえば、余剰人員についてマネジャーと会議をしているときに、興奮していたり、なれなれしかったりするというのは良いふるまいとは言えません。同様に、職場の和気あいあいとした何かのイベントに参加しているのに、常に一歩引いたような堅苦しい雰囲気でいるような上司は、部下に距離感を感じさせてしまうでしょう。

連続的経験のフローとの一致

連続的経験のフローのフェーズには、感覚〜気づき、活性〜行動、コンタクト、解決〜離脱の四つのフェーズがあります。関与する人々と関係性によってつながりの質は大きく異なってきます。これらのフェーズを戦略度と親密度のマトリクスと合わせて理解することで、状況に応じてやり取りの順序を特定できます。

感覚～気づきのフェーズ

他者との関わりが発生する瞬間や初期は、未知の好奇心があふれています。親密度が低く戦略度が高いため、知らない人との出会いの場面では恥ずかしさや警戒、慎重さなど、形式的な社会儀礼としての握手、形だけの挨拶などが特徴的です。よく知っている信頼している人とは、より低い戦略度で関わり、チークキスやハグをしたりします。

ここから、会合や交流の目的について掘り下げたり、何が期待できるかを考えたりすることにつながります。親密度と戦略度のふるまいの度合いは、その関係性がどのように発展していくかによって変化します。

◆**コーチングのヒント**

温かみのある挨拶と親密性の高い言動が含まれるとよいでしょう。ラポールを築くために、温かい挨拶や相手を気づかう質問をする。同時に、セッションのためのデータ収集のために、クライアントがどのように反応しているかを観察するという、戦略的な行動も考えられます。こうしたことが、セッションに入るための客観的状況設定となるでしょう。

活性～行動のフェーズ

お互いのニーズや意図を理解し合い、それに基づいて行動する方法を探し求めるというフェーズです。これによってエネルギーが活性化し、親密度が増加する可能性があります。戦略度のレベルは、関係が上下関係のような階層であるかどうかと関連しています。上司にとって、これは提示されたアイデアや提案におもしろさを感じつつ、相違点や対立、相反する利害関係を特定し、どのように関わっていくかを考える、といったふるまいとして現れるかもしれません。

◆コーチングのヒント

クライアントの行動とコンタクトに向けて活性していくエネルギーのレベルはコーチのそれと調和し、親密度が高まります。ゲシュタルトコーチの戦略的なふるまいは減少し、感情的で理性的なコンタクトと「ブレイクスルー」をサポートします。ただしコーチは、その介入を行っている理由や方法についていつでも意識的（戦略的）である必要があります。

コンタクトのフェーズ

関わりはだんだんと持続的なものに変化していき、ニーズや意図を満たし、個人的でオープンなモードになっていきます。緊張が解放されたりエネルギーが発散されたりして、親密度が高まりつながりの機会が生まれ、戦略的な要素がさらに減少していきます。つながりの感覚が最高潮に達すると、幸福感と喜びの感覚が生まれます。つながりの強度は、それまでのやり取りと親密さのレベルに従って変わります。
組織のマネジメントであれば、チームや部下の仕事の成果を認め表現することが、このフェーズの例です。難しい問題や痛みが伴った場合は、その努力を評価し承認することになるでしょうし、楽しい問題であれば、成功を喜び楽しむことが適切です。

◆コーチングのヒント

ゲシュタルトコーチのクライアントとのやり取りは、良い上司のそれに似ています。クライアントが解決に向けて取り組んでいる問題に関連して、適切な親密度をもって寄り添うことが必要です。たとえば互いに労力をかけて最後までやり抜き大きな結果が見えたとき、戦略的な関わり方は一時的にストップし、ブーバーが言うような「我と汝」の瞬間を経験することもあるでしょう。

解決～離脱のフェーズ

このフェーズは、やり取りが解決や終結を迎え、相手から離れて離脱していくフェーズです。離れるプロセスで親密度が徐々に薄くなっていき、分離された立場の視点が回復し、「次のこと」に目が向くようになります。これまでのステージが満足のいく形で消化されていれば、親密さは低くなり、戦略的なふるまいもまた低くなりますが、満足感、公平感、親密度は、問題を手放していく際にも、維持されます。

組織のマネジメントであれば、何が達成され、何が達成されていないのかについて、共通理解を確認する活動、といったことが考えられます。

◆コーチングのヒント

これは完了の段階で、物事が「沈み込んでいく」休息のフェーズでもあり、課題に対するエネルギーや関心は減少していきます。何が起こったのかの理解を確認したり、何を学んだのかを明確にしたりすることが焦点になるでしょう。親密度が高く戦略度が低い状態が徐々に変化して、ふるまいにおける戦略度が高くなっていきますが、これは注意を他の問題やタスクに向けるようにするためです（たとえば、開発や実践、行動計画の作成など）。

戦略的なモードに手放しで移行することに、困難を感じる場合があります。これは親密度が高すぎたことを示す重要なサインです。こういった場合はスーパービジョンによって解決し、関係性の中で何が起こったのかを、明確に理解するように努めましょう。

第3章で経験のフローについて述べたとおり、フローがどこかの段階で中断されたり、未完了のまま放置されたりすると、不満やフラストレーション、モチベーションの低下が起こり、結果として生産性に影響が出ます。クライアントがこうした中断を経験している理由は、生活の中で親密度と戦略度の関係性のバランスを欠いている可能性があります。

コーチとクライアントとの、関係の保ち方に原因がある場合もあります。適切な戦略度と親密度のバランスを保ちながら、それぞれのステージでのやり取りを理解し、促進していくことが重要になります。同僚と一緒にふり返りをすることや、スーパービジョンを通じて自分を見つめ直すことが有効です。こうしたことで、次のセッションではどうふるまいを変えるべきか、ヒントを得られることもあるでしょう。

まとめ

ゲシュタルトアプローチでは、最適なコンタクトを実現するためにクライアントとの関係において、私たちがどのように順応するかということに、特に重きが置かれます。相互交流には二つの関係性があります。

1. 親密な関係性：公平、オープン、自己開示、自発性に基づくもので、信頼している仕事仲間などとの関係性。
2. 戦略的な関係性：階層、計算、計画、準備に基づくもので、何かを負う側は相手を気づかう責務や責任を持つ。上司や教師、親などの関係性。

この二つの軸を交差させることで、二次元的なマトリクスを得ることができます。このマトリクスは、それぞれの次元の高低によって以下の四つの象限が表されています。

戦略度：高／親密度：高

- 境界線によって明確に分かれていて、条件付きでありながら、同時に個人的な関係が生まれる。

- ポジティブなシーン：関係性に基づくコーチングのアプローチや、治療としての医師と患者の関係性など。ラポールを形成し、個人間の深いレベルで信頼関係を築いているが、倫理的および構造的なフレームワークの範疇に収まる。
- ネガティブなシーン：誘惑的で戦略的な目的を達成するという下心があり、一見親しそうな、疑似的な友情を築く。

戦略度：高／親密度：低
- 客観的で、計算が絡むようなやり取りになる。
- ポジティブなシーン：誰もが自分の立場や何を期待されているかを理解しており、非常事態や危機的状態にも効果的にふるまうことができる。
- ネガティブなシーン：一挙手一投足に注意深くしていなければならないといった大きなストレスがかかる職場環境など。

戦略度：低／親密度：低
- リラックスして自発的な態度が見られ、発言内容や行動についても気にする必要が少なく、懸念もほぼない。人間関係は表面的で、深いものではない。
- ポジティブなシーン：結果を考えずにアイデアを出していける。
- ネガティブなシーン：やり抜く気持ちや誠実さがなく、受け入れるか放棄するか、といった投げやりな態度が見られる。

戦略度：低／親密度：高

●親密な友情や友愛を感じさせる人間関係。長きにわたる信頼関係が築かれた仕事のパートナーとの関係など。

●ポジティブなシーン：個人間の深いやり取りが行われるような対話や会合。最も極端な例としては恋愛関係。

●ネガティブなシーン：過度に関わり、個人的な感情が制御を失い、相手との境界が曖昧になり、正常な判断ができない。

効果的な相互交流のポイント

健全で効果的に機能するために、組織内の個人あるいはコーチは、次の二つの要素を持つ必要があります。

●自己の気づき：各象限のそれぞれにおいて、さまざまな反応ができて、適切なタイミングで象限間を移動する能力

●環境の気づき：相手の立場に敏感になり、特定の状況に適切な象限はどれかを判断し、コンタクトのサイクルを進めることができること

第9章 チームとグループのコーチング

チームコーチングの考え方は比較的新しく[1]、ゲシュタルトアプローチのチームコーチングへの応用は最先端であるとも言えます。この章では、本書で述べてきた基本的な原則を、グループやチームのコーチングにどのように応用できるかを見ていきましょう。

チームとグループ

一対一のコーチングとグループのコーチングとの間には、いくつかの重要な要素の違いがあります。まずグループでは、コンタクトと離脱（第2章参照）のプロセスにおいて、気づきを高めることやそれに対処していくことが簡単になります。これは、グループのメンバー同士で直接、互いのコンタクトのあり方を探求できるためです。

グループが大きければ大きいほど、複数の見方が生まれ、考えるべき課題も多くなり、複雑化します。

これにより、関心の図が複数生まれる可能性が出てきます（第2章）。

一対一のコーチングは二人で行われますが、グループでワークをする場合は、その部屋の中に、実際に機能しているシステムが存在することになります。これによってシステム的なプロセス（グループ全体とサブグループ、およびそれらの相互作用）にその場で気づくことができ、それらに直接働きかけることが可能になります。

本章ではこうしたテーマについて掘り下げ、ゲシュタルトコーチングの原則を一対一のフォーマットからグループコーチングに応用する方法について確認していきます。ここに紹介するアプローチはグループにもチームにも応用が可能ですが、チームというものの本質、チームとグループの違い、またそれがゲシュタルトのチームコーチングにとって何を意味するかについては、少し説明を加えておく必要があるでしょう。

チームとグループの違い

チームは目的を共有しており、共通のゴールを持っています。また、これを達成するためにそれぞれが独自に、しかし協力してある程度の期間、共同作業をしていくことが求められます。パフォーマンスが高いチームでは、個人が個別に達成するよりも、はるかに大きなことを協力して成し遂げていきます。もちろん、こうした機能的なシステムを作り維持するためには、関わる人たちの相当なコミットメントが必要です。

グループは情報共有や作業を共同で処理することはあるものの、相互依存していない個人の集合です。いったんその場を離れると、全体に対して、または共通の目的に対して、誰も責任を負いません。多くの組織はグループとチームを混同しています。たとえば、組織全体の戦略や目的を共有していて同じリーダーに対する報告義務があるが、相互につながっておらず共通の上司を持っているだけ、という集まりはチームではなくグループであると言えます。

ただし、ミーティングのようなとき、各個人の間では他者に対するさまざまな要求が出てきます。これはチームであってもグループであっても同様です。したがって、ゲシュタルトの観点（交流や、今、ここに焦点がある考え方）の理論や実践は両方に適用可能なものとなります。

本章では単純化のため、チームという言葉にはグループも含まれるものとします。

チームにおけるコンタクトとその中断

チームとワークをする場合は一対一のコーチングよりも、コンタクトと離脱のプロセスの気づきを高めたり、それに働きかけたりするほうが容易です。コーチは、チーム内の交流のパターンに注意を払い、チームのメンバーが互いにどのようにコンタクトしているか、といったエンゲージメントの質や、そのコンタクトがどのように妨げられているかを、現場で観察することができるからです。

◇実験

自分がその一員となっている、またはコーチあるいはファシリテーターとして関わったことのあるチームのことを考えてみましょう。

そのチームが「フロー」の状態にあったと感じられた瞬間を思い出してください。フローとは、誰もが関わっており、エネルギーのレベルが高く、物事の進行がスムーズで、違いも認められるが、むしろそれが創造的に働き、良い結果を目指してまとまっているような状況です。それを実現できていた理由として、どんなことが考えられるでしょうか。それはどんなもので、どのように感じたでしょうか。

第3章で扱ったコンタクトの考え方を思い出してください。それをチームに応用しようとする場合、コーチはチームが興味を持つ対象に的を絞り、それと関わっていけるような状態を目指してワークをしていきます。もしチームが自然に労せずフローの状態になっていれば、直感的に（正しい）選択をしていくことができます。全体としてエネルギーが活性化され、明確で意味のあるコンタクトを取るために、互いに適切な行動をとることができるでしょう。つまり、チームは創造的に状況に順応できるのです。さらに、チームが組織内で特定の目的を持っている場合、コーチは、チームがより広い視野で見たときの重要なステークホルダーとどのようにコンタクトしているか（あるいはしていないか）に注意を払う必要もあるでしょう。

このように、チームコーチの役割は、チームの中でより良いコンタクトが生まれてくるために気づきを高め、適切な結果に向けてエネルギーを活性化することにあると言えます。先ほどの実験のチームについて考えてみると、少なくとも上記のいくつかが当てはまっているのではないでしょうか。共通の興味関心や、誰もが確かだと思う結果に向けて健全なやり取りが行われ、エネルギーが高まっていたはずです。

◇**実験**

ここで、まったく違うときのことについて考えてみましょう。そのケースで実際に起こったことを、あなたはどんなふうに説明や描写をするでしょうか。結果につながったこととして、どんなことが起こっていたでしょうか。それは、あなたにとってどのような意味合いのことだったでしょうか。

おそらく、結果につながった要因は複数あったはずです。まず、第4章で扱った「コンタクトの中断」についてふり返ってみましょう。チームが新たに結成されたものでなければ、どんなチームにもそれぞれ歴史が存在します。チームのメンバーはそれぞれ特定の役割を担っているなど、習慣化された関係のあり方を持っています（たとえば議長や書記のような明確な役割もあるかもしれませんし、常に反対意見を言う人など、あり方の役割であることもあるかもしれません）。これらが固定化すると、コンタクトや創造性が妨害され、チームが環境に対して健全に順応できなくなることがあります。

このとき、チームコーチの役割は、コンタクトの中断の原因となっている、チームのパターンについての気づきを高める手助けをすることです。

◇**実験**

ここでまた自分のチームのことを考えてみましょう。そのチームのメンバーが、あなたと一緒に今この部屋にいると考えてください。彼らはどんなことを言っているか、またどんなものを見ているか、想像してみましょう。その上で、次の質問について考えてみましょう。

イントロジェクション

「〜するべき」や「〜であるべき」、「〜でなければならない」といったようなパターンにはどんなものがあるでしょうか。チームのメンバーは、他のメンバーに対して、あるいは他のチームに対して考えている「どうあるべきか」というルールにはどんなものがあるでしょうか。

プロジェクション

チームのメンバーが互いに、または他のチームに対して、自分たちの感情を相手に投影しているようなことはないでしょうか。

- 誰が責められているでしょうか。
- 誰が尊敬されているでしょうか。
- 誰についての不満が多いでしょうか。

たとえば、「取締役会での問題は、いつもあの人たちが〜」のような言い方はないでしょうか。

レトロフレクション

- チーム内で、フラストレーションや怒りの対象が他のチームにあるようなとき、どんなことがふるまいとして表れるでしょうか。
- チーム内で、互いに責任を押しつけ合っているようなことはないでしょうか。それに対してどのようなやり取りや応酬があるでしょうか。これは、他のチームと関係するとき、どのようなふるまいとして表れるでしょうか。

コンフルエンス

●グループは、いつ集団思考（集団内で意見がまとまりそうになったとき、メンバーが異なる意見や批判を抑えてしまう現象）に陥り、個人の意見の豊かさを失ってしまうでしょうか。
●別のチームと、疑問を持たずに「同調」しているのは、どんな場合でしょうか。
●チームの中で、暗黙の了解、あるいは無意識に「難しい問題」として言及を避けてしまっているような話題はないでしょうか。

チームがこうしたパターンに気づいていくことをサポートするため、このような中断を浮き彫りにするため、アクティブな実験への参加を提案することもあるでしょう。こうした実験の具体例については、本章の後半で解説します。

複数の経験のサイクル

ここでもう一度、チームの例に戻ってみましょう。この例ではゲシュタルトチームコーチングの複雑さを見て取ることができます。一対一のコーチングでは、その部屋の中に経験のサイクルは（コーチとクライアントの）二つしか存在していません。しかしチームをコーチングする場合には、複数の経験のサイクルが発生しています。

これが意味するところは、同じチーム内の出来事であっても、メンバーそれぞれの経験のあり方は異なるということです（人は異なるものを見聞きし、異なるつながりを持つ）。エドウィン・ネヴィスは、「各々が注目する対象は異なるし、各々が自分の意識の内側に取り入れるものも異なる」としています[2]。これは、人間はみな、独自の存在であるからです。

図と地のリンク

私たちにはそれぞれ、個別の歴史や過去の経験、希望や不安、前提とする考え方などがあり、私たちは（無意識に）こうしたフィルターを通じて新たな出来事を解釈しています。チームミーティングの場で自分にとって「図」として現れてきていることは、他の人の「図」とは異なることがあるのです。

こうしたフィルターを総合して、個人の「全体的状況」と呼びます。この意味するところは、私たちを取り巻くあらゆる状況において、私たちにとって明らかであること（つまり、地に対する図となっていて、そこから意味を得ることができる対象であること）は、この特定の状況の組み合わせにおける個人の全体的状況から生じるものであるということです。

さらに、これまでコーチングのプロセスにおいて「抵抗」と考えられていたものは、ゲシュタルトの視点から見てみると、さまざまな欲望やニーズからなるシステムと見ることができます。

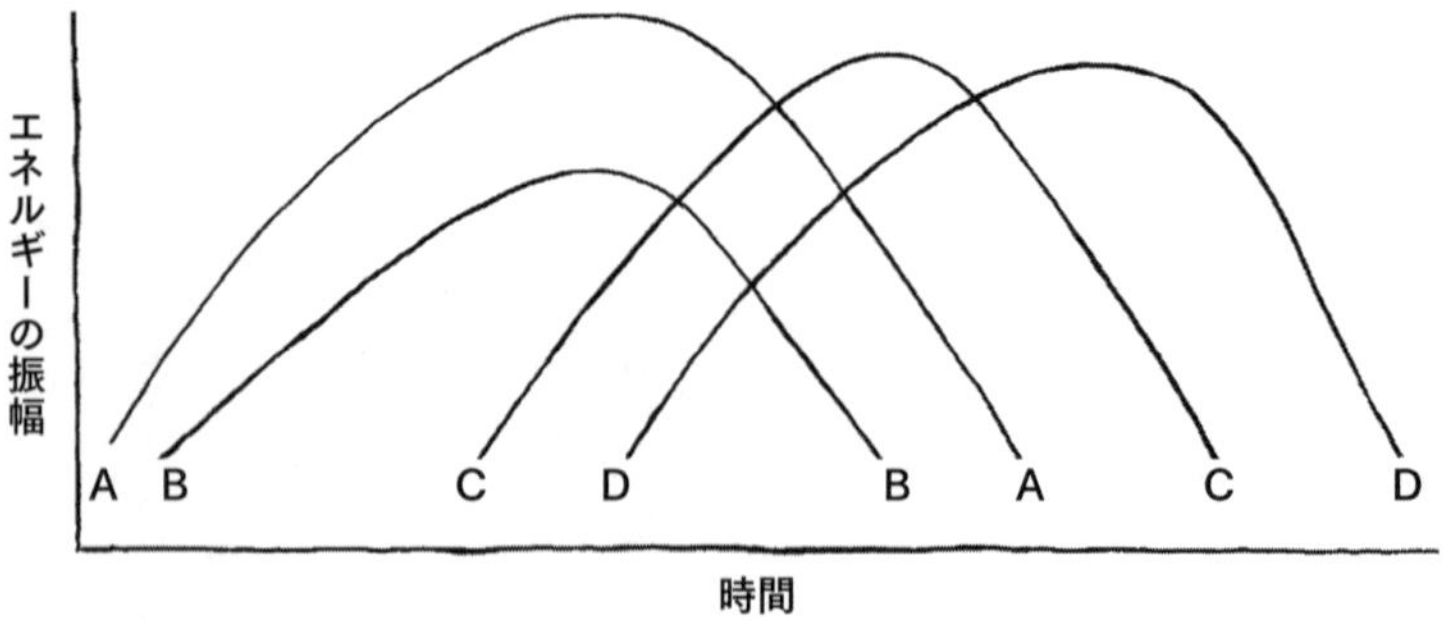

図9-1：ばらばらのチーム[4]。活性、コンタクト、完了のサイクルが、異なるタイミングで、異なるエネルギーレベルで進行している

コーチングでクライアントの意識を高めるプロセスを進めていく際には、関心の図が地から浮き出るようにして、意味のある解決に向け、エネルギーを活性化していくことが求められます。では、対象がチームのとき、つまり経験に大きな差が個々あるような相手が対象の場合には、どうなるのでしょうか。ジョセフ・ジンカーとソニア・マーチ・ネヴィス[3]は、経験のゲシュタルトサイクル（第3章参照）についてのクリーブランド・ゲシュタルト研究所の研究をもとに、小規模なシステムにおけるこのプロセスを説明するための「経験のゲシュタルトサイクル」を開発しました。これは、チームにとって意味のある結果につながるような、強力で共通の図をチームが得られるようにするために、コーチは何をするべきか、ということを目的とするものです。

◆コーチングのヒント

ゲシュタルトコーチングにおいて最も重要なことは、そこで起こっているプロセスを信頼し、自信を持って寄り添うことです。このことは、チームメンバー間で温度差があったり不和があったりするような状況では特に大切です。従来のチームビルディングのやり方では、合意を押しつけるようなこともあり、十分に現れていない弱い図を中心にチームがまとまってしまう、ということもあります（特にコンフルエンスの傾向があるチームにおいて）。その結果、成果に対するコミットメントの低下にもつながってしまいます。そこでゲシュタルトコーチには、次のようなことが求められます。

1. 「今、ここ」でチームと向き合う。たとえば、「今、みなさんの間に何が起こっていますか？」
2. チームのメンバーが何を考えているか、また議題となっていることについてどう思うかなどを開示してもらうよう常に働きかける。
3．メンバー同士の真の対話を促す。例：「レズリー、今ポールが話したことを聞いて、あなたにどんなことが起こりましたか？」
4．言葉になっていない「欲求」を聴き取り、メンバーに対して自分たちが何を求めているのかを、より直接的に明瞭な言葉にしてもらうことを提案する（多くの場合、不平不満は姿を変えた欲求）。
5．あなたのプレゼンスや存在感を活用してチームで起こっていることに注意を払う。自分にどのような反応が起こっているか、どのようなイメージが浮かんでくるかなどを注意深く観察する。それらのいくつかをチームに共有して、チームで何が起こっているかについてメンバーが気づく手助けをする。たとえば、「この会話を聞いていて、またみなさんのふるまいを見ていて、餌を奪い合うムクドリのようなイメージが湧いてきました。今みなさんが自分自身の経験を説明するとしたら、どんなイメージが出てくるでしょうか？」

居心地が悪いと感じてもこのプロセスに留まりましょう。ネヴィスが言うように、「このフェーズの目的は、可能なかぎり完全かつ最も広い意識のまとまりを得ること」なのです。(5)

こうしたアプローチは、これまでに解説された重要なゲシュタルトの原則のいくつかを用いたものとなっています。第2章で、高いレベルの気づきを得るために、「現在に存在する」こと、「今、ここ」で活動することを解説しました。第8章では、クライアントとうまくコンタクトを行うための重要なプロセスとして、対話と開示について解説しました。チームコーチは自分自身の内側のこうしたプロセスに注意しながら、こうしたスキルのロールモデルを、まさに「今、ここ」で試すようにチームに働きかけていくのです。

チームがやりとりを重ねていくと、それぞれの個々の経験やプロセスが一つになっていきます。もしチームメンバーが、先に説明したプロセスに積極的に参加すれば、新しい意識から生まれるエネルギーが新しい関心の対象を生み出します。この関心の対象は、ひとりの人物の産物ではなく、グループ全体が共同で開発し合意したものです。

チームコーチの主要な役割は、チームが新たな「意味」を見出す手助けをすることです。これは、チームの活動について各メンバーが持っていた意味を超えたものです。意味の創造は、ゲシュタルト哲学の核心です。

「今、ここ」で起こる意味づけ

意味づけには、チームコーチングに関連した別の微妙な側面があります。前述のとおり、チームで発生することに対する各メンバーの経験は異なり、何が図となるか（私たちが意味づけするもの）は、各メンバーの独自の影響を受けて形成されます。各チームメンバーが自身の個別の状況や経験から持ち込むものに関係なく、「今、ここ」において、そのチームによって意味づけが共有されていくことを、チームコーチは常に意識していなければなりません。

過去が思い出されるのは「今」の瞬間においてであり、未来が空想されるのも「今」の瞬間です。どちらも、今の状況の一部なのです。過去がどのように想起されるかに影響を与えるのは、現在の状況なのです。チームコーチは、チームが今、過去をどのように思い出しているか（再構築しているか）に関心を持てるよう、サポートする必要があります。

◆コーチングのヒント

チームコーチは、チームの苦労話や空想、将来への希望といったことに真摯に耳を傾け、それらを現在の意味づけに役立てるよう支援をしていきます。その苦労話が出てきたとき、それは今、ここで、このチームにとってどんな意味があるでしょうか。チームのそれらの物語、空想、そして希望について、コーチは能動的な実験を通じて探求し、チームの意識を問題の本質に向けることを促していきます。

例

コーチ 「合併前はこうだった」という話を多くのみなさんから何度も聞いています。このことを掘り下げるのが役立つかもしれませんので、少し試していただきたいことがあります。まずみなさん、立って、互いの位置関係を考えながら部屋の中を動き回ってみてください。そうして、合併前の自分のことを考えて、それを物理的に表す場所を見つけてください。正解だとか不正解だとかということはありません。ただ、発見の機会と思ってください。

(チームメンバーは動き回り、立ち止まったり、また動いたりして、自分なりに良い立ち位置を見つける)

コーチ ではここで、ひとりずつお話を伺いたいと思います。そこに立ってあたりを見渡して、どのようなことを経験していますか？

ポール ブライアンとレズリーが私から遠いように感じます。

コーチ それを言葉にするとき、どんなことを経験していますか？

ポール ちょっと腹立たしく感じますね。

この時点で、コーチはいくつかのことを実践できます。

- 個人内のレベル：ポールに対して、コーチがチームの他のメンバーの話を聞いている間、感じる感覚を逃さないようにしてもらう
- 個人間のレベル：ポールに対して、その感覚をブライアンとレズリーに直接言い、それが彼らにどんな影響を与えるかを発見してもらう
- グループのレベル：このやり取りが、グループのダイナミクス（行動、相互作用、関係性）をどのように反映しているかを聞いてみる
- システム的レベル：チーム内で起こっていることと組織全体で起こっているダイナミクスの間でどんなプロセスが並行して起こっているかについて推測する

この実験全体の目的は、合併という変化の後に残され、現在に影響を及ぼしている「未完了の事柄」についての気づきを高めていくことにあります。

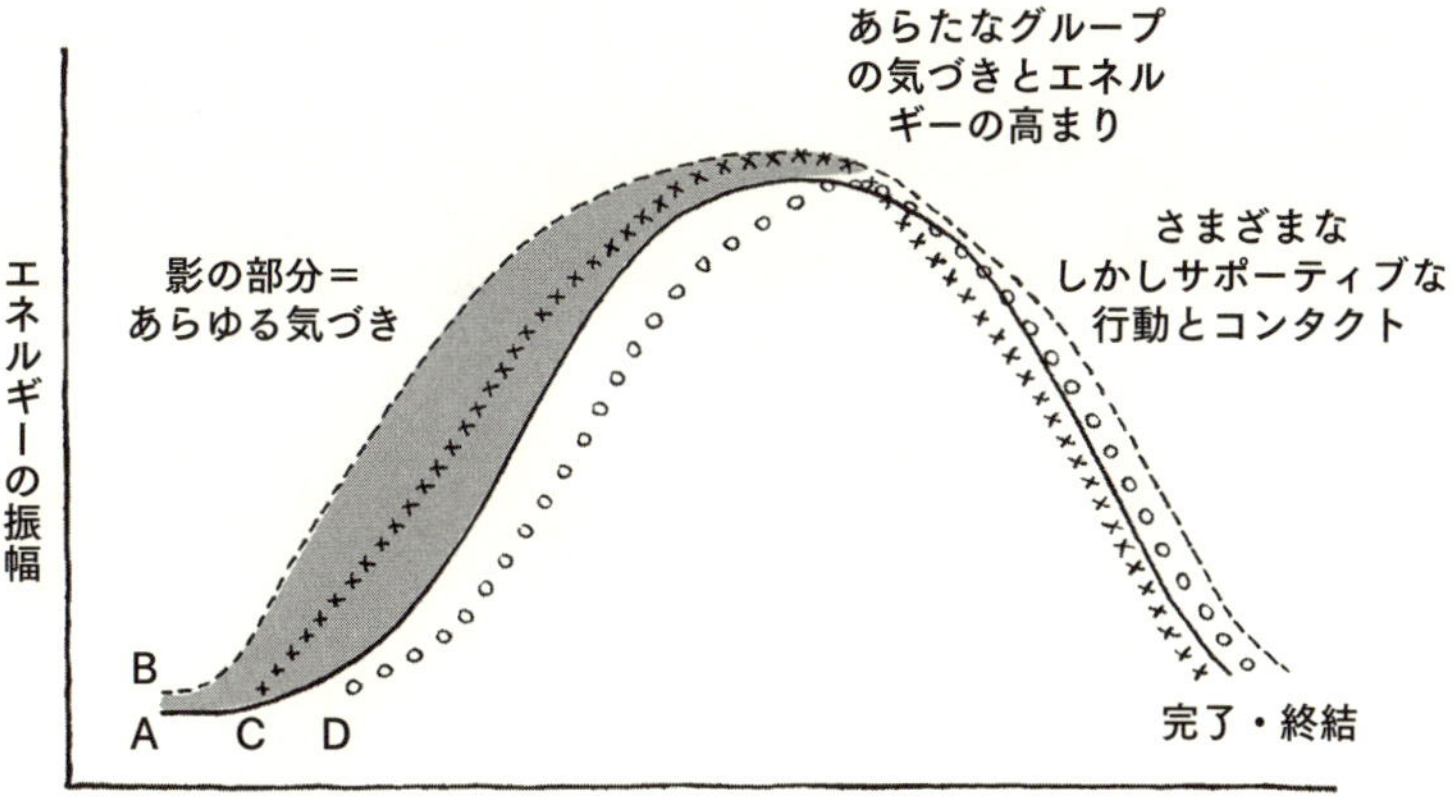

図9-2：統合されたチーム(6)。個人が同じポイントでコンタクトしており、エネルギーに一貫性がある

チームの図が盲点になる場合

前の節では、個々の経験のサイクルが複数存在することが、チームやチームコーチにとってどのような意味合いを持つのか、また、チームが新たな図を得られるようにするために、コーチはどのように働きかけることができるのかについて見てきました。

しかし、ほとんどのチームは、組織全体の大きな文脈の中で今に至る歴史を持っています。チームのメンバーは組織内の他のサブシステム（他のチームや職務など）との関係について、何らかの視点を持っています。そのため、「私たちは～をする立場だ」や、「彼らは～をしている」といった考え方が生まれます。これはある時点における経験に基づいてはいますが、やがて思い込みやプロジェクションに変化してしまい、チーム外の人々とのコミュニケーションを阻害する要因になることもあります。

◆コーチングのヒント

チームコーチの役割は、チームの機能にさまざまなレベルで向き合うことです。（現在の焦点である）チームの内部のレベルで起きていることだけでなく、チームとその環境の重要な側面との間で起きていることなどです。

チームコーチは定期的に、ミクロレベルの相互作用から、マクロレベルの環境を考慮することに、自身の注意をシフトする必要があります。特定の瞬間に、チームの図に何が起こっているかをたずねます。「どんなことが『チームの図』となっていそうですか？」と聞いてみてください。そのとき、チームとそれを取り巻く環境の間で、健全なコンタクトを妨げている固定化したゲシュタルトがないかを確認しましょう。

ここで、自分と関わりのあるチームについて考えてみましょう。

- チームの人々は、他のチームと自分たちとの関係をどのように説明するでしょうか。
- チーム外の人々について話をするとき、どのようなメタファーやイメージが用いられているでしょうか。
- 業務のやり取りで、どの程度、広く深く、チーム外の人たちとコミュニケーションをするでしょうか。
- ほとんど話をしない、まったく話をしない、あるいは話題に挙がらないような人物がいるとしたら、それは誰でしょうか。
- チームがより効果的にふるまうことができるようになるために、どのような関係性のつながりを強化するべきでしょうか。

このチームを今コーチングしているとしたら、どんな実験があるでしょうか。

コーチのプレゼンス

「意味づけは、今、ここで起こるもの」という考え方に立ち返ると、欠かせない重要な要素があります。それは、チームコーチの存在です。

これまで取り上げてきたように、チームコーチングをするとき、コーチはその部屋にいる全員の現実を創り出し、形作る手助けをしています。そしてこの「全員」には、コーチも含まれます。コーチがどのようにふるまうかは、まさにその状況に影響を及ぼし、チームに対しても影響力を持つのです（もちろん、チームのふるまいすべては、逆にコーチに対して影響を及ぼします）。チームのメンバーが（意識的か無意識的か、明言されたか否か、などを問わず）開示する内容は、コーチのふるまいの影響を受けます（これは第10章で扱う、シグネチャー・プレゼンスと関係しています）。

◆コーチングのヒント

プレゼンスとは、チームコーチとしてのプロフェッショナルらしさを超えたものです。自分自身、また自分の仕事において、あなたがどれくらい「地に足がついているか」ということでもあるのです。それは、自分の内側、また今、ここで、自分とチームの間に何が起こっているのかに気づくことができる能力でもあり、その気づきの一部をコンタクトの一つとして、どのようにチームに明瞭に伝えることができるか、ということでもあります。この目的はもちろん、相手の気づきを高めることです。こうしたふるまいが定着すると、プレゼンスはふだんから発揮されるものになりますが、そのためには、いくつかの能力を同時に高めることが必要です。そこで私たちは、チームコーチがプレゼンスを発揮していくためのプロセスを開発しました。以下はその七つのステップです。

プレゼンスを高める

チームコーチがチームをファシリテーションする際、いかにしてそのプレゼンスを発揮できるようになるか、私たちはその取り組み方を開発してきました。図9-3にあるファシリテーションの七つのステップと呼ばれるものです。順に解説していきます。

ステップ1：感覚のチャネルやレンズをどう拡大するか

チームと関わりを持った瞬間から、私たちは自分がすでに持っているレンズを通して相手を見ています（ここで言うレンズ（lense）とは、私たちの「見方」を比喩的に表したもの）。たとえば「健全な組織」とはどんなものかということに対する思い込みやモデル、チームのプロセスを説明するフレームワークなどです。これを踏まえ、ここでは次のことを行います。

- 自分のレンズや思い込み、バイアスについて理解する
- それをいったん脇に置いて、早急に解釈をするのではなく、目の前の「ありのまま」に留まるようにする
- 感覚のチャネルを広げる方法を学ぶ。たとえば、異なる感覚を使って自分の反応に気づくために、チームの内側から外を見て内省する。たとえば、視覚（彼らの非言語的なパターンを見る）、聴覚（彼らのイメージ／比喩を聞く）、身体内部の感覚（内部の反応、エネルギーパターンの経験）など。

ステップ2：データをありのまま受け入れる

データ（事実としての情報）をありのまま受け入れるとは、自分の解釈や評価、仮説、自問自答といったことをデータに対して一切持ち込まないということです。これは、データと推定や解釈、直感を区別

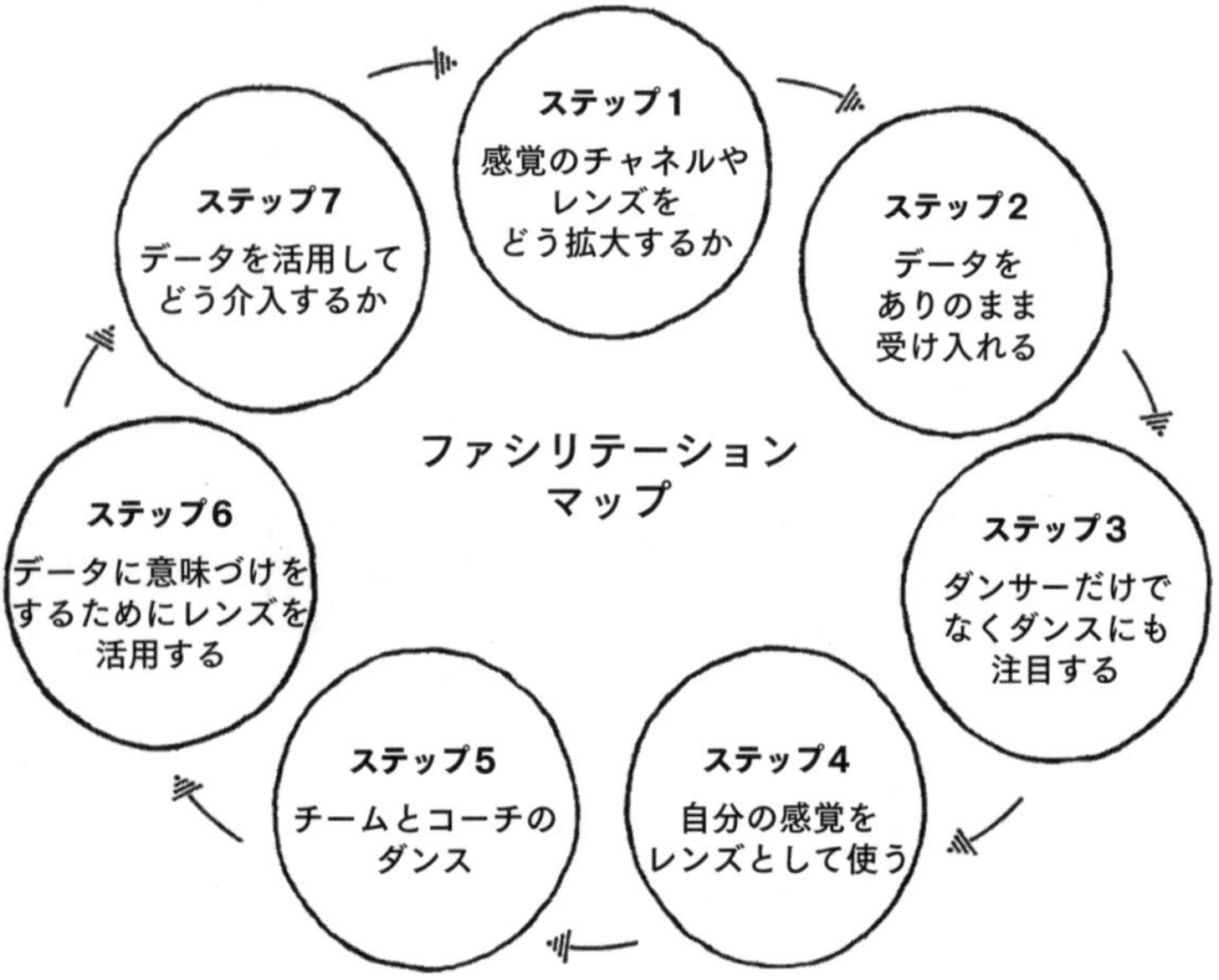

図9-3：ファシリテーションの７つのステップ

するということでもあります。「あるメンバーがいつも同じタイミングでしゃべる」（これは現象の描写）ということと、「あるメンバーが意見を述べたくて互いの話を聞いていない」（これは解釈）ということの違いと言えるでしょう。

ステップ3：ダンサーだけでなくダンスにも注目する

これは「誰がそれを行っているか」だけではなく「（何に合わせて）何が行われているか」にも注目するということです。対象が目に入り、ただ「見て」いるだけではなく、意識的に「見つめる」ことが必要です。ここで言う「見る」とは何かを見ようとすることであり、その際には必ず何らかのモデル（見方）が介入しています（たとえば、チームメンバーがどのような役割を選ぶかに注目する、など）。ここで重要になるのは、パターンが地から図として浮かび上がってくるのを待つといった「柔らかい目」を持つことです。そのために「今起こっていることがダンスだとしたら、どんなダンスだと思いますか？」や、「これが音楽だとしたら、どんな音楽でしょうか」といった、比喩を使った質問をすることも有効です。

ステップ4：自分の感覚をレンズとして使う

これは、今、ここにいて、自分自身の内面の反応や感覚を通して、現在の状況や相互作用を理解し分析する能力です。言い換えると、自分自身の内面で何が起こっているか（チームへの反応、あなたの中で湧き上がっているもの、思い浮かぶイメージやメタファー、刺激を受けている感覚など）に波長を合わせていく能力です。それらに影響を受けながら、その一部を彼らの学びに貢献するために明らかにしていきます。理論的には、この能力は、現在のシステム（あなたもその一部）の相互作用の中で生じたとも言うことができます。これらの反応は彼らに何らかの関連性があると仮定することができるでしょう。このステップで重要なことは、あなたが感じたことを開示することが、彼らにどのような影響を与えたか、それが彼らにとって意味を成すかどうかも含めて探求していくことです。

ステップ5：チームとコーチのダンス

チームとともにいるコーチとして、自分もチームのシステムの一部であることを常に意識するようにします。どういったパターンやふるまいが、あなたとチームの間で展開されているかを、（少しの間）一歩引いて見ることができれば、新たな発見があるはずです。チームのメンバーは、あなたの指示を待っている傾向にあるでしょうか。あなたが言うことに反論してくる傾向がありますか。あなたに対して反抗的である人や、あなたを助けようとする人に分かれているでしょうか。あるいは、まるであなたが存在していないかのようにふるまう人がいるでしょうか。

ステップ4と5は行ったり来たりすることがあります。チームのダイナミクスによって起こってくる自分自身の反応に気づく（ステップ4）ことがあれば、それによってチームとコーチのダンスに興味が湧く（ステップ5）ことがあり、そしてまた、その全体のやり取りにおける自分自身を、見つめ直そうとしてステップ4に戻る、ということもあるのです。これによって並行して起こっているプロセスについて考察することができるようになります。すなわち、この場で起こっていることは、チームと組織の他のサブシステムの間で起こっていることを反映しているのではないか、といった考察です。ステップ4でも触れましたが、チームの学びのために、あなたが観察して気づいたことの何をどう開示していくかが重要なポイントになります。

例

チームコーチ　この一〇分間、みなさんのお話の様子を見ていて、現在のみなさんのプロジェクトについて、ある強いイメージが浮かんできました。まるで、何かの曲に合わせて、みなさんがそれぞれ自由にダンスを踊っているように感じたのです。ただ、意識せずどう動けばよいかわかっているような瞬間には、そこに流れるような美しさが感じられるようなこともありました。しかしその後、互いにぶつかってしまったり、動きを忘れてしまったりするような感じもありました。（ここでリアクションを確認する。リアクションがないか、または乏しい場合、次のように続ける）プロジェクトに関連して、このイメージに何か意味はありそうですか？

ステップ６：データに意味づけをするためにレンズを活用する

ここでは、ステップ１や２で脇に置いていた理論的モデルや、経験のレンズを通じて起きていることの意味を理解していきます。この段階に入るまでに、このモデルをより明確に実践できるようになっているはずです。レンズを選ぶ上で、これまでに得たデータを参考にするとよいでしょう（これによって意味づけがしやすくなる）。また、以前にこうしたレンズを使ったことがあるなら、データ収集の対象を、より絞り込むことができているかもしれません。

ステップ６では、こうした視点やモデル（経験のゲシュタルトサイクルやチームの効果性についての他のモデルなど）をチームと共有し、彼らにその視点を通じて見てもらい、チームの賛同を得ていきます。そして、協力的な探求と意味づけのプロセスでそれらのレンズやモデルを使い、チームと一緒にワークをしていきます。また、この意味づけのプロセスでチームメンバーとの関わり方の幅を広げていきます。それがステップ７へとつながります。

ステップ7：データを活用してどう介入するか

これまで、データと関わるさまざまな方法（データの収集と意味づけ）を探ってきました。ステップ7では、チームの意識を高め、意味づけをさらにレベルアップさせるために、チームに介入するさまざまな方法に関与していきます。そのためにゲシュタルトアプローチでは次のようなことが考えられます。

- 現象としてのデータを共有する：「私が気づいたパターンがあるのですが」（データを描写する）と前置きしてそのデータについて説明する
- コーチのプレゼンスと自己の活用：自分自身のリアクションや反応を、情報の共有と相手の気づきを高める手法として開示する
- 能動的な実験：実際に試すことのできる実験を介して、思索を深める（第6章参照）。これにより、相互作用のパターンや、チームダイナミクスが浮き上がるような方法を提案することができる。たとえば、コンステレーション（ヘリンガーのものなど。第7章参照）、スカルプティング（サイコドラマを参照）[7]、または交流分析（たとえば、ドラマトライアングルなど）[8]といったものがある。こうした既存の手法だけでなく、その場でチームと一緒に新たなものを創り出してもよい。想像力と勇気があれば、さまざまなことを試すことができる。たとえば、チーム内でよく聞く言い回しやメタファーを取り上げ、そのメタファーで遊んでみることを提案する（一例として、「蜂蜜の中を歩いているみたいだ」とか、「ずっとぐるぐる同じところを回っている」といったとき、実際に部屋の中で身体を動かして再現してみるのもよいかもしれない）

気づきを高めること、何かが起こること

第1章および第6章では、気づきを高めることと、何かが起こることとの違いや、ゲシュタルトコーチの役割の違いについて触れ、これを変容のパラドックスと結びつけました。同じ考え方をチームコーチングに応用し、もしもチームがその全員の集団的経験を通じて、自分たちが何者であるか、また本当は何が起こっているのかについて、より気づきを高められることになれば、結果として変化も起こってくることが期待できるでしょう。

しかし、組織開発などコンサルティングのバックグラウンドを持つコーチや、チームの機能や生産性を高めたいと考えているスポンサー（経営者やマネジャーなど）から依頼されたコーチにとっては、これは特に難しいことになります。なぜなら、こういったケースの場合、ファシリテーターはスポンサーと条件（契約、成果、方法など）に合意しなければならず、内容を決め、それに対してどういった介入をしていくかをデザインし、合意された内容を実現するために働くことになるからです。

これまで見てきたとおり、実際に何が起こっているのかを探索していくのではなく、自分が起こしたいと思うことに集中することは、短期的には何らかの結果が生まれても、長期的に継続できる変化にはつながりません。

◆コーチングのヒント

これは、ゲシュタルトのチームコーチにとって特に大きな意味合いを持ちます。チームが今、どんな状態かに取り組む（変容のパラドックス）ことをサポートする能力は、私たちのアプローチにとってきわ

めて重要です。同様に彼らの探求を指示的にサポートする能力も、チームが十分に安全だと感じて実験をしていく助けとなります。
ためらいがちのコーチングは求められていないのです。

例

コーチ1　みなさんの多くが、隣の部署とのミーティングについてたとえ話をしているのを聞きました。そこで、うーん、……もしよかったら、なんですが、ちょっと試してみていただきたいことというか、やってみてもらえれば、ということがあって……。

このコーチと、次のコーチを比較してみてください。

コーチ2　みなさんが隣の部署とのミーティングについて話しているとき、さまざまなたとえ話が出ていることに気づきました。「蜂蜜の中を歩いているみたいだ」とか、「森の中で迷ったみたいだ」とか、「出口のない迷路みたいだ」とか、そういったことをお話されていましたよね。これをちょっと掘り下げてみる実験をしてみましょう。どういう結果になるかはまだわかりませんが、何かを理解するヒントになるかもしれません。具体的には……。

この例では、コーチはチームが用いている言葉に注意し、それを取り上げてちょっとした実験に使い、しっかりと提示しています。また、コーチはその結果がどうなっても固執することなく、ただ「掘り下げる」のが目的であることにも触れています。具体的で安心感がありますが、同時に、アイデアが、チームにとってあまり意味がなさそう、と判断された場合には、いつでもそれを取り下げる気持ちもありそうです。

コーチ　（続き）私は、みなさんが立ち上がりこの部屋に迷路があると想像している、そんな状況を思い浮かべています。その迷路を歩き回ってみるのはどうでしょうか？　蜂蜜が溜まっているところを歩いてみるのもいいと思います。どういう発見があるかを見てみましょう。どうでしょうか？

コーチはメンバーがこれを実践することについて同意を得ます。チームの中に「やりたい」という人と「やりたくない」という人がいる場合、それを踏まえて実験の内容を変えてもよいでしょう。

コーチ　（やりたくないという人がいる場合）問題ありません。では、お二人はそちらに座って、参加者の方が歩いている迷路全体を観察してみてください。ひょっとすると何かに気づくかもしれません。

こうした実験を行うとき、こうしなければならない、というようなことはありません。チームのメンバーが、自分たちの実験を共創していく経験をすることが重要です。実験をしばらく行ったところで、次のようなやり取りがあるかもしれません（この間、コーチは全体のエネルギーの流れを注意深く観察し、次の介入への準備が整ったことを確認する）。

コーチ　いったんここで止まって、まわりの人の声に耳を澄ませてみてください。考えやイメージ、言葉、感覚など、何か自分で気づくことはありますか？

メンバー1 ひょっとすると隣の部署の人たちも、同じように感じているのではないかと思いました。

メンバー2 そう、「みんな、ちゃんと思っていることを話そうよ」って感じ。

メンバー3 なんだかすごく疲れた。どんどん動きが鈍くなっている。

メンバー4 何人かを後ろから蹴って、早く進め、と言いたくなった。多分、俺たちはのろまだと思われている。

この段階で、チームコーチは「各々が注目する対象は異なり、各々が自分の意識の内側に取り入れるものも異なる」というエドウィン・ネヴィスの言葉を思い出す必要があります。話を聞いて特定の発言（最初に聞いた発言や、コーチにとって興味深いと思われた発言）にすぐに飛びついたりしないことが大切です。コーチは、一対一でコーチングを行うときと同様、さまざまなテーマに耳を傾け、チームに選択の余地を与えます。

コーチ こうしていろんな話をお聴きしまして、どれもが実りある探求のように感じました。ここで、隣の部署の人たちもみなさんと同じように感じているのか、みなさんのことをのろまだと思っているのか、あるいはその両方なのか、ということを掘り下げてみるのもよさそうですね。あるいは全員が思っていることを話すとどうなるのか試してみてもいいですし、どんどん動きを鈍くしていくとどうなるか、みてみるのもいいでしょう。何人かを蹴ってみる、というのも！　どれをやってみたいと思いますか？　あるいは、別のことを思いついた場合には、それも試してみましょう。

ここでも、コーチは全員の意見を聞き、チームにとって意味ある結果につながる、強力な関心の図を見つけることを目指しています。

能動的な実験

能動的な実験（第6章参照）は、一対一のコーチングと同様、非常に重要な役割を担っています。主な違いは、複数の視点があるとき、コーチはチーム全体が一つの関心の図を、共に創ることができるように注意を払い続ける点です。一対一のコーチングと同じように、コーチがクライアントのイメージやメタファーなどを正面から受け止めてそれに向き合えば、実験のアイデアは自然に生まれてきます。一回で大きな変化をねらう実験をしようと考えすぎて、プレゼンスを失うようなことがあってはなりません。

本章の冒頭で、一対一のコーチングとチームコーチングの違いは、より広いシステムの一部である小さなシステムに働きかけることで、「システミック」なプロセスに対する意識を高める作業に、明確に取り組むことができるようになる、と述べました。システミックなプロセスとは、グループ全体やサブグループの間の相互作用のことです。能動的な実験は、これを多くのレベルで実現するための豊かな方法を提供します。

全体の中のサブシステム

チームには、サブシステムが存在する可能性があります。いくつかは明確なもの（異なる役割、あるいは異なる役職など）かもしれませんが、そこまで明確なものではなく、潜在的な「障害」が浮き上がったときにのみ明らかになるようなものもあるでしょう。たとえば、「昔からいる方たちは違った見方をするかもしれませんね」とか、「合併前からここにいる人たちは……」などの発言があったような場合です。こうしたときには、前述したスカルプティングの方法が役立つことがあります。

チームのアイデンティティの中で、チームの「歴史」がどう影響しているかに気づいてもらうために、「タイムライン」を再現するといったことをやってみてもよいでしょう。最も長く在籍しているメンバーから、一番新しいメンバーまで順番に一列に並び、それぞれが組織に参加したときの状況、懐かしい思い出、新しい展開で嬉しかったことなどを一人ずつ話していくように提案します（質問の内容は、システム内にあるかもしれない問題に合わせる）。並ぶ順番は、チームへの加入時期だけでなく、年齢、職務経験の差といったことも考えられます。

さらに、システム内におけるサブシステムに対する気づきを高めるために、何らかの物や絵を使う方法があります。サブシステムを表していると思われるものを組み合わせ、互いに関連付けて「作品」を作る、というものです。このやり方は、コンステレーションやスカルプティングのように、メンバー同士の関係性を意識して、物理的な立ち位置を決めてもらうよりも、リスクが少ないという利点があります。ただし、信頼関係が十分に築かれていれば、実際に身体を動かしてシステムの全体像を表していくワークのほうが効果は高くなると言えます。

より大きなシステムを持ち込む

本章で触れたとおり、エグゼクティブコーチングとチームコーチングのどちらも、組織的な文脈の中で行われます。重要な違いは、チームコーチングでは、システムの文脈の複雑さと、潜在的な「課題」

が複数あることなどに対応していかなければならないことです。別のシステムをコーチングの場に取り入れることは非常に有効な実験です。このアプローチ自体は、ゲシュタルトに特有なものというわけではありませんが、データをどのように扱うか、今、ここに留まり、行動を誘発するのではなく気づきを促し、チームメンバーが経験していることを掘り下げるという点で、ユニークなものと言えます。たとえば、チームのメンバーがサブシステムに対して話しかけたり、逆にサブシステムとして話したりするとき、メンバーはどんな経験をするかについて探求していきます。これを実際に行うためのやり方は多くありますが、以下は私たちが好んで実践するものです。

- スペースを活用する
- 物やアートを活用する
- コンタクトの中断を探求する

スペースを活用する

チームメンバーに、自分たちのすべてのステークホルダーや組織における、重要なサブシステムを視覚的に表現してもらいましょう。具体的には、そうした要素を表すものとして、椅子などを部屋の中に位置関係を考えながら配置してもらいます（あるいは紙やテープで仕切られたスペース）。場合によっては、忘れられてしまった、あるいは欠けている要素として、何も置かれていないスペースがあってもかまいません。

これを使ってさまざまなことができます。たとえば、それぞれの椅子に座ってもらい、その位置の椅子が表す人物になったつもりで話してもらうことを提案します（その場にいる感覚、まわりを見回す際のシステム全体の知覚、チームをどのように見ているか、どのようなニーズがあるかなど)。このとき、それぞれのステークホルダーにチームのメンバーを一人ずつ割り当てたり、役割を持ち回りで入れ替えたりすることもできます(通常、オプションを提示し、チームが興味を持っていることを確認)。すべての立場の探求が終わったら、今度はチームに対して、一歩下がって全体を見てもらい、システムで何が起こっているか、最も印象的なことは何かを発表してもらいましょう。

別のアプローチとしては、二つの椅子やエンプティチェアのシステムに応用するという方法もあります。チーム(の全員か、または協力してくれる一部の人)に、それぞれのステークホルダーに対して言いたいことを言ってもらい、それを言ってみた感覚に気づきを向けていきます。その後、ステークホルダーの椅子に座ってもらい、ステークホルダーとしてそれに応えてもらいましょう。

物やアートを活用する

何かのオブジェクトや物、絵画などのアートが、部屋にあったりワークショップの場に持ち込むことができる場合、さまざまな実験が可能です。チームメンバーに、組織内のステークホルダーや重要なサブシステム、そしてチーム自体を表すオブジェクトを選択し、それらを互いに関連付けるよう提案します。そして、選ばれたオブジェクトを、関係性の感情的な距離感や信頼度などを表すように配置してもらいます。

この実験を行う際には、チーム全体で相談しながら全体像を作り上げてもらうこともできますし、それぞれのチームメンバーに別々に配置をしてもらい、その関係性を一人ずつ探求することもできます。その後、選択されたオブジェクトをそれらが表すメタファーで表現してもらいます。以下はその一例です。

メンバー　（隣の部署を表すマグカップを手に持って）隣の部署をメタファーで表現すると、「スムーズで、滑りやすく、中が見えにくいですが、役に立つ」といった感じです。

あるいは、チームの全体または一人ひとりに対して、それぞれのステークホルダーやサブシステムを表す絵やイメージを描いてもらうこともできます。それを使ってメタファーやスペースなど、これまでに扱った要素と組み合わせながら探求を進めることができます。

もちろんここでは、本当のサブシステムを直接的に言及しているわけではありません。こうした体験を通して、チームが他のサブシステムをどう見ているか、また、チームはこうしたシステムからどう見られているかといったことについて、新たな知見を得られる場合があります。コンタクトやコンタクトの中断について、より深く見ていくことが可能になるのです。

コンタクトの中断を探求する：プロジェクション

組織内の他のサブシステムや個人に対して、チームが何を投影しているのかを掘り下げるために、先ほどの実験がどのように活用できるかはすぐにわかるでしょう。次のステップは、チームがその投影しているものに気づき、それを取り戻すのをサポートすることです！

たとえば、チームが隣の部署のメンバーを「頑固で気難しく、責任逃れをしようとしている」と見ていることがわかったとします。このとき、次のようなことができるでしょう。

- チームメンバーに、「私たちは頑固で気難しく、責任逃れだ」と順番に一人ずつ声にしてもらう。

それを言うときに何を経験するか、他の人がそれを言っているのを聞くときに何を経験するかに注目する。

● 自分たちが隣の部署のメンバーであると想像して、自分のチームに対して「あなたたちは頑固で気難しく、責任逃れだ」と言ってもらう。その後、チーム全体でその言葉の中にどんな真実があるかを見つけることを促す。

コンタクトの中断を探求する：イントロジェクション

ここでは、チームがシステム内のどこか別のところから、鵜呑みにしてしまったルールを探求します。以下のような方法があります。

● チームのメンバーから「～すべき」や「～であるべき」といった言い方を引き出してみましょう。第5章の最初の実験が参考になるかもしれません。

「私たちは～しなければならない」
「私たちは～でなければならない」
「私たちは～すべきである」

別の言い方も試してもらいましょう。

「私たちは～することを選ぶ」
「私たちは～したい」
「私たちは～できるとよい」

●プロジェクションの実験のバリエーションとして、さまざまな別のサブシステムの立場で自分のチームに話しかけてもらいましょう。
「あなたたちは〜しなければならない」
「あなたたちは〜でなければならない」
「あなたたちは〜すべきである」

ここでチームに対して、そうした考え方や言い方のどれほどが自分たちの仮定に基づくものなのかを見てもらいましょう。また、彼らに対する要求に対して、(自分たちが感じている)負担感を軽くするために、考え方や捉え方を変える必要がありそうか、気づきを促してください。

コンタクトの中断を探求する：コンフルエンス

チームが集団思考の罠にはまり、一人ひとりの意見が出にくくなっていると感じたとき、あるいは、「チームで言葉になっていないことは何か」をたずねたいときには、次のことができます。

●それぞれのチームメンバーに、チームで意見されていることとまったく違う見方をして、それを意見として声に出すということをやってもらいましょう。内容を誇張し、少し遊びを持たせます。それによってどんなことを経験したか、チームに聞いてみましょう。

●自分自身のことやチームとしてどうなりたいかについて、「それぞれの意見を尊重します」といったようなコンフルエンスが経験され、意見の不一致を許さない息苦しい空気があるとき、「私たちは互いを尊重し、〈そして〉違う意見を言うことができる」と互いに言ってみるのもよいでしょう。その結果どんな経験が得られたか、ここでもチームに聞いてみましょう。

- 実験をアップグレードして、「あなたのことは尊重できる、〈そして〉異なる意見を言うことができる」といったことを互いに言ってもらいましょう。

意味のある実験は、今、ここでチームと向かい合っているときに、あなたが見聞きしたことや経験したことから湧き出してくるものです。チーム内にある現在の関心の図によって、さまざまな実験のアイデアを思いつくかもしれません。たとえば次のようなことです。

- ステークホルダーにその場に参加してもらう
- チームメンバーの関係性をチームの目的意識とともに探求する
- チームメンバーそれぞれが、さらに効果的なコンタクトを取ることを促す
- 固着したゲシュタルト（思い込みや固定観念）を解除し、チームの違った側面を統合することをサポートしていく
- チームが外の世界をどのように見ているかを探る
- チームが一緒になって学んでいけるようにサポートする

ケープコッドモデルの活用

ケープコッドモデルは、セラピストとして夫婦や家族と向き合っていたソニア・マーチ・ネヴィスの、

一九六〇年代から一九七〇年代の研究に端を発しています。後にソニアは彼女の同僚であるジョー・メルニックと、ケープコッドのゲシュタルト・インターナショナル・スタディ・センターにて、自身の研究を、組織内のシステムやチームをクライアントとするための、強力なメソッドとしてまとめあげました。この手法は、チームコーチがチームの行動を観察して、その結果をチームと共有し、行動のレパートリーを広げていくための対話を促す方法論を提供します。

一般的に、このプロセスは二人のチームコーチによって行われます。一方はリードコーチとなり、チームと直接会話をします。もう一人はシャドーコーチと呼ばれ、リードコーチをサポートします。

根底にある考え方

最初に、ポジティブ心理学と同様、「よくできていること」や「うまくいっていること」などに焦点を当てます。ただし、このモデルでは、よくできている、といったような、評価的なコメントの仕方は避けます。なぜなら「良さ」は何らかの外部基準を示唆する意味合いがあるからです。その代わりに、「このチームがすでにできていることは〜」とか「このチームは〜について非常に能力が高い」のような描写的な言い方をします。それに続いて、それらのことがチームにとってポジティブであることをコメントしていきます。たとえば、「みなさんがこれをするとき、みなさんには情熱や活力があるように、私には感じられます」といった言い方です。

システムを支えているものを知り、ポジティブなものを認識できると、メンバーはそうでないものに対処できるようになります。どのような行動も、ときに好ましくないものになり得ます。強みが暴走すると、システム内の弱みが明らかになってくるものです。より健全なバランスを生み出すためにシステムに何が欠けているのかがわかってきます。チームが自分たちのプロセスをより楽観的に感じはじめると、システムにエネルギーが加わり、新しい学習（新しい気づき）が起こってくるようになります。

これは、システムの中の個人がそれぞれ何をしているかについて、リフレーミングすることではありません（それぞれのふるまいに対してポジティブな考え方や捉え方をしてみるというようなことではない）。ゲシュタルトアプローチの用語で言えば、この方法はチームの共通の図の出現を促し、それがシステムの活性のきっかけとなっていくものです。

ケープコッドモデルのプロセス

プロセスは四つのフェーズに分かれています。

1. システムの相互作用を観察する
2. うまくいっていることについての介入
3. うまくいっていないことについての介入
4. 実験

フェーズ1：システムの相互作用を観察する

リードコーチは、チームに対してこれから行うことをきちんと説明して合意を得ます。リードコーチの役割の一つは、システムを観察して気づいたことを「リアルタイム」でフィードバックすることだと明確に説明します。その後、チームに互いに話すよう促します。このとき、「大切なことについて話し合ってみましょう」のように、あえて曖昧な指示にします。以下はその一例です。

コーチ　今からお互いに向き合って、重要なトピックについて話してもらいます。私たちは後ろで見守ります。もし何か興味深いことがあれば、お知らせします。途中で何か行き詰まった場合、どうぞ私たちに声をかけてください。私たちはみなさんと一緒にいます。

その後、コーチは、自分たちとチームとの明確な境界を作るために、離れて座ります。コーチたちは何に注意を払っているのでしょうか?

- ここでは、チームのプロセスの「旋律」のようなものに注目しています。これまでに触れたとおり、ここで重要なのは、ありのままの現象としてのデータを見て、それがチームにとっての活力となるように描写することです。コメントはメンバーの関係について観察されたことへの、肯定的な形にします。コーチはチームのプロセスの中で効果的でない部分に気づくこともありますが、この段階では、彼らのプロセスの「強力」な部分、すなわち、効果的でないように見えているが何度も行われていること、に焦点を当てます。たとえば、争いの多いチームでは、「彼らはお互いに関わり合うために、多くのエネルギーを持っています」という楽観的なコメントがあり、何かを言っても聞かないようなチームに対しては、「彼らは自分たちの意見を他の人に聞いてもらおうと真剣です」といったコメントが考えられます。
- ここでは、「内容」にはあまり注意を払わず、関係性のエネルギーとコンタクトの質に焦点を当てます。

コーチは「柔らかな目」を持って観察する忍耐が必要です（つまり、何かを探すのではなく、注意に値する何かが現れるのを待つ）。彼らは落ち着いて腰かけ、リラックスしながらすべてを受け入れ、どこに向かっているのかわからないまま座っている勇気を持ち、明確な図が現れてくることを信頼しています。

フェーズ2：うまくいっていることについての介入

対話の中でチーム全体が興味を持ちそうなものが出てきたことに気づいたら、二人のコーチは言葉ではないサインを出し合い、リードコーチはチームの会話を中断し、「タイムアウト」を宣言します。次にチームに対して、これからシャドーコーチとリードコーチで話をすると伝え、それを聞くように言いますが、これについては特に反応をしなくてもよいものとします。コーチ二人は互いに向き合い、その場のシステムにおいて発生しているように思われたポジティブなことについて、会話をします。

- 会話では、一度につき一つのポジティブな面に焦点を当てます。それぞれが最も印象的であったことについて話をします。コメントはわかりやすくシンプルなものにします。
- チームのポジティブな意思についてコメントし、ネガティブな行動を強調しないようにします。変容のパラドックスによれば、「何であるか」についてコーチが説明をうまくすればするほど、システムは「何でないか」を探求する能力が高まっていきます。
- それぞれの経験を説明する際に、メタファーを用います。たとえば、「オーケストラが暖まってきた感じがします」などの言い方です。

この会話が終わった時点で、リードコーチはチームに対して、その介入が何らかの着地点を見つけられたかどうかについて聞いてみます。たとえば次のように聞いてみます。

「しっくりきましたか？」

つまり「今の会話は、自分たちに当てはまるところがあると感じたか？」というようなことです。このとき、チームメンバーが明確にその質問に対して「はい」か「いいえ」を明言するまでは次に進まないようにします。もし答えが「いいえ」なら、コーチはその話を終わりにして、チームに対し、また会話を続けるように言います。メンバーは聞いたことについて議論する必要はありませんが、ほとんどの場合そうなります。このようなプロセスが二回行われることもあるかもしれませんが、システム内でよく発展していることについて話すのみにとどめます。

フェーズ3：うまくいっていないことについての介入

コーチはシステム内のエネルギーの流れに注意を払いつつ、経験のサイクルと照らし合わせながら、チームが意見を受け入れられる状態かどうか、また何がその効果を妨害しているのかを判断します。私たちの経験では、多くのチームは自身の長所について聞いた後であれば、うまくいっていないことについても自然に受け入れられるようになります（変容のパラドックスに則ったアプローチ）。このとき、コーチは「十分にできている」行動が、何かあまり役に立たないものに変わる様子を観察し、コメントしていきます。つまり、システムの発展の、阻害要因となる可能性があるものを取り上げます。ここでも、チームで話をしてもらい、コーチが観察し、リードコーチとシャドーコーチが会話をするという一つのセットを二回ほど繰り返してもよいでしょう。コーチがどう進めていくか具体的に見てみましょう。

- 会話をする中で、二人のコーチは何が欠けているかについて考えます。
- リードコーチがチームに再び向かい合うとき、常に「気づき」による話を行います。以下のような、何らかの提案は避けます。「〜であることに気づきましたか?」や、「〜をしていないことに気づいていますか?」など。
- 「成長が必要なことがあなたにあるとしたら、それはどんなことでしょうか?」というように、話を聞きつつ会話をしてみましょう。
- チームがすでに探求しはじめているなら、その考えについて聞いてみるのもよいでしょう。「うまくいっていないかもしれないと思うのはどんなことでしょうか?」といった具合です。

フェーズ4：実験

最後のフェーズでは、チームの実際の行動にフォーカスした実験を提供していきます。実験に先立って、どうしたら良い「対話」ができるかという説明から始めるのがよいでしょう。たとえば、直接的で、コンタクトが十分になされ、問題解決的な対話の方法について説明し、それをチームに試してもらうといったことです。ここでの目的は問題を解決することではなく、問題を解決する方法を学ぶ、ということです。ゲシュタルトアプローチでは、自分の典型的な行動パターンとは違うことを試してみて、どんな経験をしたか聞いてみる、といったことを行います。

- コーチは実験の内容とその理論を明確に説明します。
「ちょっとやってみてほしいことがあるのですが」

「もし～のようだったらどうだろうか、と思うのですが」
「もしご自身が～だったらどうでしょうか」

●具体的に聞いてみます。
「どうでしょう、興味はありますか？」

●ここでも、「今、ここで起こっていること」を扱うことが大切です。たとえば、チームがこの実験に対して抵抗を見せたとき、その抵抗を実験に取り入れるとよいでしょう。抵抗感なくして変化はありません。もしすぐに実験を試すことができるようなら、それは未発達ということではありません。「では、まずそこから始めましょう。互いに、『あなたの話を聞こうとするのに前向きになれない』と言ってみてください。すると、どういう気持ちになったり、何を体験したりするでしょうか」

●実験後、コーチはチームに対し、その経験を共有してもらいます。
「どんな感じがしましたか？」
「実際にやってみてどんな経験をしましたか？」

最後に、チームに対して、このセッションでどんな学びを得たか、また次のセッションまでに自分たちで試してみたいことはないかなど、セッション全体を明確に言語化してもらうことで締めくくります。

コーチが今、ここ、に働きかけ、チームのエネルギーを観察してきたなら、チームはここで実験したことを実際に試してみようというやる気とエネルギーを感じながら、セッションを終えることができます。

まとめ

コンタクトとコンタクト中断

チームとワークをすることによって、メンバーが互いにどのように関わる（あるいは関わらない）かといった、「コンタクトと離脱」のプロセスへの気づきを高め、それに対処する能力を高めるサポートをしていきます。

コーチは、以下のような点に着目し、やり取りの質やパターン、傾向を観察していきます。

- イントロジェクション：チームが「鵜呑み」している「ルール」、またはシステム内の他のところから取り入れているような決まりは何でしょうか。
- プロジェクション：チームが他のサブシステムに対して自分たちの感情を相手に重ね合わせて見ていることは何でしょうか。誰が責められ、誰が尊敬されているでしょうか。
- レトロフレクション：他のチームやサブシステムに対するフラストレーションや怒りなどが、チーム内のどのような行動として表れているでしょうか。
- コンフルエンス：「みんなで考える」ことで、個人の意見や声が失われてしまうような場面はないでしょうか。

複数の経験のサイクル

チームが大きくなるほど複雑性が高まり、複数の関心の図が現れます。コーチは、チームメンバーの今、ここでのやり取りに注目し、互いの間で何が起こっているかを探求することを促します。

このように関わっていくことで個々の経験のサイクルが交差し、新たな気づきから生じるエネルギーによって、チームは新たな関心の図を共に創ることができます。

チームの図という盲点

チームの図がメンバーの意識に明確に現れると、行動のためのエネルギーが得られます。ただし、メンバーが自分たち自身をどう認識するかについて固定化されたゲシュタルトが確立してしまうと、創造性を制限してしまう場合があります。

コーチの存在

チームのそれぞれのメンバーがどう自分自身を開示していくかは、コーチのふるまいやプレゼンスに影響されます。

チームコーチは、今、ここで自分自身、そしてチーム内で何が起こっているかを認識し、コンタクトを取ることの一つの方法として、気づいた内容の一部をチームに伝える準備をし、それを実行する方法を学んでいきます。ファシリテーションの7つのステップはこの能力を開発するフレームワークを提供します。

ステップ1：感覚のチャネルやレンズをどう拡大するか
ステップ2：データに正直になる
ステップ3：ダンサーだけでなくダンスにも注目する
ステップ4：自分の感覚をレンズとして使う
ステップ5：チームとコーチのダンス
ステップ6：データに意味づけをするためにレンズを活用する
ステップ7：データを活用してどう介入するか

「何であるか」を対象とし、変化を強制しない

望ましい結果を期待しているスポンサーから、その実現を委託された組織開発／コンサルティングのチームコーチにとって、〔達成すべきゴールなど〕存在しないものにチームを巻きこもうとせず、あえて現状に向き合い続ける〔変容のパラドックス〕能力はチームコーチにとって特に大きな課題となります。チームコーチは、わからないことをわからないままにしておく能力を高め、アクティブな実験によってチームの気づきのレベルが高まって変化が自然に起こることに信頼を置かなければなりません。

能動的な実験

チームコーチは、複数の視点があるようなとき、共通の関心の図を共創することに注意を払うことになります。

チームというのはより大きなシステムの一部です。そのため、チームコーチはシステム的なプロセスの気づきを高めることに明示的に関わっていく必要があります。身体を動かすような実験を行うことで、

さまざまなレベルでこれを実践することができます。

ケープコッドモデルの活用

ケープコッドモデルは、コーチがチームに対する観察を共有し、チームが「すでにできていること」や、「まだうまくできていないこと」に気づき、創造的な能力を開発するのをサポートする強力な方法です。この方法は、チームの能力を発展させるのに役立つ実験を提供することで、チームの成長をサポートします。通常、リードコーチと、それをサポートするシャドーコーチの二人のコーチがいます。この方法には四つのフェーズがあります。

1. システムの相互作用を観察する
2. うまくいっていることについての介入
3. うまくいっていないことについての介入
4. 実験

結論

ゲシュタルトアプローチにより、チームコーチはチームをサポートするための豊富なリソースを得ることができます。経験のサイクルはコーチングのセッションのための、頼りになる羅針盤になるでしょう。チームのエネルギーはどこに存在しているのか、何が意識にあり、何がないのか。エネルギーは行動に向けてどう活性しているか、いないか。終結はどのように行われているか、どのように行われていないか。チームは成功の満足を味わうことなしに次の行動に向かおうとしているのか、あるいは停滞しているのか。能動的な実験をすることにより、チームコーチングには創造性が加わり、コーチ自身の存在をチームに持ち込むという考え方は、コーチングを難しくも非常にやりがいのあるものにします。

パート 3

ゲシュタルトコーチであるために

第10章 シグネチャープレゼンス

今、この瞬間に在るということは、ゲシュタルトアプローチなどの深い体験の形式において、中心的な意味を持ちます。これは、それにふさわしい環境で、自分ひとりで追究していくことです。

一方、存在感を持つということはそれとは別の問題です。これは、誰かがあなたと一緒にいることであなたの影響を感じられるような、特定のふるまいのことです。あなたから、あなたという存在（プレゼンス）を感じられるようにその人と一緒にいる、ということです。

一般的な意味でのプレゼンスとは、自信や権威、カリスマ的な要素をもってコミュニケーションをする能力と言えます。ビジネスの世界では、「gravitas＝威厳」という言い方をすることもあります。このプレゼンテーションスタイルは政治家やメディア、ビジネスリーダー、トレーナー、プレゼンター、有名人などが、影響力を発揮しようとして活用しています。

シグネチャープレゼンス（1）（特別な存在感）とは、他者との関係において、本当の自分が何者であるかを、真正面から伝えていくということです。これは、単なる自分自身の表現ということではありません。そのため、印象的なプレゼンテーションをするよりも、豊かな対話を作り出すことが求められるでしょう。たとえばマリリン・モンローは強力なプレゼンスを発揮していました。一方、ネルソン・マンデラが発揮していたのがシグネチャープレゼンスであると言えます。

今、ここで自分とクライアントとの間で起こっていることが、ゲシュタルトコーチが行うことの核心です。ゲシュタルトアプローチは、他のコーチングよりも、自己の活用ということを明確に定めて扱います。あなたのすべてはあなたの行為の一部なのです。これには価値観や判断、知性、興味や関心、感情、身体的反応などが含まれます。ゲシュタルトコーチであるということは単にその役割を担うだけではなく、自分が何者であるかを、クライアントとの直接的なコンタクトに持ち込む、ということでもあるのです。ここで重要になるのがシグネチャープレゼンスです。ゲシュタルトコーチングでは、シグネチャープレゼンスを持つだけではなく、あなた自身のシグネチャープレゼンスを効果的、建設的に用いていくことで、クライアントに生じてくるさまざまな状況に対応していくのです。

本章では、シグネチャープレゼンスを構成する要素を説明し、それを以下の視点で発達させていくためのフレームワークを提供します。

- 人生のさまざまな側面における、ひとりの人間としてのあなた
- コーチング関係における、コーチとしてのあなた
- コーチング関係にある、あなたのクライアント

シグネチャープレゼンスの開発

シグネチャープレゼンスには、五つの要素があります。アルファベットの頭文字を取って、シグネチャープレゼンスの5Cと呼ばれます。

- 関係のコンテキスト（Context for the relationship）
- コミュニケーションスタイル（Communication style）
- 能力と信頼（Capability and credibility）
- 自信（Confidence in self）
- 安定して今に在る（Centred and being present）

五つの要素について順番に検討し、シグネチャープレゼンスを発達させるためにそれぞれがどう役立つのかを見ていきましょう。

1. 関係のコンテキスト

プレゼンスは常に関係性の中にあり、より広いコンテキストの中に存在するものであるため、シグネチャープレゼンスを高めるためには、その関係性のコンテキストと質、そしてあなたが提供できるものが調和していることが大切です。

偉大な政治家や役者、スポーツ選手、人気スターなどを思い浮かべてみると、そうした人物は自分の専門分野で個人としての強大な存在感を発揮していることに気づきます。彼らは、自分自身のすばらしさを維持するため、人々との関係性のコンテキストの管理、そしてそのプレゼンスを高めることに長けているのです。しかし、そのコンテキストの外、つまり人々からの羨望の眼差しの外に出てしまえば、その人物は「ただの人」に戻ってしまいます。この一例として、イラクの元大統領であるサダム・フセインの写真を比較します。一国の支配者の姿として見ると強力なプレゼンスを発揮していますが、そうした後ろ盾がない状態では、惨めな姿に思われるでしょう。これと対称的に、侵略軍によって退任を余儀なくされた別の支配者、ダライ・ラマはまったく異なるプレゼンスを発揮しています。彼が発揮していたのは強力なシグネチャープレゼンスであり、祖国の崩壊に直面してもなお、個人としてのパワーや威厳といったものは失われることがありませんでした。

テレビのリアリティショーでは、有名人はふだん、存在感を発揮しているようなコンテキストから、離されてしまいます。これらの有名人は演出されたプレゼンスの裏側にある、彼ら自身の本当の姿をもっと見せなければならず、視聴者はその本当の姿に期待して番組を視聴するわけです。

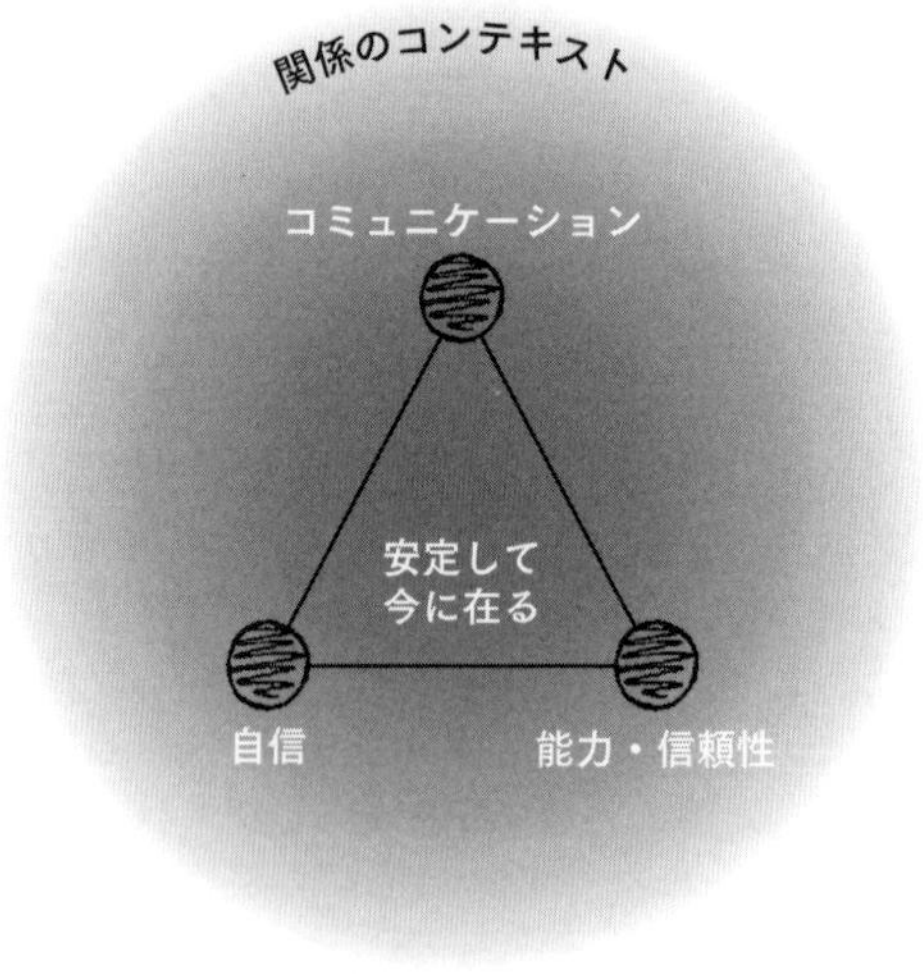

図10-1：シグネチャープレゼンスの五つの要素

あらゆる関係の中でシグネチャープレゼンスを高めていくには、まずその関係が存在するコンテキストを理解しなければなりません。コンテキストは、関係の四つの側面を考えることで理解されます。それらの単語の頭文字を取ってREAP《リープ》と呼ばれます。

- Role（役割）：自分に何が求められているか
- Environment（環境）：その関係はどのような環境の一部か
- Audience（観衆）：相手は何者か
- Purpose（目的）：その関係の目的は何か

これらの要素について明確に理解することで、自分自身の立場を明らかにし、つながりをより確実にし、かつ影響力を高めることができるようになるでしょう。

◇実験

身近な対人関係のことを考えてみましょう。ここでは、コーチとしての自分を考えてみます。

1. 自分の立場、自分が働いているその環境、自分の相手（つまりクライアント）、またその関係の目的を順番に考えていくことで、その関係のコンテキストを再考しましょう。
2. この状況での自分のプレゼンスの質や本来の姿をふり返ってみましょう。
3. これを別の関係（たとえば両親との関係など）についても繰り返し行ってみましょう。その際、RE

ＡＰの変化が、それぞれの関係におけるプレゼンスの本質にどのように影響を与えているか、意識してみてください。

例　私の場合、コンテキストによって自分のプレゼンスは次のように変化します。

Ｒ――役割：ビジネスの同僚
Ｅ――環境：会社の会議室
Ａ――相手：仕事相手、同等のステータス
Ｐ――目的：自分の経験を共有したり、相手の話を聞いたり、提案を行ったりするためのやり取り。自分が話している内容を明確にすること。
プレゼンス：協力的で知識がある人物であり、興味関心が強く、自信があり、経験豊富で、実直かつユーモアがある。

Ｒ――役割：親
Ｅ――環境：家（自宅または彼らの家）
Ａ――相手：三〇代の子ども
Ｐ――目的：子どもが間違った方向に行かないためのアドバイス、またメンターとなること、孫を可愛がること、問題解決、話を聞くこと。
プレゼンス：寛容で頼りになり、理性的で、ある意味難しい相手であり、楽しく、リラックスしている。

R――役割：パーティ好き
E――環境：ゲストとして参加しているバースデーパーティ（ホストの場合とは大きく異なる）
A――相手：友人や、責任がある関係ではない知り合い
P――目的：交流。話をすること、お酒を飲むこと、踊ること、楽しむこと。
プレゼンス：快活で心配事がなく、社交的。

◆コーチングのヒント

すぐれた役者であっても、お粗末な劇場で反応の悪い観客が相手では、その真価を発揮できません。同様に、すぐれたコーチであっても自身のコーチングのスタイルにつながるような関係やコンテキストがなければ、その真価を発揮できないのです。

そこで、コーチとしてのシグネチャープレゼンスを最大にするために、REAPに注意を払うことで関係のコンテキストを理解することが重要になります。

R――役割：コーチの役割に自信を持っていることを確認する
- 定義された倫理や実践の規範の中で仕事ができているか？
- クライアントの期待をマネジメントするため、明瞭なコンタクトをしているか？
- 解決法を提示するのではなく質問を投げかけているか？

● クライアントとコーチング以外の付き合いがあるとき、境界をうまくマネジメントできるか？
● クライアントが学びを得るための心理的スペースを保持できているか？

E――環境：最高の仕事につながるような空間を作る

● 自分とクライアントの双方がどちらも気軽な気持ちでいるか？
● コーチングの場は機密上、適切か？
● どのような場所でコーチングをするか？　ガラスの壁で仕切られたオフィスか、昼食をとりながらダイニングで行うのか、静かでちゃんとした部屋を用意するのか？　必要に応じて、音を出すことができるスペースはあるか？
● 必要に応じて気分転換になる軽食や飲み物は用意できるか？
● 部屋のレイアウトはどうなっているか？　広いテーブルに椅子が並んでいるような感じか、コーヒーテーブルをアームチェアが囲んでいる感じか？　必要に応じて動き回れるスペースはあるか？
● 散歩に出るとしたら、どこに行くか？　公園、大通り、運動場、ギャラリーなど
● 必要な設備にアクセスできるか？　何かを描くための画用紙やメモ帳、色鉛筆やペン、何か意味を持たせられるオブジェクトはあるか。
● 周囲の騒音やその環境のにぎわいはどれくらいか？　コーチングする上で適切か、それとも気が散ってしまうものか。
● より広いコンテキストに注目できているか？　クライアントの組織の政治的、社会的、環境的、経済的な状況はどうか。

A——相手：クライアント
●あなたにコーチングを委託したスポンサーや組織は、あなたの後ろ盾となってサポートしてくれているか？
●そのスポンサーや組織がどのような結果を求めているかは明らかか？
●目の前のクライアントはあなたに何を期待しているか？
●目の前のクライアントは、あなたが効果的に対応できるタイプのクライアントであるか？
●クライアントはコーチングを受ける用意があり、その意欲があるか？
●自分が提供できるもの（スタイルや手法）が何であるか、自分自身、明らかになっているか？

P——目的：コーチングの関係
●あなたの目的は明確か？　クライアントが学び、自信を得て、対立する問題を解決していく手助けをする、と理解しているか？
●自分のコーチングモデルやフレームワークはあなた自身を反映したものか？　あなたがユニークな個人として提供しているものを反映した内容であるか？
●あなたのやり方を発展させていくために、同僚やスーパーバイザーのサポートやアドバイスを得られるようにしているか？

2. コミュニケーションスタイル

自分が何を考え、感じているかを、確信と情熱をもって伝えるという私たちの能力が、シグネチャープレゼンスの質を決定付ける二つ目の要素です。

雄弁なスピーチをする人やメディア担当者、PRのプロフェッショナル、パフォーマーといった人々は、メッセージを大衆に届けるためのスキルに磨きをかけてきました。演劇の学校やプレゼンテーションスキルのコースでは、躍動的かつ魅力的でハッとするような所作で大勢の聴衆とコミュニケーションをできるよう、ツールやテクニックが教えられます（こうしたトレーニングでは、「できるようになるまではできるふりをしろ」といったアプローチがされることもあります）。一方、特にふるまいが目立つわけではなく、自分の見た目や外見的印象について意識しているふうでもなく、物静かで自分らしさを失わず、力強いプレゼンスを発揮している人もいます。シグネチャープレゼンスを最大化するためには、関係のコンテキストの中で、自分自身のあり方にマッチするようなコミュニケーションの様式を知る必要があります。こうしたものを理解すれば、印象的な存在感を発揮することができるのです。

◆コーチングのヒント

シグネチャープレゼンスを獲得するには、自分のコミュニケーションスタイルについて柔軟性を持ち、たとえば声色やポーズ、言葉選び、態度などを、クライアントのニーズに対して適切であるように適宜調整できることが重要です。課題を与える、ユーモアを見せる、沈黙を用いるなど、適切にサポートしながらコミュニケーションができるようになる必要があります。また、クライアントとの深いラポールの形成につながるように、自分自身の考えや感情を、自分らしい方法で伝えていくことができる必要があります。これは、ふり返りやスーパービジョンを通じて、また自己開発を実践することによって学び得るものでもあります。

コーチングにおけるコミュニケーションスタイルにはさまざまなものがあり、これを説明するロールモデルも多岐にわたります。たとえばナンシー・クラインの、柔らかく、やさしく、非常に内省的な「考える時間（Time to Think）」のアプローチや、感情に訴えるようなブレイクスルースタイルであるジョン・ブレイキーとイアン・デイのチャレンジングなコーチング(2)などはその例です。どちらもまったく違う方法で、しかしそれぞれのスタイルに合った形で、影響力を発揮するものです。

ここでもう少し掘り下げて、シグネチャープレゼンスにつながるコミュニケーションスタイルを発達させる四つの要素（声のトーン、姿勢、言葉、態度）について見ていきましょう。

声のトーン

内容はすばらしくても、淡白でつまらないプレゼンテーションを、黙って座って聞いているのは苦痛です。逆に、感情をかき立てるようにして、さまざまな声色や言語外の表現を使いこなして語られるストーリーには惹かれるものがあります。どうすればそうした言語以外の表現や声色（トーン）を使いこなせるのでしょうか。

声のトーンの振り幅に制限をかけているのは、私たちの感情的なブロックに他なりません。メソッド演技法〔ロシアの俳優・演出家のコンスタンチン・スタニスラフスキーの考えを基に、一九四〇年代にリー・ストラスバーグがニューヨークで発展させた技法〕という演劇理論では、演者は自分自身の感情的経験を深掘りし、キャラクターの感情やふるまいを再創造することが求められます。ゲシュタルトアプローチでは、感情的なブロックに対して声を与えること、さまざまな感情を表現してもらうことにより、クライアントの声のトーンの幅を広げることを実験していきます。ボディワークについて触れた第7章の説明を参考にしてみてください。

◆コーチングのヒント

声のトーンを探求していくには、コーチはクライアントのトーンに合わせられなければいけません。多くのクライアントは、声の実験をすることを怖がってしまいがちであるため、シグネチャープレゼンスを発揮して、やってみせることが彼らの安心感につながります。また、音を立てても他の人の邪魔にならないようなスペースを用意できるとなおよいでしょう。声のトーンを探求していくというのは、必ずしも音量が重要というわけではありません。断固とした拒絶を示すとき、静かな声で言うのと同じです。これは、クライアントがシグネチャープレゼンスに課題を抱えているような状況で有効です。たとえば私の経験では、ある会社の重役のコーチングの際、彼女がふだん会議をしている会議室で、それぞれテーブルに向かい合って座り、彼女がその状況でどのように声色を変えるか、何を言うかに注目したことがありました。

クライアントの声が自然に発せられるような状況を思い起こしてもらうというのも非常に効果的です。たとえば、「今、自分がフットボールの試合に臨んでいると考えてください。あなたのチームが勝利を決定するゴールを決めました。その興奮と喜びを、どう表現しますか?」や、「今、目の前に子どもが居ます。その子は車がやってくる道路に飛び出しそうになっています。それを制止するために、どのように言いますか?」などの状況を想像してもらうとよいでしょう。

姿勢

たとえばボディランゲージなど、自分の身体をどのように見せるかということは、自分がどのように感じているかを伝えるメッセージになります。自分を表現する方法を変えるために、演技やポージングを学ぶこともできるでしょう。しかし、自分の感情のあり方が変わらないかぎり、姿勢を意識的に変えたとしても、それは表面的なものでしかありません。シグネチャープレゼンスを身につけるには、流動的に、自分たちが何者であるかのエッセンスを真に表現する姿勢やふるまいができる必要があります。この点については、第7章を参照してください。

◆コーチングのヒント

自分の身体を快適に感じ、また特定のコンテキストにおいて、自分の自信や能力を伝えられるように構えることは、シグネチャープレゼンスの獲得につながります。また、クライアントの姿勢を模倣することができるかどうかは、彼らのシグネチャープレゼンスを探求していくうえで、非言語的なフィードバックの方法として非常に効果的です。ただし、意図していないものを表現しないよう、注意しなければなりません。私の場合、相手の姿勢を自分に取り入れて、「あなたと同じ座り方をしていると〜と感じてきますね」のような言い方をします。さらに、自分の姿勢やふるまいを大げさにしてもらい、私もそれを実践することで、クライアント自身が何をしているかということの経験を、よりわかりやすく提示します。また、気づきを促すために、逆の動きや姿勢をしてもらうことを提案する場合もあります。詳細については第6章を確認してください。

言葉

メッセージを簡潔に伝えるために適切な言葉を選ぶことは、スピーチライターやジャーナリスト、詩人などが発展させてきた芸術の形態です。トーストマスターズ・インターナショナル〔効果的なスピーチを啓発する運動を国際的に普及させる団体〕は、この能力を伸ばすためのすぐれたトレーニングの場を提供しています。私がパブリックスピーカーとしての能力が改善したと思ったのは、自分のスピーチの基本構造について学んだとき、そしてそれを伝えるための言葉をその場で見つけ出せると自信を持てるようになったときでした。

自分が言いたいことが純粋にわかっていれば、あなた自身とあなたが伝えたいことのエッセンスが伝わるはずです。自信がなく能力に不安があれば、適切な言葉を選ぶことにエネルギーが消費され、出てくる言葉もぎこちなくなってしまいます。こうした場合、ゲシュタルトアプローチでは、そのぎこちなさを感じ、自分の能力の限界を受け入れることを重要視します。これにより、自分の中にある自発性を解放することができるでしょう。

◆コーチングのヒント

自信と能力があれば、適切な言葉を見つけて関係の文脈に合わせていくことができるようになります。ゲシュタルトアプローチでは、より流動的にこれを行い、プレゼンスを確立するために役立つ特別な言語構造があります。

「私」を主語にする

ゲシュタルトアプローチのワークでは、「私」を主語にすることに重きを置きます。これは、自分のことを他者に伝えたいという自己中心的な思いからではありません。何が正しいかについての一般的な真実ではなく、自分の現実に対する自分の感覚を重視することを明確にするためです。したがって、ゲシュタルトの介入では、「私は～と思う」や「私は～と感じる」、「私は～と想像する」といった言い方になり、そこから個人としての開示が行われます。ここでのポイントは、感情や意見を他人に押しつけるのではなく、クライアントが自分の気づきを高める内面的な行為であるということです。

「私は自分が～であることに気づいた」という言い方

この言語構造を使って自分の経験についてコメントすることは、クライアントにとってあなたの存在を価値あるものにするための強力な方法です。このとき、今、ここの関係で、自分自身のことを第三者視点で見るような感覚で話すことになります。この言い方の例については以下を参照してください。

「質問」ではなく「発言」する

質問をするときに何らかの情報が求められていることはほとんどありません。通常、質問は、質問者の動機は明らかにせずに質問者の意見を詳しく述べるための、操作的な手法なのです。ゲシュタルトが最も重要と考えるのは、その質問を生み出した思考の過程を開示すること、またそれを声に出すことです。

たとえば、「何を考えているのですか」という問いは、非常に直接的な質問に感じられます。しかし、コーチがどうしてその質問をしたのかを明らかにすれば、その含みはもっと興味深いものになるでしょう。たとえばこんな言い方があるかもしれません。

「先ほどのコメントは混乱を招くものだったかもしれませんね。私にはあなたが顔をしかめたように見えました」
「私はこの件は終わったと思っていますが、あなたはどう思いますか？」
「これまでの話題だったアクションプランについて、私は満足な（あるいは「心配な」）気持ちです。あなたはどうですか？」

態度

これは、自信や落ち着いた状態になることです。私たちは、自分自身を信じ、最も重要なことを相手に伝える能力に自信を持つ必要があります。また、適切な態度を身につけることも重要です。これは、関係の文脈に合致するようなものであり、必要に応じて強気に出たり権威的な態度をとったり、あるいは物静かになったり、穏やかになったりする、といった姿勢を持つことも必要です。

◆コーチングのヒント

ゲシュタルトコーチの態度は、常に「研究者」のようなものです。私たちは、クライアントがどのようにして自分自身を活性させられるか、コンタクトの中断をいかに克服できるか、ということを発見しようとしています。また、クライアントとのやり取りで、そこから出てくるものをデータとして活用しています。

つまり、自己開示は私たちのプレゼンスの重要な一部分であることを意味します。クライアントのふるまいに対して、感情的な反応（イライラ、喜び、動揺、願望）をしてしまいそうなとき、反応が表に出ることを抑えながらも、その感情とコンタクトを保っているのが、ゲシュタルトアプローチの態度と言えるでしょう。あなたとあなたのクライアントの間で、そしてあなた自身の中に何が起こっているか、気づきを広げていきましょう。この「観測する研究者」のモードでは、方向付けされていない気づきが活用されます（第2章参照）。自分の反応や自分とクライアントの間にあるプロセスについて、気づいたことを言葉にしてみましょう。

コーチ「私は、あなたの今のコメントに困惑を感じると共に、少しいらだちを覚えたことに気づきました。あなたの言葉は称賛するものでしたが、私は、あなたの声色がどこか批判的で怒りを押し殺しているかのように感じました。あなたはどのように感じていましたか？」

これにより、あなたは自分の経験を認め、またクライアントの経験を確認することができます。その瞬間には混乱して自分の反応について明瞭でないところがあっても、こうしたシンプルなコメントをすることで、あなたがプロセスに対して確固たる自信を持っているという、パワフルなプレゼンスを伝えることができます。

本書を通じて、ゲシュタルトアプローチのコミュニケーションスタイルを発展させていくためのガイドを解説しています。さらに、流動的でインパクトがある、あなたらしい微妙なコミュニケーションのニュアンスを学ぶためには、トレーニングの場でフィードバックをしてもらうことや、スーパービジョン（第11章参照）が不可欠です。

3. 能力と信頼

自分が尊敬する人のことを思い浮かべてみましょう。その人は、強力なプレゼンスを放っているはずです。そうした人物を思い浮かべていると、特定の分野でのエキスパートであるということが、そのプレゼンスにおける重要な一部であることが理解されるでしょう。強力なシグネチャープレゼンスを手に入れるには、自分の専門分野について熟知していなければならず、それをエレガントに他者に伝え、それに関連することや、複雑な問題についても議論できる必要があります。また、同じジャンルや分野の同じレベルの権威性を持つような人々と交流できることも大切です。これによって、認知度を高め、信頼も得やすくなるでしょう。

ここで、能力や信頼性を高める上での三つの異なる道筋について見ていきましょう。

- リサーチ：特定の分野における専門家の本、論文、アイデアを研究し、知識や知恵をまとめ、新たな何かを生み出す（例：研究をする、論文や書籍を執筆するなど）。
- 経験：試行錯誤を繰り返しながら、その分野における実践経験を積むことで、自分自身の専門知識や同業他者からの信頼性を高める。マルコム・グラッドウェルは、何かの専門家になるためには一万時間の実践が必要であると指摘している。
- トレーニング：専門家が提供するコースやプログラムに参加することで、理論や技術を学ぶ。認定資格などを取得できれば、その分野で先行している専門家の権威を得ることができる。

もちろん、この三つの手法を組み合わせることで、より自分の立場を強固なものにすることができます。確かな内容のトレーニングを受け、ニッチな分野の研究をフォローアップし、実社会で経験を積み重ねていきましょう。こうして、鵜呑みした（第4章参照）知識ではなく、自分自身のものとすることができるのです。すると、あなたは自分の専門知識を試されるような場面を受け入れられるようになります。なぜなら、そうした挑戦に対して「自分が責められている」といった防御反応ではなく、その知識について明瞭さを得るための知的好奇心にあふれた道筋が開かれるチャンス、と思えるようになるからです。

ゲシュタルトアプローチは、経験による学習を主眼としています。実験的態度により、試行錯誤を通じて、エキスパートとなる上での心理的ブロックを探究していくのです。

専門家になるために一万時間の実践が必要というグラッドウェルの仮説(3)が意味するところは、どんな人でも、道の途中で挫けたり心が折れたりすることがあるということです。本書で紹介されている手法は、常に目的に集中し続け、学びのプロセスの中でどうしても生じてくる、制限的な考え方を排除するためのガイドにもなるでしょう。

能力を大きく高めるために努力をしてきて、その仕事をやり遂げたにもかかわらず、その分野で信頼される権威性を獲得するための自己アピールが苦手な人も多くいます。

次の「自信」のセクションでは、こうした問題を扱います。シグネチャープレゼンスの要素として課題となり得るような、コンタクトの中断の典型的な思考パターンとして、次のようなものがあります。

- イントロジェクション：「見せびらかしはいけない。自分の実績には謙虚にならなければいけない」
- プロジェクション：「あの人のほうが優秀で才能もある。自分は到底及ばない」
- レトロフレクション：「自分はどうしようもない。まったくだめだ」

• コンフルエンス：「自分だけではできない。誰か頼れる人を探さなければ」

◆コーチングのヒント

ゲシュタルトの理論や方法論に精通するには長い年月が必要ですが、それらは勉強や実践、自己反省を重ねることで身についていきます。

しかし、これまでの人生である程度の経験を積んでいれば、一般的なコーチングモデルを用いるコーチとしての経験は、おそらく十分すぎるほどでしょう。誰かの後追いをするのではなく、あなた自身のコーチングモデルを確立することは、あなたの血となり肉となり、専門知識やシグネチャープレゼンスの確かな礎となります。自分のモデルやコーチングのスタイルを発展させ、必要に応じて変化させていくことは、このトレーニングプログラムの原則でもあります。

スーパービジョン（第11章参照）は、信頼できるコーチになるために必須です。コーチとしての能力を高めることは時間と労力がかかります。しかし、あなたは徐々にその全体像を理解し、あなたのシグネチャープレゼンスはその要素によって確かなものになっていくでしょう。

4. 自信

自分に価値を感じられることは、あなたのシグネチャープレゼンスにとって非常に重要です。これは自信や堅実さの感覚と密接につながっており、次のようなものから生じてくるものです。

- 自分をひとりの人として尊重するために自己の気づきを深めていくこと
- 自分が何をしているのかを明確にし、その活動に対する信念を持つこと

自分の価値を本当に理解していなければ、幸せを感じたり、自分がやることを愛したりすることはできません。本書は以下を通じて、あなたとあなたのクライアントが、自信や自尊心の気持ちを高めていくことを目的としています。

- 他者との関係における自分自身についての気づき
- 経験の自然な流れを中断している要因を取り除くこと
- 自分の性格の両極の部分の統合
- 内なる批判者との協力
- 自分についての自由な表現

強い目的意識があることと、自分は社会に対して価値ある貢献ができると思えることは、高いレベルの自信を持つことにつながります（これについては第5章の変容の本質の箇所で詳しく説明しました）。自分の人生で、またクライアントに対して、こうした分野に常に向き合っていくことは、シグネチャープレゼンスを発達させる上での大きな要因となるでしょう。

ここで、シグネチャープレゼンスに影響を与える四つのレベルの自信について見ていきましょう。

- 自己尊重

- 自己信念
- 自己疑念
- 自己嫌悪

自己尊重

自分を尊重することは、シグネチャープレゼンスにとって重要です。この感覚は、私たちが高いレベルで自分に自信を持っているときに生じます。自分のことを良く思い、自分自身を愛し、また自分のあり方を快適なものとして感じます。自分の価値を「証明」する必要がないので、大げさな物言いをしたり横柄な態度をとったりする必要もありません。そのため、自信はありながらも謙虚な雰囲気がありますす。

こうしたウェルビーイングのあり方は、さまざまなコンテキストで現れます。そのため、得意ではない状況や役割を任されたときにも、自分の価値を保持することができます。こうしたふるまいを実践している人物と言えばダライ・ラマが挙げられますが、他にもたくさんいるでしょう。それはあなたの祖父母や隣人、上司かもしれません。こうした人々の周囲にいることで、どのように自分を成長させていくかといったモデルが得られるはずです。

自己信念

自分を信じることも、シグネチャープレゼンスに必須の要素です。これは自分を尊重できることと関連していますが、役割やコンテキストによって特定されます。ポジティブな外部からのサポートがある場合、また自分の役割の能力を発揮できるような状況では、自己の内面でも多くのポジティブな言葉が湧き上がってくるでしょう。これによって自分の行いの正しさが確認され、他者との関係においてプレゼンスを発揮できます。しかし、より困難な状況に直面すると自分の能力を信じられなくなり、自己批判的になってしまうことがあります。こうなると自信を失い、疑心暗鬼に陥ってしまうのです。

自己疑念

自分を疑うことは、ポジティブなプレゼンスに悪影響を及ぼします。これは自分自身を信じられない、ためらいの気持ちが特徴です。内なる声が批判的で自分自身を傷つけるものになり、自分の外に安心できる何かを求めようとします。こういったとき、心の中では「トップドッグとアンダードッグ」の対話が続いています（第6章参照）。これは、古い否定的な考え方やイントロジェクションに起因するものです。エネルギーが奪われ、仕事をこなす気持ちがなくなっていきます。結果として、コンタクトの中断が頻繁に起こることになり（第4章参照）、変化に対して創造的に順応するための能力が、著しく損なわれます。これは多くのクライアントが取り組んでいる状態です。この状態を脱却すれば、楽な気持ちで効果的に自分の能力を発揮していくことができます。

自己嫌悪

自分を嫌悪することは否定的なプレゼンスを生み出します。これは、自分には価値がない、と感じてしまう状態です。こうした人から発せられるエネルギーは、憂鬱で、緊張感があり、しかも伝染性が高いものです。非常に否定的で破滅的な幼少期の環境に起因することが多く、そういった人は自分が他者に与えられるものはほとんどなく、社会に対して何も貢献できない、と感じています。これはセラピーやカウンセリングの領域で、コーチングによって対応すべきエリアではありません。

◆コーチングのヒント

自尊心を見つけ維持することは、さまざまなクライアントと自信をもって相対するために重要です。これまで多くのコーチングやセラピーを経験してきたなら、自己疑念に陥る原因は明らかでしょう。コーチとなる上で、強力な目的意識を持つことで、あなたは自信を獲得し、打たれ強くなり、それによって状況から学んで成長をしていくことができるようになります。

新しいスキルを学び、それを実践していく間は、あなたの能力はそれほど高くはないかもしれませんが、それはあなたのコーチングのスキルについてまで自信を失う理由にはなりません。自分がその場にいるのは何のためか、そして何を提供できるのかについて明確に理解し、良いコンタクトを行っていくことが大切なのです。「約束は控えめにして、約束以上のものを提供する」という格言がありますが、それはここでも有効です。自分自身のシグネチャープレゼンスを高めていく上で、この格言は自信のよりどころにもなるでしょう。

ほとんどのクライアントとは、自己信念と自己疑念の領域についてワークをすることになるでしょう。自己尊重が高い状態にある場合は、そもそもコーチングを受ける必要がなく、自己嫌悪に陥っている場合はコーチングではなくカウンセリングやセラピーを受ける必要があるからです。

多くの自己啓発や催眠療法といった手法は、繰り返し自分自身を肯定的に評価し、自己信念と自信を高めるといった手法を採用しています。こうしたやり方は、自分に対してのネガティブな独り言や頭の中の声をかき消してくれるので、精神のバランスを取り戻すことができます。また、そういったことを行う場では、集団の力と成功の感覚を作り出します。たとえば「私にはできる」と口にするなど、特定のプロセスや儀式的なことを行う場合もあります。しかし、こうしたルーチンが必要であるということは、本人がそうした行為をしなければ失敗してしまうかもしれない、と感じていることを意味しています。

ゲシュタルトコーチングのアプローチはまったく逆です。ネガティブな自己内対話に注目し、それを表面化させ、誇張し、それによって批判的な視点の価値を理解することで、自分にとっての敵ではなく味方として活用しようとします。このアプローチは、弱さを覆い隠すのではなく、自己の気づきを高めることができるため、自己尊重のレベルに移行しやすいのです。

ゲシュタルトの「今、ここ」のアプローチの強みは、あなたとクライアントとの関係の中で、さまざまな実験を通じて、状態やレベルを移動する様子を観察できることにあります。これにより、成長や自信の獲得、シグネチャープレゼンスを獲得するための介入の機会がより多くなります。

5. 安定して今に在る

本章の冒頭でも触れたとおり、安定した状態で現在の瞬間に在ることは、ゲシュタルトの哲学の中心であり、生きることのエッセンスです。これは、世界とつながり、地に足をつけながら、連続する経験のフローの中にあり、展開していくプロセスを信頼するということです。これはマインドフルネスと言い換えることもできます。

生き生きとつながる

この状態では、自分の思考や感情、そして身体と感覚が、リラックスしながらも覚醒しています。環境に対して感覚が研ぎ澄まされており、すぐに反応できる状態にあると言えます。コンタクトと離脱のフローを中断するものはなく、それぞれのサイクルが問題なく完了していくため、完全な満足を得られます。しかしそれは、集中が浅いとか、一生懸命がんばらなくていいとか、問題や課題がないということではありません。むしろ、今自分が持っている知識、スキル、経験などを使い、あらゆる活動に対する努力が実を結ぶということです。

地に足をつけてフローに身を任せる

自分がフローの中にいたとき、流れに身を任せているとき、誰かと本当の意味で「一緒にいた」状態を思い出してみましょう。そういったことの特徴の一つとして、ネガティブで気が散るような頭の中の「おしゃべり」がない、ということが挙げられるでしょう。自分は不動で、周囲の世界に五感を通して向かい合っていて、頭の中での実況解説がありません。その最も高度な状態では、自分と世界や環境との境界が消え去り、高い達成感の状態にあります。時間は歪み、自分の行動すべてが意味と満足感にあふれていて、しかし、努力するという感覚はなく、執着するようなこともありません。すぐれたアスリートやアーティストは、パフォーマンスのピークである「ゾーン」に入る、ということがありますが、これがその状態です。通常の空間や時間の連続性を越えて、別の次元に至るのです。インナーゲームの手法は、このレベルのパフォーマンスにアクセスするための道です。最大限、効率よく流れに身を任せられるようにするために、自己内対話を減らすことに焦点を当てます。

プロセスを信頼する

生き生きとして地に足をつけていれば、自然にプロセスを信頼できるようになります。正しい方向性(関心の図)が、「豊かな虚空」から現れてきます。集中してリラックスしたあなたの注意は、直観的にクライアントとともに取り組むべき最も効率的な道筋を知っており、あなたはそれに身を委ねるだけです。これこそが熟練者の道筋です。それはあなたの技術や理論を含みながらもそれらを超越したもので、この瞬間のこの関係性だけのものです。最初は特定のツールや技術に頼ることができず、クライアントを前にして無防備であるように感じられるかもしれません。しかし基本的な原則を体得していくことで、「今という瞬間の安全性」の中で本当の確かさを獲得し、クライアントと共にその瞬間に留まっていることに熟練していくことができます。

◆コーチングのヒント

コーチとしての経験が浅いと（経験が豊富な場合でも）、自分の中心を失い、バランスを取り戻すことが難しくなる瞬間があります。たとえば、次のような場合です。

1．クライアントが行き詰まってしまい、自分も行き詰まってしまったとき

現在の関心の図に留まり、自分が経験している感覚（まさにその行き詰まり感）に向き合い、それが何であるかをクライアントに伝えます。時間をかけて、その経験が本当は何であるか、またそれがその状況で、どういった意味を持つかについて理解を深めていきましょう。自分の軸を見つけてクライアントとラポールを形成できれば、クライアントもあなたとの関わりに前向きになり、探求していくことに熱心になるでしょう。自分自身の行き詰まり感を表現することで、その瞬間に必要なプレゼンスを発揮し、その後の行き詰まりを解消することができるのです。

2．クライアントの状況について不確かさを感じたり、曖昧さを感じたりしたとき

ゲシュタルトコーチでなければ、何とかしてクライアントを前進させられるようなテクニックを用いたり、別の方法を試してみようとしたりするでしょう。しかしそれでは、クライアントの葛藤の核心にあるかもしれない曖昧さに対応していることにはなりません。繰り返しになりますが、ゲシュタルトアプローチの根幹にあるのは、今に留まり自分の経験に確信を持ち、クライアントの学びは不快感からこそ生じる、という信念を持ち続け、新鮮で創造的な行動に向けた気づきのフェーズをサポートすることです（第3章の経験のフローを参照）。

ここにはすばらしい好循環のスパイラルがあります。この瞬間に留まることができるようになるにつれて、より多くのシグネチャープレゼンスを得ることもできるようになり、それが今という瞬間に対応していくことの大きな自信にもつながるのです。

強力なシグネチャープレゼンスがもたらすもの

強力なシグネチャープレゼンスを獲得することで、次のことが可能になります。

- 注意をひきつける
- 信頼を築く
- クライアントに真実を語る
- クライアントを萎縮させることなく、疑問や反対意見を投げかける

- 必要に応じて自分を背景の一部にする
- クライアントと自分を区別する――判断や決定について自分の立場を明確にしたり、受け入れられやすいように自分の意見を伝えたりする
- 曖昧さや不確実性を許容し、自分自身の不快感や不安感などに対処する
- クライアントのフラストレーションや不安を受け入れる
- 恐怖、対立、不安に引き裂かれそうになっても、関係のバランスを保つ
- クライアントの抵抗、怒り、焦りに直面しても、自分自身に忠実であり続ける
- 今起きていることに留まり、何かが自然と現れるのを待つ（プロセスを信じる）
- 意見の不一致があっても、クライアントとのつながりを維持し調和する
- 自動的、反射的な反応を避ける
- 解釈や解決策を提供しない

自分自身を知り、自分の脆さがどこにあるのか、どのような状況で自分が反射的に反応してしまうのかを知ることが、バランスを保つ鍵です。たとえこれらを見失っても、何が起こっているのかを認識すれば、すぐにバランスを取り戻すことができるでしょう。

まとめ

今に在ることは、ゲシュタルトアプローチの中心です。これは置かれた環境の中で自ら行うもので、

他者を必要とするものではありません。

一方、プレゼンスとは、関係性であり、相手に対して影響を与えることを意味します。それは関係の上に成り立ち、他者と一緒に「いる」ことによって、相手はあなたから、そしてあなたと共に、感じることができるというものです。これは自信や権威とともにコミュニケーションをする能力であり、政治家やビジネスリーダー、有名人が活用している能力でもあります。

シグネチャープレゼンスとは、自分自身の表現です。他者との関係の中で本物の自分を誠実に伝えることであり、ゲシュタルトアプローチのコーチングと相性の良い考え方です。

本章では、シグネチャープレゼンスの要素について解説し、シグネチャープレゼンスを、以下の視点から高めていくためのフレームワークを紹介しました。

- 自分の人生のさまざまな面における、一個人としてのあなた
- コーチングの関係におけるコーチとしてのあなた
- コーチング関係にある、あなたのクライアント

シグネチャープレゼンスにおける五つの要素は次のものです。

1．関係のコンテキスト

コンテキストは、関係の四つの側面を考えることで理解されます。これらは頭文字を取ってREAPと呼ばれます。

- Role（役割）：自分に何が求められているか

- Environment（環境）：その関係はどのような環境の一部か
- Audience（観衆）：相手は何者か
- Purpose（目的）：その関係の目的は何か

2．コミュニケーションスタイル

自分の考えや感情を自信と情熱をもって伝えることができる能力は、シグネチャープレゼンスの質を決定付ける第二の要素です。

シグネチャープレゼンスに寄与するような、強力な自分なりのコミュニケーションスタイルを身につけていく上での四つの要素は次のとおりです。

- 声のトーン：感情的なブロックに声を与え、さまざまな感情を表現することで、声のトーンの範囲を広げる実験を行います。
- 姿勢：身体的にどのように自己を表現するか（ボディランゲージなど）により、自分が何を感じているかについてメッセージを伝えることができます。
- 言葉：適切な言葉を選び、メッセージをわかりやすく伝えることができなければなりません。しかし、自然に言葉が出てくることや、その言葉に偽りがないことが、メッセージの本質を伝える上では重要です。
- 態度：自分の「伝える」能力を信じること、関係のコンテキストに適した態度を見つけることが大切です。

3. 能力と信頼

シグネチャープレゼンスを獲得するためには、自分の専門分野について熟知している必要があります。また、それをエレガントに伝え、その派生的な内容や複雑な内容について、同レベルの権威を持つ相手と対話することが求められます。これを実現するためには次の三つの道があります。

- リサーチ
- 経験
- トレーニング

4. 自信

自分の価値を感じられることは、シグネチャープレゼンスにとって重要です。これは自信のレベルや、以下のようなことから生じる「確かさ」に関連しています。

- 自分をひとりの人として尊重するために自己の気づきを深めること
- 自分が何をしているのかを明確にし、その活動に対する信念を持つこと（第6章参照）

シグネチャープレゼンスに影響を与える自信についての四つのレベルがあります。

- 自己尊重：自分自身について好意的に解釈し、謙虚ながらも自信を感じさせる雰囲気がある
- 自己信念：特定の役割における自分の能力を信じており、内なる声もポジティブなものである
- 自己疑念：自分を信じる力が弱いか、またはそのことに臆してしまい、内なる声は批判的なものである
- 自己嫌悪：自分に価値を感じられず、ネガティブなプレゼンスを発している

5．安定して今に在る

安定して中心に立ち、現在の瞬間に存在することは、ゲシュタルトの考え方の核であり、生きる本質でもあります。

- 可能なかぎり世界とつながり、そして生き生きとしている
- 地に足をつけながら、連続的な経験のフローの中にいる
- 展開していくプロセスを信頼する

この状態は、マインドフルネスと呼ばれることがあります。

第11章 コーチングのスーパービジョン

近年、コーチングのスーパービジョンの重要性とその意味について、多くの論文や書籍が発表されています。スーパービジョンとは、コーチングのスキル向上やクライアントとの具体的なコーチングセッションのふり返りを目的にして、スーパーバイザーとともに課題を探求していくプロセスです。この章では、スーパービジョンとは、どういったものかについて考察していきます。スーパービジョンを、コーチの個人的、専門的成長を遂げるための場としてとらえる一方、倫理的問題や、コーチの役割や責任の境界を管理するといった複雑な問題を探求するための場でもあると位置付けます。

個人のスーパービジョンとグループのスーパービジョン

スーパービジョンは、一対一の形式をとることもありますし、何人かのコーチが集まり、グループでスーパーバイザーと定期的に会うこともあります。グループのスーパービジョンでは、参加者が多ければ個々の参加者の時間は少なくなるので、さまざまなフォーマットによってセッションが行われます。主に次の二つが多いでしょう。

- スーパーバイザーがリードし、一人ずつ順番にコーチとワークをしていく。一人ひとりが抱えていることに取り組みながら、他の参加者とも必要に応じてやりとりをする。
- スーパーバイザーはグループ全体のプロセスをファシリテートするが、参加者が積極的にリードしていく。各参加者が持ち込んだケースや課題を掘り下げ、各参加者自身の知覚や反応から互いに多くのことを得られるようにするためにアプローチや実験を構成していく。

一つ目のアプローチは、グループでのスーパービジョンのプロセスや形式を学んでいる最中の、比較的新しいコーチたちが参加する場合に非常に効果的です。一方、後者のアプローチは、より経験のあるコーチたちが、自らのクリエイティブさを発揮する可能性があることがメリットになります。ゲシュタルトアプローチのスーパーバイザーは、後者のやり方を行う傾向にあり、さまざまな方法でグループダイナミクスをうまく活用します。さらに、経験豊富なコーチのグループに対しては、互いにスーパーバイザーの役割を担うように依頼し、そのプロセス全体をスーパービジョンするということもあります。

スーパービジョンの焦点のさまざまなレベル

ゲシュタルトコーチのスーパーバイザーが、コーチと一対一で、あるいは一対多で、どのようにスーパービジョンを実践していくか、これまでの章で扱った内容と関連付けて説明していきます。ピーター・ホーキンズが確立した七つの視点モデル（Seven-eyed model）[1]と呼ばれるスーパービジョンの方法を紹介します。これは、コーチとそのスーパーバイザーが、コーチの実践（そして練習）をふり返るための、網羅的な視点（ホーキンズとその共著者はこれをモードと呼ぶ）のモデルです。

図11-1は、重なり合う二つのサブシステムを表しています。

- コーチとクライアントのサブシステム。そのコーチがスーパービジョンの場に持ち込んだ実際のコーチングのケース。
- スーパーバイザーとコーチのサブシステム。コーチがスーパービジョンのセッションに参加するときに生まれるシステム。

このどちらのサブシステムも、より大きなシステムの一部として存在しており、それはスーパービジョンとコーチングの両方のより大きなコンテキストが存在することを意味しています。これを参考に、スーパービジョンのセッションにおけるフォーカスとなる、七つの視点（モード）を見ていきましょう。*

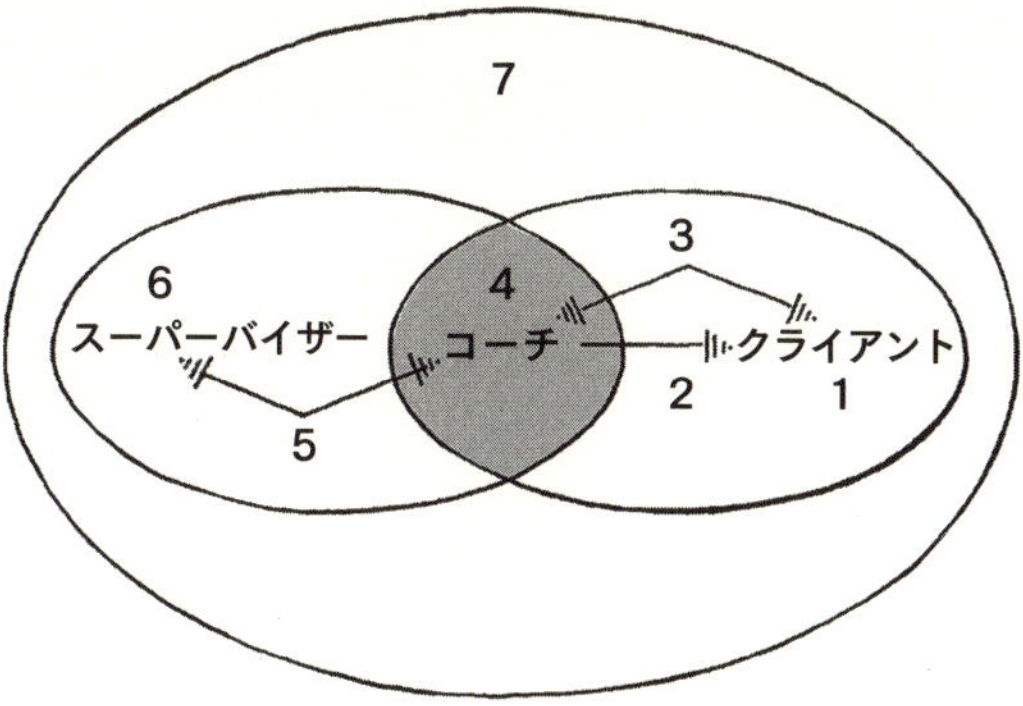

図11-1：ホーキンズの７つの視点モデル

＊スーパービジョンを提供する人のことを「スーパーバイザー」、スーパービジョンを受ける人（コーチ）を「スーパーバイジー」と呼ぶ。以下では、スーパービジョンを受けるコーチを、スーパーバイジーと表現している箇所がある。

モード1：クライアントの世界。つまり、クライアント、クライアントのコンテキストやストーリー、コーチのスーパービジョンの延長線上にいるコーチングの対象となる人
モード2：コーチがクライアントに対して行った介入
モード3：コーチとクライアントの関係
モード4：コーチ（そのクライアントの前でコーチが何を経験するか、またクライアントについての話題がどのような感覚や感情を引き起こすか）
モード5：コーチとスーパーバイザーの間に起こっているダイナミクスの掘り下げと、それがクライアントとコーチの間（モード3）でも同じように起こっていないか（何らかのパラレルプロセス）の確認
モード6：スーパーバイザーが今、ここで何を経験しているかについて、またコーチやクライアントに対する責任や役割についての、スーパーバイザー自身によるふり返り
モード7：コーチングとスーパービジョンの両方が起こっている、より広いコンテキスト（たとえば、クライアントが所属している組織、コーチが関係を持つステークホルダー、関係者にとってのより大きな社会的・文化的・倫理的コンテキスト）

ゲシュタルトアプローチで注目するのは、現れてくる関心の図への気づきを高めること（第2章参照）、そして適切なアクションに向けエネルギーが活性化すること（第3章参照）です。さらに、このモデルは現象学的探求や、「今、ここ」に働きかけること（第5章参照）、能動的な実験（第6章参照）など、ゲシュタルトアプローチを探求していく豊かな枠組みを提供しています。

モード1：クライアント

すでに学んできたように、あらゆる瞬間の図、すなわち関心の対象となるものは、個々人のユニークなコンテキスト（それぞれの過去や考え方、感情、経験、希望、欲望、恐怖、不安など）から生じてきます。これは、コーチングのセッションのすべての局面に、コーチが考慮すべき大量のデータがある、ということを意味します。たとえば、コーチングの部屋の状況やセッティング、クライアントが実際に言葉にする内容、それがどのように言葉にされるか、非言語的なふるまいはどうかなど、思いつくものを挙げるだけでもその数は膨大です。しかし、クライアントや、クライアントと共に対応しようとしている状況を知覚する上で、コーチは独自のフィルターを持っています。そのため、こうした利用できるデータのほんの一部しか活用できないこともあるのです。

スーパービジョンのセッションでは、コーチが、クライアントから提供された実際のデータと、コーチの解釈や仮定、プロジェクション（第4章参照）を区別するのを助けることが、重要な目的です。これは、コーチングのセッションに対して新たな見方をすることによって、次回以降のセッションで異なる可能性を模索するためです。

スーパーバイザーがこれを行う方法として、コーチに対して現象学的データとそのデータに基づいたコーチの結論を区別するように促すことがあります。

最近、コーチングのセッションを行った人のことを思い出してみてください。その日、そのクライアントと出会った瞬間は、どんな状況だったでしょうか。ひょっとするとそれは、コーチングの部屋に入る前のことだったかもしれません（たとえばエレベーターで会ったときなど。重要なデータは往々にして出会いがしらや別れるときに現れるものです）。そのシーンを、できるだけ鮮明に思い出してみましょう。クライアントはどんな様子だったでしょうか。そのときのエネルギーはどんな感じだったでしょうか。表情や声のトーンはどうだったでしょうか。

このとき、実際の現象としてのデータに注目するようにしましょう（たとえば、「クライアントは遅刻したことを気まずく思っていたようだ」というようには考えず、「クライアントは顔が赤く、しゃべるときも声が小さかった」というように観察したことを意識する）。そして次に、そのクライアントとのセッションを、映画を見るように思い出してみましょう。

セッションが終わったとき、どんなことがあったでしょうか。そのセッションはどのように終わり、クライアントは何かを言ったり、何かを行ったりしたでしょうか。

これはスーパービジョンセッションで、コーチに試してもらうことができる実験の一例です。クライアントの状況について詳細情報を共有したがる傾向があるスーパーバイジーであれば、この方法はより効果的です。それはたとえば、次のようなやり取りで始まるかもしれません。

コーチ（スーパーバイジー）　このセッションでは、結局、クライアントは、自分が抱えていた難しい状況を誰かに押しつけようとしていたということで……。

スーパーバイザー　ちょっと待ってください。話を先に進める前に、ちょっとやってみてもらいたい事があります。クライアントから見えている世界を掘り下げることができるかもしれません。そのセッションの最初の部分を、頭の中で鮮明に再現してみてほしいのですが、まずはクライアントと応対するところから始めましょう。どうなるかはわかりませんが、興味はありますか？（相手がうなずく）では、クライアントと最初に会ったときのことを思い出してください。お二人はどこにいましたか？

もう一つの方法として、スーパーバイジーであるコーチに、そのクライアントの役をやってもらうということがあります。立ったり歩いたり座ったりをクライアントがしたとおりに行い、クライアントの立場でどんなことを感じるかを意識してもらうのです。

グループでのスーパービジョンの場合、グループ内の誰かにそのクライアントの役をやってもらうこともできるでしょう。クライアントの話し方や非言語的なふるまいを（スーパーバイジーであるそのコーチが説明するとおりに）真似をして、その様子を、スーパーバイジーが観察します。また、グループの別の参加者は、その様子を見ている間に感じたことがあれば言葉にしてもらってもよいでしょう。あるいは、スーパーバイジーがクライアントのことを掘り下げていくとき、何か気になったことがあれば、それについてもコメントしてもらいましょう。

こうした実験を試すだけで、驚くような知見が得られるのは珍しいことではありません。スーパーバイザーは、コーチがこの実験からどういった意味を獲得できたかについて、コーチと関わっていきます。ふだん私がする質問は、「実験の前には明らかではなかったけれども、今ならわかることはありますか？」というものです。スーパービジョンのセッションは、そこから他の視点を介した探求に進んでいくこともあります。そうした実験の例を、これから示していきます。

モード2：コーチのクライアントへの介入

モード2では、スーパーバイザーはコーチが現在クライアントに対して行っている介入について掘り下げ、扱える選択肢を増やせるようにサポートしていきます。これにより経験の浅いコーチは自分のスキルや自信、能力を高めることができ、経験のあるコーチは特定のクライアントに対して盲点となっているような選択肢を見つけることができます。

こうしたことは、経験が浅いコーチにとってはセンシティブなものになるかもしれません。多くの人はスーパーバイザーに「自分はうまくやっている」ように見せたいと思ったり、「当然行うべき」介入を見逃しているかもしれないと思って、スーパーバイザーから責められているように感じることがあるからです。そのため、スーパーバイザーは実験をコーチのレベルに合わせて行うことが大切です（第6章の実験の強度レベルの設定について参照）。

まずレベル1では、「客観視」を試みます。スーパーバイザーはコーチに対し、クライアントと一緒に座っているところを想像してもらい、（第三者の視点から）そのやり取りについて描写してもらうのです。たとえば次のような言い方ができるでしょう。

「そのセッションを、映画を見るように目の前で思い描いてください。少し離れたところからそのセッションを眺めている立場から、目の前の両者はどういったことを言っているでしょうか」

より経験のあるコーチに対しては、レベル3の身体を使う実験（あるいは実際のセッションで行ったことをもう一度最初から始める）を提案するのもよいでしょう。対話を再現するための二つの椅子を用意して、コーチは自分の椅子とクライアントの椅子を行ったり来たりして対話を進めます。スーパーバイザーは彼らの「今、ここ」の経験をチェックします。たとえば、次のように聞いてみるのもよいでしょう。

「クライアントに対してそれを言ったまさに今、どんなことを感じていますか？」

あるいは、クライアントに介入するとき、コーチが理性的に考えることができているかどうかに注目するのもよいでしょう。

「クライアントのどんなことに気づきましたか？　クライアントにとって有益と思われることには、どんなことがあるでしょうか」


選択肢の幅を広げる手助けをする上では、さまざまな言い方があります。

「仮にまったく制限がないとしたら、今、クライアントに対してどんなことを言いたいですか？」

「最高に優秀なコーチなら、この瞬間にどうするでしょうか」

「クライアントに対してこのときに言える、最も常軌を逸した／奇抜な／クリエイティブな／チャレンジングなことは、どんなことでしょうか」

「このクライアントに絶対に言えないと思うことは何ですか？」


グループスーパービジョンでは、他の参加者がそれぞれ介入の特定の時点で自分ならどうするか、意見を言うかもしれません。スーパーバイザーはこれを受けて、スーパーバイジーのコーチにいくつかの選択肢を試してもらったり、誇張してもらったり、試してもらいながらコーチの経験を探っていきます。

モード3：コーチとクライアントの関係

モード3は、コーチとクライアントが共同で創っている関係に関するものです。コーチは共創される関係の欠かすことのできない一部分であるため、そこから一歩引いて第三者の視点で見つめ（あるいは二人を上から眺めているような気持ちで）、その関係の中で変えていきたいことについて選択をする必要があります。ゲシュタルトアプローチの能動的な実験は、スーパーバイジーがこれを行うことをサポートする、特に効果的な方法です。
ここでも、スーパーバイザーはコーチに対して、一歩引いて自分自身がクライアントと向き合っているところを観察するよう提案します。コーチのスタイルによってさまざまなやり方があります。

- 想像の中で、イメージしたものを描写する
- 関係を表す絵を描く
- 部屋の中にあるオブジェクトを使って、自分とクライアントを表現する
- 二つの椅子を使い、それぞれの椅子に自分とクライアントが座っているところを想像する
- 関係の一部を身体で表現する

◇実験

想像力やメタファーを使うと、多くの新たなことが明らかになることがあります。スーパービジョンにおいて、試すことができる実験を以下に紹介します。

あなたのクライアントの中で、もっと理解したいと思っている関係を持つクライアントのことを、思い浮かべてください。自分が壁にとまった蝿になったと思って、そのクライアントとのコーチングの状況を見ているところを想像してみてください。そのまま、しばらく見ていてください。

ここで、一瞬だけ時間を止めましょう。もし、その関係がダンスのようなものだとしたら、それはどんなダンスでしょうか。あるいは音楽だとしたら……(芸術だとしたら、映画だとしたら、物語だとしたら

……好きなものを選んでください)。どうでしょうか。あるいはこんな言い方もあるかもしれません。
「もしあなたとあなたのクライアントが無人島に二人きりでいるとしたら、何が起こるでしょうか?」(2)

グループでのスーパービジョンにおける創造的なやり方の一つにこういったものがあります。まず、コーチにその関係について言葉にしてもらいます。そして、他の参加者にそれを絵に描いてもらったり、身体で表現してもらったりすることで、それがクライアントとの関係を考えるコーチにとってどんな印象になるか、新たな気づきを得られるかを見てみる方法です。

次に、スーパーバイジーであるコーチが何を感じ取ったか、そしてそのコーチングがコーチとクライアントにとって最大の価値を持ち得るために、また、関係性をシフトさせるために、何をする必要があるか、ということについて焦点を当てていきます。

ここからの方向性はいくつかあります。たとえば、こうした実験がコーチの中に何を呼び起こすのか(モード4)や、コーチがクライアントとのダンス(関係)においてどのような役割を担っているか、あるいはコーチがクライアントにどのように介入しているか(モード2)、といったことを探求していくことなどが考えられます。

モード4:コーチ(スーパーバイジー)

モード4は、コーチに焦点を当てます。コーチがクライアントとワークをするとき、コーチには、どういった感情や感覚が引き起こされるのか、何に引っかかっているのか、何がコーチ自身の過去の経験を刺激しているのか、クライアントと共有すれば有益な「データ」になりそうなものに着目していきます。

モード4の道筋は一つではありません。コーチはすでにこのクライアントが、自分に何らかの反応を「引き起こす」何かを持っていると、認識しているかもしれません。あるいは、スーパーバイザーがコーチの声のトーンや非言語的なふるまいに興味深いものを見つけ、コーチがクライアントについて話しているのを止めて、コーチを彼の「感じた経験」に近づけるかもしれません（そして、興味のある図への意識を高める。第2章参照）。コーチに対して、「その瞬間をとらえる」ということを難しく考えず、自分の反応に意識を移すよう促します。

スーパーバイザー（特定の表情に気づいて）そのとき、何が起こったのですか？

あるいはスーパーバイザーは、自分が気づいたことについて説明することもあるでしょう。

スーパーバイザー　クライアントの同僚に関する反応について、今あなたが話していたとき、あなたは椅子に深く腰かけて、両手をこんなふうにしていました（ここでその仕草を実際にやってみせる）。そのことには気づいていましたか？

コーチ　いえ、まったく。

スーパーバイザー　ちょっと実験をしてみましょうか。あなたが口にしたことを、動きを大げさにしながらもう一度言ってみてください。そのとき、何か気づいたことがあれば教えてください。（コーチがそれを実際にやった後）その動きをする中で、何か気づいたことはありますか？

コーチ　何となくクライアントを押し返しているような、自分が離れようとしているような……。

スーパーバイザー　なるほど。では次に、その動きをしながらこんなふうに言ってみてください。「私はあなたを押し返している」、「私はあなたから離れている」。（コーチがそれをやった後）どう感じましたか？

コーチ　自分が離れている感じです。このクライアントはなんだかすごく判断的というか、批判的で、その同僚の話をするとき、私は少しショックを受けています……。

ここで、スーパーバイザーはただその場での事実や現象を述べているだけで、何かを判断したり解釈したりすることなく、コーチが自分自身のプロセスについてより明確になるようサポートする、という意図があります。モード4でコーチとスーパーバイザーは、コーチの反応がどういうものかを掘り下げていきます。つまり、コーチ自身の過去から、どういうものがそのクライアントによって引き出されてきているのかを探っていきます。そこで、こういったやり取りがあるかもしれません。

スーパーバイザー　自分自身の人生の体験から、判断的というのはどういうことだと思いますか？

あるいは、

スーパーバイザー　そのクライアントと一緒にいて思い出す人などはいますか？

コーチがこうした質問に答えられれば、コーチが、自分の過去と現在の状況を、分離できるように手助けすることが、スーパービジョンの焦点となります。

一方、自分の反応と過去の経験が結びつかない場合もあるでしょう。この場合、コーチの反応はクライアントの行動に対する純粋な反応であり、クライアントの世界の他の人々が、クライアントに持っている反応を反映している可能性があります。このような場合、コーチはクライアントについての非常に有益なデータを持っているということになります。これに関連しては、第10章でコーチのプレゼンスと自己の活用について扱っています。コーチの反応は、そのコーチとクライアントのやり取りの中で発生しており、ゲシュタルトの理論では、それはクライアントに何らかの関連性があると考えます。

したがって、そのスーパービジョンのセッションは、モード2（コーチの介入）に戻り、コーチが同じように感じて反応しそうになったとき、そのデータをどのように共有するべきかを探ることになるでしょう。たとえば、こんな言い方があるかもしれません。

スーパーバイザー　もう一度、クライアントと向き合っている瞬間のことを思い出してみてください。今回は、自分の反応について意識的に気づいてみましょう。クライアントを見て、クライアントに対して判断をすることなく情報を伝えようとするとき、自分の反応について何が言えるでしょうか？

しかし、コーチ自身のこととクライアントのことを分けるというのは、決して簡単ではありません。両者は常に混ざり合ってしまうことが多いものです。スーパービジョンの中でこれを探求することに時間を費やすことで、コーチはクライアントに対する反応の（少なくとも）一部が自分自身の「素材」から生じているということを理解し、クライアントとの次のセッションではこのことに配慮することができる、ということが重要です。

モード6：スーパーバイザー

説明の都合上、モード5より先にモード6を紹介します。スーパーバイザーの責任や役割をはっきりと理解することで、コーチとスーパーバイザーの関係において何が起こっているかを明確にするためです。モード4と同様に、スーパーバイザーは、自分がコーチに対して何を感じ、どのように反応しているか注意を払う必要があります。スーパーバイザーは複数の役割を担うため、特にパラレルプロセスについて探っていく必要があります。

スーパーバイザーが担う三つの異なる役割としては、次のものがあります。

1. コーチ
2. メンター
3. アドバイザー

スーパーバイザーは、この三つの役割について十分なスキルを持ち、セッション中のいかなる瞬間でも、どの役割に焦点を当てるか選択しなければなりません。

1．コーチとしてのスーパーバイザーの役割

コーチングそのものについてはこれまで詳述しましたので、これについては説明不要でしょう。ただし、スーパーバイザーは少なくとも五年以上のコーチングの経験があり、自分自身のフレームワークや

手法について明確に説明できなければならないほか、さまざまなコーチングのアプローチに精通している必要があります。

コーチングの実践におけるスペクトラム（第1章参照）においては、多くのスーパービジョンはスキルコーチングのレベルに該当します。コーチが自分自身のスキルをより効果的に発揮し、クライアントのために使うことが目的だからです。

ただし、ゲシュタルトのスーパービジョンでは、スーパーバイザーは自分の経験や失敗と成功、そしてクライアントに対する感情的反応（モード4）について、またコーチとクライアントの関係（モード3）について、スーパーバイジーであるコーチと共有するケースが多いでしょう。このため、スーパーバイザーはコーチングにおける、パフォーマンスと発達のレベルに踏み込むことになる場合があります。

2. メンターとしてのスーパーバイザーの役割

これは、まだ経験の浅いコーチに対して、何らかのガイドを与えたり、アイデアやヒントを与えたりするような役割です。特にモード2の介入の選択に関してこうした役割を担うことになるでしょう。ゲシュタルトスーパーバイザーは、コーチが試してみたいと思えるような実験の種類やレベルを考慮し、アイデアを提供したり、別の角度からの意見を示唆したりします。ただし、その助言は注意深く行わなければなりません。経験の浅いコーチの場合、エキスパートからの意見によって自分が間違っていると感じて自信を失いがちだからです。

3. アドバイザーとしてのスーパーバイザーの役割

スーパーバイザーは、クライアントに対して（モード1）とその組織に対して（モード7）、注意義務を負っています。すなわち、専門的な基準が維持され、コーチが安全に実践し、倫理が遵守されることを確認する責任があります。

複雑な倫理的問題が発生した場合（クライアントからのクレームなど）、スーパーバイザーは、コーチが責任ある行動をとれるように、助言と指導をしなければなりません。

ゲシュタルトアプローチでは、感情や感覚を探求していくことが基本的な介入方法の一つになっています。しかしそれによって、クライアントの子どもの頃の困難な記憶やトラウマが浮き上がってくることもあります。したがって、コーチングを継続すべきか、あるいはより専門的なカウンセラーやセラピストを紹介するか、といったスーパーバイザーの明確な指示は非常に重要です。

モード5：コーチとスーパーバイザーの関係

スーパーバイザーの役割と責任を理解することで、スーパーバイザーとコーチの間で起こっているダイナミクスはより明確になります。

スーパービジョンの場は、スーパーバイジーであるコーチにとっては、とても傷つきやすい場であり、スーパーバイジーは弱い立場にあります。クライアントに対する自分のプロとしての間違いや不完全だったこと、不適切だったこと、などをさらけ出していかなければならないからです。しかし、それがなければ重要な問題に対処することもできません。そのため、スーパーバイザーはコーチとの関係の質に注意を払い、それを最大限に活用する方法を考え続けなければなりません。

例　あるコーチが、クライアントについてポジティブな言葉で意気揚々と語っているとしましょう。スーパーバイザーは何となくそれを退屈で、おもしろくないと感じています。同時に、なぜその話に興味を持てないのかを不思議に思っています。このコーチとのスーパービジョンは初めてで、これまで話の内容が繰り返されてきたというようなことはありません。そこで、ゲシュタルトアプローチに従い、スーパーバイザーは、注意深く、自分が経験している感情や感覚、そしてそれに戸惑っていることを伝えることにしました。コーチはこれに対して少しショックを受けますが、スーパーバイザーと一緒に探求していくと、どうやらスーパーバイザーに対して良い印象を与え、能力があることを見せたい、と思っていることがわかりました。また、自分が抱えている困難について開示することに、まだ前向きになれないこと、そしてその不安を隠していることを、コーチは明らかにしました。これにより中断が解消され、二人はコンタクトを取ることができ、効果的に考えていくことができるようになったのです。

スーパーバイザーとコーチのワークは、コーチングというスキルに基づいているため、より平等な関係、すなわち、戦略度を下げ、親密度を高める（第8章参照）関係を維持することができます。これは、コーチングやメンタリングの役割を果たす際に非常に効果的であり、コーチはスーパーバイザーが権威的ではなく協力的な関係にあると感じるのに役立ちます。これを実践することで、スーパーバイザーはすぐれたコーチの資質をモデルとして示しています。

もちろん、倫理的問題が発生していたり、コーチが専門的な基準を満たしていないという事実があったりした場合には、スーパーバイザーは専門家として高い戦略度と低い親密度のモードになって、何を変えていかなければならないか、指導と助言を行う必要があります。

したがって、スーパーバイザーがメンターとアドバイザーとしての役割を担うとき、自分がエキスパートとして尊大になっていないか、またそのように見られたいという欲求がないかということを意識することが必要です。自分の権威性に注意を払い、期待やアプローチをコーチに投影してしまわないようにすることで、コーチは自分で必要なことを発見していけるようにもなるでしょう。つまり、スーパーバイザーは、自分自身のスーパービジョンについてスーパービジョンを受けることも必要なのです。

パラレルプロセス

スーパーバイザーは、コーチとクライアントとの関係、そしてスーパーバイザー自身とコーチとの関係の両方に注意を向けることになるので、ここには並行して二つの関係性が同時に存在していることになります。

スーパーバイザーは、その場から一歩引いて、コーチとスーパーバイザーの関係の中で明らかになってきた「ダンス」を観察し、それがコーチとクライアントの関係におけるダイナミクス（モード3）を反映しているのではないか、ということを考える能力を持っています。これは奇妙な現象ですが、さまざまなレベルで再現されるシステムのはたらきであると考えられます。

コーチは、クライアントがコーチに対して見せる態度やふるまいと同じようなことを、無意識にスーパーバイザーに向けることがあります。親は自分の親からされてきたように（たとえそれを憎んでいたとしても）、子どもに対して接してしまうのです。さらに、スーパーバイザーの身体的に共振する能力（第7章参照）が反応し、モード3で起こっていることとして、現れてきている場合もあります。

こうした気づきに至るためには、モード6、すなわち、スーパーバイザーが、コーチとクライアントの話から喚起されている自分自身の今、ここの感情や感覚に気づき、それを探求していく必要があります。モード4の例を、ここでも見てみましょう。

スーパーバイザー　ここ数分の間、私は顎に緊張があり、強く押し返したいというような気持ちがしているることに気づきました。これが気になるのは、ふだん私はあなたに対してこういうことを感じないからです。あなたがクライアントと向き合っているときのことを思い出して、この私の感覚に何か思い当たるところはありますか？

コーチ　はい。彼女を突き飛ばしたい、強くものを言ってやりたいと思っていました。

これは、スーパーバイザーの自身の感情や感覚の開示とか、自分自身を使う、と呼ばれる例です。スーパーバイザーは、このとき次のことを確認しています。

- 自分の反応に気づく
- これがスーパーバイザー自身の過去から引き起こされたものでないかを確認する
- それに対して、そうではないと結論する
- それを有益なデータとしてコーチと共有することを試す

グループスーパービジョンでは、グループ全体がパラレルプロセスに巻き込まれることも珍しくありません。たとえば、スーパーバイザーが、グループからのすべての質問が「判断的」に聞こえることに、突然気づいたとしましょう。それは、コーチとクライアントの関係を表しているのかもしれません。

また、モード5の別の例として、パラレルプロセスは次のように現れることもあります。

スーパーバイザー　私たちは、クライアントが判断的な口調でものを言うことや、彼女に対するあなた

の判断について話してきました。このセッションの中で、私の質問に答えるあなたの口調が、今までより少し厳しくなっていることに何度か気づきました。あなたは私を遠ざけたいと思っているのかもしれない、あるいは私に判断されていると感じているのかもしれない、と思ってしまいました。

コーチとクライアントのダイナミクスと、スーパーバイザーが気づいているスーパーバイザーとコーチのダイナミクスを関連付けることで、潜在的なパラレルプロセスが明確になります。また、コーチとクライアントの関係において他に何が起こっているかについての会話が進みやすくなるでしょう。

モード7：より広いコンテキスト

ゲシュタルトアプローチでは、コンテキストの重要性が強調されています。ある人物を理解するためには、その人物のユニークなコンテキスト情報（その人の経験、個人の歴史、思考、感じ方、意識的および無意識的な信念、不安、恐怖、夢、野望など）が不可欠です。こうしたコンテキストが「地」となり、その地からこの人は自らの状況に意味づけをしていくからです。スーパーバイジーがスーパービジョンに独自のコンテキストを持ち込む一方、すべてはより広いコンテキストの一部です。次のようなものが考えられます。

- クライアントのより広い世界。主なステークホルダーからの（現実のあるいは予想される）期待や、所属している組織の文化、社会経済的な状況、家族のプレッシャーなど。
- コーチのより広い世界。クライアントの組織や主なステークホルダーとの関係、専門的実践の規範、たとえば求職中であるといったような自身の経済状況など。

- スーパーバイザーのより広い世界。専門的機関の倫理規範、専門家コミュニティでの評判など。

これらのすべてに加えて、現在の経済や政治の情勢、より広い文化的要素（ビジネスエリアや国）、またセッションにはあまり持ち込まれないような領域として、民族性（スーパーバイザー、スーパーバイジー、クライアントそれぞれの）や社会性（過去および現在の性別、性的指向、社会階級、などについての視点）も考慮されます。

こうした広い視野におけるすべての要素を意識するというのは、誰にとっても不可能なことですが、ゲシュタルトアプローチでは、これらのすべての要素が相互に関係しており、ある人物を理解するためには広いコンテキストからの視点が必要です。

スーパーバイザーの役割は、コーチが意識していないかもしれない、これらからの影響を意識してもらうことです。スーパーバイザーがより広いコンテキストをセッションに取り入れるためには、さまざまな手法が考えられます。

例　クライアントの職場環境を案内してもらうようにコーチに提案してみましょう。建物を外から眺め、コーチングが行われているスペースに移動します。そのとき、何を見て、何を感じ、どんな匂いがするでしょうか。人々はそこでどんな扱いを受けていると感じるでしょうか。コーチに対して次のように聞いてみましょう。

これはクライアントの世界について、何をあなたに語っていますか？（モード1：クライアントの状況）

これを行って、あなたは何を経験しましたか？（モード4：コーチ）

コーチに、クライアントを主人公としたおとぎ話を創ってもらうのもよいでしょう。「昔々、あるところに……」から始めてもらいましょう（モード1：クライアントの状況）。

コーチに対して、少しずつ視界を広げていくようなイメージを持ってもらいましょう。Google Earthでズームアウトするように、まずはクライアントのオフィスから始め、外の通り、そして街、国、大陸、最後には地球、といったようにイメージしてもらいましょう。それぞれのステップで何か気づいたことがないか、コーチにたずねてみましょう。

椅子やオブジェクトを使って、コーチ自身の広範な世界を表現してもらいましょう。あるいは、シンボルを紙などに描いてもらうのでもかまいません（モード4：コーチ）。

グループでスーパービジョンを行っていれば、他のメンバーに、より広範のコンテキストにおける何かを代替してもらったり、特定の場所に立ってもらったり、ポーズなどをとってもらったりして、それぞれの異なる立場から意見を述べてもらうということも可能です。グループスーパービジョンはこういうワークで真価を発揮します。

コーチに新しい視点、意識していなかったことへの気づき、次にクライアントと会ったときにしてみたい質問、などが得られたかどうか、それはどんなものかを考えてもらってワークを締めくくりましょう。

まとめ

スーパービジョンとは、コーチが自分とクライアントとのワークを見つめ直し、個人として、また専門家として成長するための貴重な学びの場です。さらに、複雑な倫理的および感情的な境界をどう扱うかといったことを探求する場でもあります。コーチのスーパービジョンは、一対一で行われることもありますし、少人数のグループで定期的に集まって行われることもあります。

スーパービジョンのモード

七つの視点モデルは、コーチとスーパーバイザーが、コーチの実践を総合的にふり返るためのモデルです。ゲシュタルトアプローチでは、関心の図に対する意識を高めること、適切な行動を起こすためのエネルギーを活性させることに注目します。七つの視点モデルは、現象学的探求をしたり、起こっていることを、今、ここで扱い、能動的な実験を行ったりするゲシュタルトアプローチと相性が良く、容易に応用することができます。

モード1：クライアントの世界。コーチのスーパービジョンの延長線上にいるコーチングの対象となる人。スーパーバイザーは、コーチによる解釈、仮定、投影と実際のデータを分け、コーチングセッションに新たな光をあて、今後のコーチングセッションで異なる可能性を開くことをサポートする。

モード2：コーチがクライアントに対して用いた介入。スーパーバイザーはレベル1の「客観視」やレベル3の「身体を通した実験」、エンプティチェアなどのワークを試す。

モード3：コーチとクライアントの関係。コーチはその関係から一歩引いてより明確に見ることにより、関係をどう変えていくか選択する。

モード4：コーチ。そのクライアントの前でコーチが何を経験するか、またクライアントについての話題がどのような感覚や感情を引き起こすか。コーチはこの反応から離れるか、クライアントおよびクライアントとの関係についてのデータとして活用するかを探求する。

モード5：コーチとスーパーバイザーの間に起こっているダイナミクスの掘り下げと、それがクライアントとコーチの間（モード3）でも同じように起こっていないか（何らかのパラレルプロセス）の確認

モード6：スーパーバイザーが今、ここで何を経験しているかについて、またコーチやクライアントに対する責任や役割についての、スーパーバイザー自身によるふり返り。

モード7：コーチングとスーパービジョンの両方が起こっている、より広いコンテキスト。（たとえば、クライアントが所属している組織、コーチが関係を持つステークホルダー、関係者にとってのより大きな社会的・文化的・倫理的コンテキスト）

付録——経験のフロー

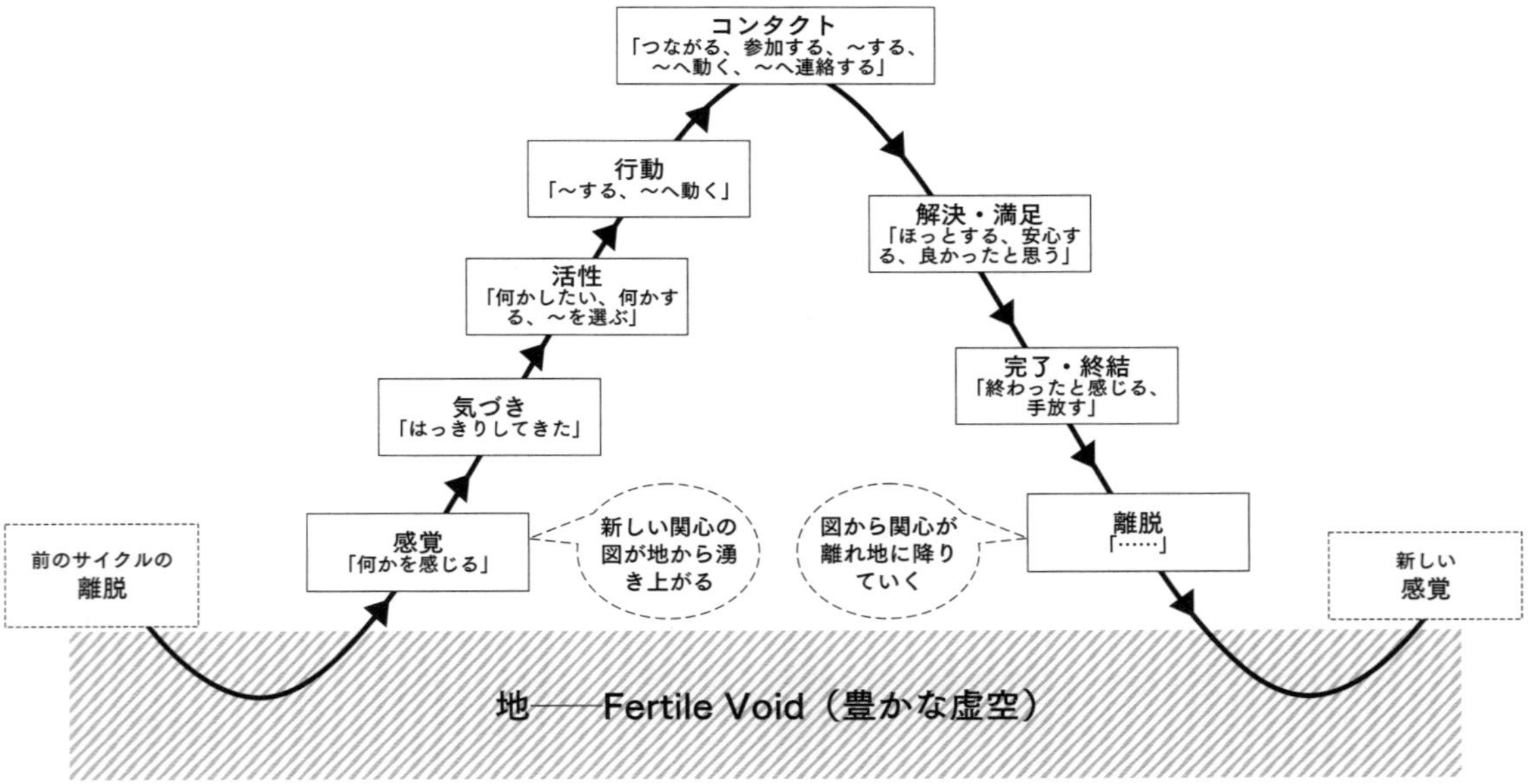

前のサイクルの
離脱
感覚
「何かを感じる」
気づき
「はっきりしてきた」
活性
「何かしたい、何かする、～を選ぶ」
行動
「～する、～へ動く」
コンタクト
「つながる、参加する、～する、～へ動く、～へ連絡する」
解決・満足
「ほっとする、安心する、良かったと思う」
完了・終結
「終わったと感じる、手放す」
離脱
「……」
新しい
感覚
新しい関心の図が地から湧き上がる
図から関心が離れ地に降りていく
地——Fertile Void（豊かな虚空）

謝辞

まずは、執筆が苦手な私との共同作業を受け入れてくれたメラニー・アランに深く感謝します。残念ながら家庭の事情で最後まで一緒に仕事をすることはできなかったものの、彼女の存在がなければこの本が生まれることはなかったでしょう。また、彼女がプロジェクトを去ってからはしばらく進捗がありませんでしたが、スティーブン・パートリッジというすばらしいプロジェクトマネジャー兼編集者と出会い、完成するに至りました。

この本は、私が出会い、学ぶことができた、すばらしい人々の豊かな経験、そして示唆に富む考えをまとめたものです。

そうした人物の筆頭が、三五年前にゲシュタルトに関するトレーニンググループで私が出会った妻、ジュディスです。私たちは共に働き、ゲシュタルト・センター・ロンドンを設立しました。結婚して家庭を持ち、ゲシュタルトの原則に基づいた学びを実践や現実の中で確かめてきました。

私のゲシュタルト・トレーナーであるアイシャ・ブルームバーグやロジャー・ダルトン、ウルスラ・

フォーセット、ゲーリー・ヨンテフ、ハンター・バーモント、ジョエル・ラトナー、ソニア・ネヴィスからは、ときにはチャレンジングな形で、深遠なゲシュタルトの基礎を学びました。また、スコットランドで最初のゲシュタルトトレーニングプログラムであるスコティッシュ・アソシエーション・フォー・ゲシュタルト・エデュケーション（SAGE）で共に学んだ仲間にも感謝したいと思います。しかし、私にとって最も大切な教師であるのは、私がコーチとして向き合い、その指導を通じて私自身が技術を磨くことができた、数千もの生徒やクライアントの方々です。本書の中にもその何人かが出てきますが、すべての人たちがこの本の内容の土台となる知識を授けてくれました。

また、ゲシュタルト・センター・ロンドンの同僚として一五年以上も時間を共にし、そして多くを学んだ、ペジー・シェルノ、トニー・ジリガン、ジェーン・パディ、マイケル・エリス、ジェン・ホワイト、キャロル・ヴァン・アーツダレン、ジリー・ホール、ガイエ・ヒューストン、カール・ホッジにも深く感謝したいと思います。私たちはクリエイティブなゲシュタルト研修プログラムをデザイン・提供し、同センターをゲシュタルト的価値と共にビジネスとして成り立たせようと努力した仲間です。

加えて、経験豊富なプロセスコンサルタントであるグラハム・スティックランドの力もとても大きいものでした。私のゲシュタルトアプローチにおける臨床知識を、組織的、コンサルティング的なものへと転換してくれました。そうして私たちは数年にわたり、共にコンサルタントやチームのための革新的なゲシュタルト・プログラムを開発しました。ピーター・バーディット、トニー・フレーザー、ショーン・ギャフニーは、組織においてゲシュタルトアプローチを自身がどう応用しているかを共有してくれた、偉大なる同僚でした。このすべてがAoECの礎となっています。そしてこの設立には、才能あふれるゲシュタルトの実践者である、マージョリー・シャックルトンの助力も欠かせなかったことをつけ加えておきます。

最後に、私が力尽きようとしていたとき、「スーパービジョンとチームコーチング」についての章を執筆してくれたマリオン・ジリーに特に感謝します。長年の友人でありＡｏＥＣでの同僚でもある彼女はゲシュタルトアプローチの実践において、また組織開発コンサルタントやマスターコーチとして豊富な経験を持っています。彼女がＡｏＥＣアドバンス・コーチングとシステム・チーム・コーチングの認定プログラムについてサポートしてくれたことを、とても心強く思っていました。クライアントのグループダイナミズムをどうしていくかを考えながら、知的な夕べを幾夜も過ごした、そんな素敵な思い出がたくさん残っています。

訳者あとがき

原著の題名 *"The Fertile Void: Gestalt Coaching at Work"* の Fertile Void——豊かな虚空とは、ゲシュタルト療法の創始者フリッツ・パールズが提唱した概念で、無意識の深層から生まれる可能性と創造性を意味している。この虚空には何も存在せず、外からは何の動きも見えないが、新たな変化の機縁を内包している。この場所では人々の内省が深まり、新たな自己認識や解釈、創造的なアイデアや解決策がおのずから現れる。

ゲシュタルト療法の中心に「変容のパラドックス」がある。これは、人は自分でない何者かになろうとするのではなく、ありのままの自分でいることで真の変容が起こるというものである。変容の過程は意識的に行われるものではなく、自己の現在の状態に完全に没入することによってのみ達成される。それにより、自己や他者、環境とのより健全で意味のある関係を築くことが可能になる。豊かな虚空こそが真の変容をもたらす。

一方、コーチングは、個人やチームが具体的な目標を達成するためにクライアントと協力して行動計画を立て、その実行をサポートするプロセスである。ゲシュタルト療法はクライアントの「今、ここ」での自己の感覚、感情、思考に焦点を当て、「あるがまま」にいることを支援する。ゲシュタルトアプローチとコーチングは、一見、矛盾しているように見えるかもしれない。コーチングは具体的な目標達成を意図するが、ゲシュタルトアプローチは目標を一時的に脇に置く。

ゲシュタルトコーチングは、これら二つを統合し、クライアントが自己認識を深め、目標に焦点を当てるのではなく今の自分に焦点を当てることで、意図せず確かな変化が現れ、持続的な変化を達成する方法を提供する。ゲシュタルトコーチングは、クライアントの深い内面的な感情と行動が一致していくプロセスをサポートするという点で、通常のコーチングとは異なる価値を提供する。

本書には、ゲシュタルトコーチングの基盤となっているゲシュタルト療法の理論的説明と具体的な実践方法が豊富に記述されている。現代的なゲシュタルト療法の理論がコーチングの文脈に加わり、実践的なワークが理論とともに解説されている。プロフェッショナルコーチや組織開発の専門家の方々には、日々のコーチングですぐに試してもらえる内容である。これらはゲシュタルト療法の実践家にとっても、知識の整理として役立つだろう。チームやグループと向き合っている組織のマネージャーや経営者、あらゆる対人援助職の方々は、現場での解決策を見つけるためのまったく新しい視点として、コミュニケーション、リーダーシップ、対話の手法のヒントを見出すことができるだろう。

コーチングは欧米で発展し、個人のポテンシャルを最大限に引き出す手法として確立されたが、日本での導入は欧米に比べて遅れている。これには、コーチングの基となる心理療法の認知度の低さや、自己成長への投資に対する価値観の違いが影響していると考えられる。また、ゲシュタルトコーチングはこれまで日本に紹介されてこなかった。しかし、欧米のゲシュタルト療法の実践家が集まる国際会議では、ゲシュタルトアプローチを取り入れるコーチや組織開発コンサルタントがいまや半数近くを占めるまでになっている。

現代日本では、少子高齢化、経済成長の停滞、労働環境の改善、さまざまな格差など、課題が山積している。この状況において、ゲシュタルトコーチングが果たせる役割は非常に大きい。このアプローチは、さまざまな組織のリーダーたちが自己や他者の感情や行動パターンを理解し、より効果的な意思決定を行うための支援のフレームワークを提供する。これにより、オープンなコミュニケーションが広まり、組織や社会全体の変革が促進され、創造性と生産性の向上に寄与することが考えられる。

さらに、ゲシュタルトコーチングは、個人が自らのキャリアや生活の中で直面する具体的な課題に対して、自分自身で解決策を見出す能力を育てることができる。これは、これからの日本の若い世代の自己実現の機会にもつながる重要な要素である。ゲシュタルトコーチングの普及が、社会全体の変化への適応能力を向上させ、日本社会の新たな成長と発展の鍵となることを期待している。


著者のジョン・リアリー＝ジョイスは、二〇一九年にブダペストで行われた欧州ゲシュタルト療法協会の年次カンファレンスにキーノートスピーカーの一人として招かれ、「The Fertile Void」と題した講演を行った。訳者はその講演の動画を見て初めてジョンを知り、同時に原著の内容に感銘を受け、メールでやり取りを始めたことで、この翻訳プロジェクトが始まった。

ジョンは長年にわたりアルゼンチンタンゴを趣味としており、今ではコーチングのトレーニングにタンゴのエクササイズを取り入れているほどである。タンゴはリードとフォローの役割が決まっており、コンタクトやコネクションを重視する即興のペアダンスである。二年前、ロンドンにあるジョンの自宅を初めて訪れた際に彼に誘われ、タンゴを体験した。ジョンがいつも口にしていた「タンゴはコーチングやゲシュタルト療法と同じだ」という言葉の意味が、そのとき初めて理解できた。

ジョンは瞑想やスピリチュアリティに深い造詣があり、禅の体験も持っている。本書は理論と実践が豊富に含まれており、そのためゲシュタルトアプローチをハウツー的に捉えられてしまうおそれもある。そこでジョンは、ゲシュタルト療法の理論の中でももっとも矛盾を孕む「豊かな虚空」というテーマをタイトルにした。禅では、言葉や論理を超えた身体的な体得が重要とされ、論理的な説明や一貫性には限界があると考えられている。そのため、ゲシュタルトアプローチを紹介するにあたり、あえて矛盾に満ちた言葉を用いることで、論理的思考を超えた直観的な洞察を促している。

「豊かな虚空」の概念は、固定観念や習慣に囚われず、手法を超越した新たな可能性を見出すための鍵となる。本書は、読者が自身の内面と向き合い、新たな可能性を発見するための道しるべとなるだろう。ゲシュタルトコーチングの概念と方法論は、禅や日本文化と深く共鳴し、読者の自己成長や組織の発展に大きく貢献すると期待される。これは心理療法の枠を超え、個々の成長と変容、日常生活や仕事にも適用できる。本書が読者に新たな視点と洞察をもたらし、多くの人々の成長と変容に寄与することを期待している。

なお、本書は全訳であるが、翻訳にあたり、著者に確認した上で変更した箇所もある。訳者からの質問に快く応じてくれたジョンに感謝したい。

最初の翻訳原稿に対して厳しくも温かいフィードバックをいただいた日本ゲシュタルト療法学会の創設者の一人である百武正嗣氏に感謝を申し上げる。また、本書の出版を引き受けてくださった春秋社に深く感謝の意を表す。特に、編集者の手島朋子氏には格別の感謝を表したい。言葉に対する鋭敏な感覚を持ち、訳者と粘り強くやり取りを重ねる中で、訳者が見過ごしていた多くのことを指摘してくださった。彼女のおかげで「豊かな虚空」は書籍の形として現れた。そして、日本ゲシュタルト療法学会のワークショップや大会などさまざまな企画と運営を共に実行し、本書の翻訳のレビューと議論に協力し支えていただいた多くの関係者、著者であるジョン・リアリー＝ジョイス、さらに訳者の家族にも感謝の意を表する。

ゲシュタルトは、クライアントとのセッションやワークショップの中だけにあるわけではない。これらの人々やグループとの日常の交流は、訳者にとってゲシュタルトの最良のトレーニングの場となった。

二〇二四年七月

陣内裕輔

索引

・主となる内容はページ番号を太字で示した。図版はページ番号に f を付し、原注はページ番号を丸括弧で括った。
・「本書に寄せられた賛辞」および「訳者あとがき」は対象外とした。
・「コーチングのヒント」および「実験」は索引の最後の部分に別項としてまとめた。

わ

コーチングのヒント

実験

原注

第1章　ゲシュタルトコーチングとは

（1）現象学とは、エトムント・フッサールが提唱した科学的および哲学的分野で、フッサールが編集を務めた“*The Annual for Philosophical and Phenomenological Research*”（1913-30）〔哲学および現象学的研究年報。原著：“Jahrbuch für Philosophie und phänomenologische Forschung”〕は、現象学の国際的なムーブメントのきっかけとなった。

（2）アメリカの神学者であるラインホルド・ニーバーによる、平穏の祈り（ニーバーの祈り）の、「アルコホーリクス・アノニマスの12ステップ・プログラム」における改編。

（3）この技術と本書におけるすべてのアプローチは、自助努力が可能で心理的障害を持たないクライアントにのみ適切なものである。クライアントが何らかの精神的障害を持つと思われる場合、精神科医や心理カウンセラーに相談することが必須となる。

（4）Downey, M.（1999）. *Effective Coaching*. Texere Publishing Limited.

（5）Gallwey, T.（1975）. *The Inner Game of Tennis*. Jonathan Cape.〔W. ティモシー・ガルウェイ『インナーテニス――こころで打つ!!』新装版、後藤新弥訳、日刊スポーツ出版社、2015年〕

（6）マイヤーズ＝ブリッグス・タイプ指標（MBTI）による性格分析は、世界との関わり方において個人は生まれつきの嗜好を持ち、それが認識され尊重されることが必要であると強調している。

（7）カール・ロジャーズは、来談者中心療法を開発し、*On Becoming a Person*〔『ロジャーズが語る自己実現の道』諸富祥彦、末武康弘、保坂亨共訳、ロジャーズ主要著作集3、岩崎学術出版社、2005年〕の中で説明している。これは、コーチングで用いられるアクティブリスニング（傾聴）アプローチの基礎となっている。

（8）West, L. & Milan, M.（2001）. *The Reflecting Glass: Professional Coaching for Leadership Development*. Palgrave Macmillan.

（9）Witherspoon, R. & White, R. P.（1997）. *Four Essential Ways That Coaching Can Help Executives*. Center For Creative Leadership.

（10）West, L. & Milan, M.（2001）. *The Reflecting Glass*. Palgrave MacMillan. も参照のこと。

第2章　気づき

（1）エドガー・ルビン（1886-1951）.

（2）Csikszentmihalyi, M.（1990）. *Flow*. Harper & Row.〔『フロー体験 喜びの現象学』今村浩明訳、世界思想社、1996年。〕チクセントミハイについてはWikipediaも参照のこと。

（3）Gallwey, T.（1975）. *The Inner Game of Tennis*. Jonathan Cape.〔『新インナーゲーム――心で勝つ！ 集中の科学』後藤新弥訳・構成、日刊スポーツ出版社、2000年〕

（4）Kline, N.（1998）. *Time to Think*. Cassell.〔『この「聞く技術」で道は開ける――一番いい考えを引き出すノウハウ』古賀祥子訳、PHP研究所、2007年〕

（5）Polster, E. & Polster, M.（1973）. *Gestalt Therapy Integrated*. Brunner / Mazel.

（6）「気づきの3つの領域モデル：外部領域、中間領域、内部領域（Three Zones of Awareness: Outer, Middle, Inner)」については、Joyce, P. & Sills, C.（2001）. *Skills in Gestalt Counselling & Psychotherapy*.（2nd ed.）Sage. を参照のこと。

（7）認知行動の変化領域は次のとおり：感覚（feelings）、感情（emotions）および環境（environment）。

第3章　連続的経験のフロー

（1）クリーブランド・ゲシュタルト研究所（またはクリーブランド・スクール）は1970年代に厳格な学術機関として設立され、ゲシュタルトアプローチの実践者のトレーニングと研究が行われてきた。同校によるゲシュタルト療法についての論文や書籍、統合、実験に関する重要人物として、アーヴィン・ポルスター、ミリアム・ポルスター、ジョセフ・ジンカー、ジョエル・ラトナー、エドウィン・ネヴィスが知られている。

（2）Nevis, E. C.（1987）. *Organizational Consulting: A Gestalt Approach*. Gestalt Institute of Cleveland.

（3）Perls, F., Hefferline, R., & Goodman, P.（1951）. *Gestalt Therapy: Excitement and Growth in the Human Personality*. Julian（reprinted 2006, Souvenir Press）.

第4章　創造的順応とコンタクトの中断

（1）イントロジェクション（introjection）の語幹はプロジェクション（projection）と同じjectionであり、これはラテン語のjacere（「投げる」の意味）に由来している。プロジェクション（projection）とは外に投げられた何かであり、イントロジェクション（introjection）とは内側に投げられた何かを示す。

（2）レトロフレクション（retroflection）とは、その英単語の構成上の意味のとおり「後ろ（反対）に曲がる」ことを表す。retroはラテン語の接頭語で「後ろへ」や「過去から」を表す〔日本語でも「レトロ」という言葉があるとおり〕。flectiveはラテン語のflectereに由来し、「曲がる・曲げる」という意味。

第５章　変容の本質

（１）Beisser, A. ‘The Paradoxical Theory of Change’. In J. Fagan & I. Shepherd (Eds.)（1970）. *Gestalt Therapy Now: Theory, Techniques, and Applications*. Palo Alto. Science and Behavior Books, pp. 77–80.「変容の逆説的理論」として知られている。論文はネット検索で全文を確認できる。

（２）Barry, S.（1970）. *Don't Push the River* (*it flows by itself*). Real People Press（reprinted 2005, The Gestalt Journal Press）.

（３）ウルスラ・フォーセット（筆者が初期にゲシュタルトアプローチを師事した）が好んだ治療介入。

（４）Birthistle, K.（2011）. *Access your Greatness: Living an Extraordinary Life, Living a Powerful Life, now*. Ecadamy Press.

（５）トーマス・ワルテンベルグ（マサチューセッツ州、Mount Holyoke College の哲学科教授）は、実存主義について素晴らしい入門書を著している。一読の価値あり。Wartenberg, T.（2008）. *Existentialism*. Oneworld Publications.

（６）Frankl, V.（1984）. *Man's Search for Meaning*. Washington Square Press.〔『夜と霧』新版、池田香代子訳、みすず書房、2002年〕

（７）Rogers, C.（1961）. *On Becoming A Person*. Houghton Mifflin.〔『ロジャーズが語る自己実現の道』〕

（８）Perls, F., Hefferline, R. F., & Goodman, P.（1951）. *Gestalt Therapy, Excitement and Growth in the Human Personality*. Julian Press. 後に1994年、The Gestalt Journal Press により復刊。

（９）Perls, Frederick et al.（1951）. *Gestalt Therapy, Excitement and Growth in the Human Personality*. Julian Press, p. 39. パールズの出生児の名前は Friedrich（フリードリヒ）で、この名前で著者となっていたことに留意のこと。一般にはフリッツ・パールズとされる。

（10）Yontef, G.（1993）. *Awareness, Dialogue, and Process*. The Gestalt Journal Press.

（11）クルト・レヴィンの「フォースフィールド分析（Force Field Analysis）」を参照のこと。「反対の力の作用とのバランスを取る際に問題が起こる。変化を促進しようとするもの（推進力）と、現状維持に留まろうとするもの（規制力）のバランスである」: Lewin K.（1951）. *Field Theory in Social Science*. Harper and Row.〔クルト・レヴィン著、ドォウィン・カートライト編『社会科学における場の理論』猪股佐登留訳、社会的葛藤の解決と社会科学における場の理論２、ちとせプレス、2017年〕

（12）Rogers, C.（1961）. *On Becoming A Person*. Houghton Mifflin.〔『ロジャーズが語る自己実現の道』〕

（13）Kubler-Ross, E.（1973）. *On Death and Dying*. Routledge.〔『死ぬ瞬間――死とその過程について』改版、鈴木晶訳、中央公論新社、2020年〕

（14）www.theinnergame.com〔英文〕

（15）Mackewn, J.（1997）. *Developing Gestalt Counselling*. Sage Publications.

第 6 章　能動的な実験

（1）Zinker, J.（1978）. *Creative Process in Gestalt Therapy*. Vintage.

（2）つまり、自分ではない何かになろうとするときではなく、自分自身になるときに変化は起こる、ということ。第 5 章を参照のこと。

（3）パールズはこの技術をサイコドラマの創始者であるヤコブ・L・モレノ（1889-1974）のものであるとしている。

（4）NLP はこのコンセプトを採用し、3 つの「ポジション」という言い方をしている。この言い方は、これを説明する上で有用なもの。

（5）交流分析の言い方をするなら、批判的な親（Critical Parent）と順応した子ども（Adapted Child）のエゴの状態間における内部の対話。

第 7 章　ボディワークと身体的共鳴

（1）Hellinger, B., Beaumont, H., & Weber, G.（1998）. *Loves Hidden Symmetry*. Publisher Zeig, Tucker & Co.

（2）Whittington, J.（2012）. *Systemic Coaching & Constellations*. Kogan Page.

（3）サイコドラマ（心理劇）とは、ある参加者によって提示された、日常または仕事のシナリオを、グループで演じるというもの。スカルプティングとは、ある参加者によって提示された状況を反映するようなシーンを、グループで互いに関連し合いながら身体を使って表現すること。

第 8 章　相互交流のモード

（1）Leary-Joyce, J.（1994）. ‘Strategic & Intimate Models of Interaction’, Paper at South Bank University Conference “What Makes Consultancy Work”.

（2）ここでの「あなた」とは、英語における一般化された you を表す。たとえば、「電話をどこかに置き忘れたとき、あなたはどうしますか？」という質問は、「電話を置き忘れたらどうするか」という一般的な質問をしているのであって、目の前の相手を指して「あなた」と言っているわけではない。言い換えるなら、ここでの「あなた」とは、「今私が話している相手であるあなた」ではない。

（3）マルティン・ブーバーの *“I and Thou”*（Charles Scribner’s Sons, 1937）についてはさまざまな翻訳が出ているのでぜひ確認されたい。原著はドイツ語で、Ich und Du（1923）〔邦訳は『我と汝』野口啓祐訳、講談社、2021年など〕。

（4）Bohm, D., Factor, D., Garrett, P.（1991）. “Dialogue - A proposal” は、こちらで読むことができる。 http://www.infed.org/archives/e-texts/bohm_dialogue.htm〔英文〕。ボームの著作に触れる上では、まず Wikipedia の記事の Bohm Dialogue〔日本版 Wikipedia「ボームのダイアログ」〕を参照のこと。また、Isaacs, W.（1999）. *Dialogue and the Art of Thinking Together: A Pio-*

neering Approach to Communicating in Business and in Life. Bantam Doubleday. では、ウィリアム・アイザックスがボームの研究を下地として、グループにおけるダイアローグ（対話）の質を高め、これを視ることに用いられる技術やスキルセットを提案している。

第９章　チームとグループのコーチング

（１）Hawkins, P.（2011）. *Leadership Team Coaching*. Kogan Page〔P・ホーキンズ『チームコーチング――集団の知恵と力を引き出す技術』田近秀敏監訳、佐藤志緒訳、英治出版、2012年〕を参照のこと。
（２）Nevis, E.（1987）. *Organizational Consulting: A Gestalt Approach.* Gestalt Institute of Cleveland Press. New York: Gardner.
（３）Zinker, J. & Nevis, S.（1981）. *The Gestalt Theory of Couple and Family Interactions*. Working paper, Center for the Study of Intimate Systems, Gestalt Institute of Cleveland. そのもともとの研究は家族を対象とするものだが、コンセプトはチームにも応用可能。
（４）Nevis E.（1981）. *Organizational Consulting: A Gestalt Approach*. Gestalt Press, p. 39. より。Gestalt Press の許可を得て掲載。
（５）Nevis, E.（1981）. *Organizational Consulting: A Gestalt Approach*. Gestalt Press, p. 31.
（６）Nevis E.（1981）. *Organizational Consulting: A Gestalt Approach*. Gestalt Press, p. 32. より。Gestalt Press の許可を得て掲載。
（７）Karp, M., Holmes, P., & Bradshaw-Tauvon, K.（Eds.）（1998）. *The Handbook of Psychodrama*. Routledge.
（８）James, M. & Jongeward, D.（1996）. *Born to Win: Transactional Analysis with Gestalt Experiments*.（4th ed.）Da Capo Press.〔邦訳は初版による。M・ジェイムス, D・ジョングウォード『自己実現への道――交流分析（TA）の理論と応用著』本明寛、織田正美、深沢道子訳、社会思想社、1976年〕

第10章　シグネチャープレゼンス

（１）O'Neil, M. B.（2007）. *Executive Coaching with Backbone and Heart*. Jossey Bass. にて概説されている。
（２）Blakey, J. & Day, I.（2012）. *Challenging Coaching: Going Beyond Traditional Coaching to Face the FACTS*. Nicholas Brealey Publishing.
（３）Gladwell, M.（2008）. *Outliers: The Story of Success*. Allen Lane.〔M・グラッドウェル『天才！――成功する人々の法則』勝間和代訳、講談社、2014年〕を参照のこと。

第11章　コーチングのスーパービジョン

（１）Hawkins, P. & Shohet, R.（1989）. *Supervision in the Helping Profession.*

Open University Press.〔P・ホーキンズ、R・ショエット『心理援助職のためのスーパービジョン――効果的なスーパービジョンの受け方から、良きスーパーバイザーになるまで』国重浩一、バーナード紫、奥村朱矢訳、北大路書房、2012年〕および Hawkins, P. & Smith, N. (2007). *Coaching, Mentoring and Organizational Consultancy: Supervision and Development*. Open University Press. を参照のこと。

（2）ピーター・ホーキンズの有名な表現を借用。

■訳者略歴
陣内裕輔　*Yusuke Jinnai*
1986年、電気通信大学応用電子工学科卒業。1988年、同大学院電気通信工学専攻科修了、日本アイ・ビー・エム株式会社入社。1994年、マイクロソフト株式会社入社。2007年、同社業務執行役員。2016年、株式会社サティワークス代表取締役。IT 企業における製品開発、戦略人事、組織開発に従事。

1982年、臨済宗天龍寺派高歩院の大森曹玄老師に師事、吉田玄機老居士に歴参。号、雄基。

禅とゲシュタルトを融合させたユニークなアプローチを、リーダーシップ開発、チームビルディング、コーチングなど、人や組織のコミュニケーション改善に幅広く応用している。

禅ゲシュタルト（zengestalt.com）主宰。

2022年、一般社団法人日本ゲシュタルト療法学会（japangestalt.org）理事長。

■著者紹介

ジョン・リアリー＝ジョイス　*John Leary-Joyce*

ジョン・リアリー＝ジョイスは1970年代の英国において、ゲシュタルトの概念を確立したパイオニアのひとりであり、ゲシュタルト・センター・ロンドンのセラピストにして創設指導者、1986年には最高経営責任者となった。IoD Company Directors Diploma を取得し、その後10年以上、事業を飛躍的に成長させながら、さまざまなグループのための新たなゲシュタルト療法の研修プログラムを開発した。

自身の臨床経験およびビジネス経験を組み合わせることで、コンサルタントやトレーナー、チームリーダーなど、ゲシュタルトアプローチを組織に取り入れたいと考える人のための、革新的かつ体験的なトレーニングサービスを創出した。自身のコンサルティングやトレーニングは APECS に認定されたゲシュタルトベースのコーチング手法に取り入れられ、後にエグゼクティブ・コーチングにおいて修士を初めて取得したうちのひとりにもなった。

2000年にはアカデミー・オブ・エグゼクティブ・コーチング（AoEC）を設立、1年間の上級コーチングプログラムをデザインした。この先駆け的なプログラムは、彼の心理学やリーダーシップ、コーチングにおける専門知識を組み合わせたものとなっている。14年後、新たな会社を設立し、認証を受けた複数の研修プログラムを個人およびチームに対するコーチングという形で提供している。英国国内においては年間およそ700人が参加し、2014年には203人の有資格コーチが生まれた。また、世界中で AoEC を広める活動もしており、現時点ではドイツ、イタリア、アイルランド、スコットランド、エストニア、クロアチア、ルーマニア、トルコ、ロシア、米国、中国、ブラジル、ケニアにパートナーを持つ。

ジョンが作り出した AoEC は広範な心理学的知見を土台としている。ゲシュタルトの根本的な原則は、彼のリーダーシップのスタイル、トレーニングコース、そして AoEC の価値観の中心となっている。

書籍などの執筆よりも、国際的なカンファレンスに定期的に登壇しワークショップを行うなどの実践的活動を好む。タンゴとコーチング、そしてゲシュタルトという3つの分野を組み合わせるようなワークショップも開催している。リーダーシップやフォロワーシップ、そしてチームワークのダイナミズムに注目している。もちろん、タンゴも！

ジョンは結婚して2人の娘がおり、現在は2人の孫もいる。そんな孫の存在は、「今、ここ」に留まるというゲシュタルトの基本原則を、シンプルに味わい深い形で思い出させてくれるという。

2014年で60歳になる彼にとって、本書は大きなマイルストーンとなるものである。

ゲシュタルトコーチング　豊かな虚空

2024年8月31日　第1刷発行

著者――――ジョン・リアリー＝ジョイス
訳者――――陣内裕輔
発行者――――小林公二
発行所――――株式会社 **春秋社**
〒101-0021東京都千代田区外神田2-18-6
電話03-3255-9611
振替00180-6-24861
https://www.shunjusha.co.jp/
印刷所――――株式会社 太平印刷社
製本所――――ナショナル製本協同組合
装丁――――高木達樹

ISBN978-4-393-36575-5　C0011
定価はカバー等に表示してあります